中公クラシックス W31

キルケゴール

死にいたる病
現代の批判

桝田啓三郎 訳

中央公論新社

目次

キルケゴールという出来事

柏原啓一

ギレライエの決意

コペンハーゲンから列車で北上し、ヘルシンゲーァで乗り継いだ電車には、乗客はまばらであった。終点のギレライエに降り立ったのは、われわれ夫婦のほかに、青年と老女の二人だけ。夏の間は避暑地として賑わうはずのギレライエも、十月には人影のない静かな町であった。

駅の壁に貼ってあった地図を頭に入れて、短い町並を抜け、右にカテガット海峡の海を見ながら、玫瑰《はまなす》の赤い実の続く切岸の上の小径を歩いた。見落として行き過ぎてしまったかと思い始めたころに、その碑は現れた。高さ二メートル、横幅一メートルほどの、太い柱状の自然石のキルケゴール記念碑である。上部には大きく「セーレン・キルケゴール」と彫られ、生没年が添えられている。そして、碑の基部には「イデーのために生きることをおいてほかに何があろう。一八三五年八月一日」と刻まれている。キルケゴールに心を寄せる者として、長い間この前に立つことを夢見てきた碑であった。

碑に彫られている短い文は、キルケゴールが二十二歳の夏に北シェラン地方を旅した折、ギレライエで書いた日記の八月一日の日付のある長い手記の中の一節を、要約したものである。該当する箇所の前後は、次のような記述である。

「…私に欠けているのは、私が何をなすべきかについて、自分と折り合いをつけることだ。何を知るべきかについて、ではないのだ。…私の使命を理解すること、神が私に何をなすべきものと欲し給うかを知ること、これが問題なのだ。すなわち、私にとって真理であるような真理を見いだすこと、私がそのために生きようと思いまた死にもしようと思うようなイデーを見いだすこと、これが肝要なのだ。いわゆる客観的真理などを突き止めてみても、それが私に何の役に立つだろう。」

客観的真理を知ることではなく、私が生きるうえで拠《よ》るべき真理を求めること、これが人生に最も大切な課題だ、と、この日記は語る。そして、キルケゴールはこの課題を負って歩み出そうと決意し、手記の最後に、「骰《さい》は投げられた―私はルビコンを渡る！　たとえこの道が私を戦いに引き込もうと、ひるまずに進む、」と書きつけるのである。ギレライエでなされたこの決意こそ、その後のキルケゴールの思想形成の原点であるとともに、またキルケゴールに始まる実存主義思想の出発点ともなった。キルケゴールの思想は、「真理は主体性の問題である」こと、すなわち真理は各人のそのつどの決断とともに生成する出来事の問題であること、に尽きるからであり、このキルケゴールの見解にくみする思想運動が、実存主義にほかならないからである。

先の碑は、ギレライエにおけるこの決意を記念して、百年後の一九三五年に建てられた。その同じ年に生まれた私には、とりわけこの碑への思い入れがあった。碑は、歩いてきた遊歩道から海の側へ十段ほど登った高みに建っていた。とうとう会えたという思いで碑に手を触れると、キルケゴールの厳しい思想と生涯とを伝えるように、冷たい石の感触が返ってきた。

破滅の道

ギレライエの決意ののちのキルケゴールは、実は、必ずしもその決意にふさわしい生活を始めたわけではなかった。六月半ばから八月にかけて二箇月半に近い北シェランの旅からコペンハーゲンに戻ったキルケゴールは、後年みずから「破滅の道」と呼んだ生活に踏みこんでいく。父との関係が旨《うま》くいかず、キリスト教への懐疑も募り、家に居つかずに繁華の巷《ちまた》を歩きまわった。借金をふやしたあげく、家を出て下宿生活を始めたりもした。ルビコンを渡る決意に添えて語られた「この道が私を戦いに引き込もうと」という「戦い」とは、具体的には父親との間の確執を深めることと理解されもするのだが、父への反目が、神の欲する使命への歩みになるどころか、父だけでなく神からの離反ともなるような、破滅の道をたどることとなったのである。

キルケゴールは、一八一三年五月五日に、六人の兄と姉を持つ七番目の末子として、コペンハーゲンに生まれた。父親はこの末子に大きな期待を寄せ、愛情を注ぎつつ厳しく養育した。やがては牧師として働いて欲しいと願い、キルケゴールもそれに応えて一八三〇年にコペンハーゲン大学に入学、翌年に神学部へと進学した。ところが、一八三二年から三四年にかけて、家庭内に不幸が続出することになる。三二年に次女が三十二歳で出産に際して死亡、三三年には三男が異郷のアメリカで二十四歳にして病死、そして三四年には母親が病気で死去したあと、三女も出産の折に三十三歳で死んだ。実は、それに先立って、次男が一八一九年に事故で、長女が二二年に疾病で死没していた。家族間には、にわかに死の臭気が満ちた。ことに母の死は、その死に目に会えなかったこともあって、キルケゴールに大きな痛手を与えた。キルケゴールはこれを機に父の意に反して神学の勉強を放棄し、ドン・ジュアン、ファウスト、アハスヴェルなどに関する文学研究へと心を移していった。それは父にそむく戦いでもあった。

一八三五年夏のギレライエの決意は、こうした憂愁と苦悩の逆境からの解放を求める旅の中で生じた。そして、神から与えられる私の真理を求めようと志す決意をもって、父との争いを深めることをも覚悟して、キルケゴールは旅から戻った。ところが、家にいたのは、キルケゴールに増して深手を負って憂愁と苦悩の淵《ふち》に沈んでいる父であった。慰めを欠いた死臭の漂う家の中で、父に戦いを挑むまでもなく、父との離背の溝は深まり、ドン・ジュアンの享楽とファウストの懐疑とアハスヴェルの絶望とが、キルケゴールの生活そのものとなって、ギレライエの決意は、当面は挫折《ざせつ》したのである。

大地震

この破滅の道からキルケゴールを救い出す契機となったもの、それが「大地震」とみずから称する出来事であった。大地震についての日記は、次のような記述で始まる。

「大地震が起きたのはその時であった。それは、一切の現象を説明する新しい確たる法則を突如として私に強要する恐ろしい大変革であった。その時に私は、私の父の高齢が、神の祝福ではなく、むしろ神の呪《のろ》いである、と感じ取った。」

一切を説明する確たる法則とは、父のもとに生まれた子どもたちは、キリストが十字架にかけられたとされる年齢の三十三歳を越えて生きることができない宿命、を意味する。そして、父のみが逆縁の子を見送る悲痛を味わうために生き長らえざるを得ない。それは父の犯した罪の報いであり、神の罰である。そのことを知って愕然《がくぜん》とした、というのが、右の記述の内容である。

父の犯した罪とは、父が、子どもに恵まれなかった先妻の死後、家の女使用人を暴力で犯し、その懐妊ゆえに彼女との結婚を余儀なくされた、という事情を指すものと考えるのが、通説である。父の後妻となったのが、キルケゴールの母であり、この父と母との間には、結婚後四箇月半ほどで長女が生まれた。このことを父親の口から告白として直接聞かされたのが、キルケゴールの大地震体験の内容であると思われる。父のこの告白は恐らく、キリスト教に背を向け、家を飛び出してしまった末息子に対する、父親の最後の和解の方途であるとともに、老い先の短いことを自覚した父の、みずからに課した神の前での懺悔《ざんげ》という、宗教的行為でもあったであろう。

もっとも、この大地震を告げる遺稿の日記には日付が欠けているために、キルケゴールの大地震体験がいつ生じたかについては諸説がある。従前は、これを一八三五年の秋と考え、大地震が夏のギレライエの決意を打ち崩して、破滅の道へと駆り立てる動機になった、とみなす解釈が支配的であったが、近年は、一八三八年五月五日の二十五歳の誕生日に父の告白を聞いて大地震の驚愕《きょうがく》を体験、父の宗教的懊悩《おうのう》を理解し、それを転機に破滅の道から立ち戻ることとなった、と解する研究者が多い。ここではその線で話を進める。

大地震はこうしてキルケゴールの立ち直りを促した。ただし、父の告白がキルケゴールの心の氷を解かすことになったのには、それに先立つ三月半ばの恩師ポール・メラーの急死の衝撃の力もあずかっている。その死はキルケゴールの迷妄に対する「覚醒のラッパ」となって、神へと顔を向け直す心の動きを誘った。そこに大地震が襲ったことで、キルケゴールの心は、一気に神の赦しの信仰へと開かれ、父の罪との繋《つな》がりを受け容《い》れたのである。そして、自分も三十四歳の誕生日までは生きられないという神の法則の中にいることをうべなったのである。のちに三十四歳の誕生日を迎えた時、彼は自分の誕生日を間違えていたのかと、教会へ調べに出向いたほどであった。

大地震を契機に、キルケゴールはキリスト教を取り戻し、父との和解を果たした。五月十九日の日記には「いいしれぬ喜びを覚える」と書いた。七月に入ると、父の存在を神に感謝する記事も現れ、七月十日には父の家に戻った。ところが、それからわずかにひと月、八月九日に父が死んだ。大地震に集約される父との戦闘と和解の出来事は終わった。これを機に、キルケゴールは父の意に従って神学国家試験の準備に入り、二年後の一八四〇年七月に試験を終えて合格した。

レギーネ

キルケゴールの著作を読む上で承知しておかなければならない出来事に、大地震体験のほかにもうひとつ、婚約者レギーネとの関係がある。これもキルケゴールにとって、深い内面の戦いとなった。その内面の戦いが、キルケゴールの著作活動の随所に色濃く影を落としているのである。

キルケゴールが初めてレギーネに会ったのは、一八三七年の五月、コペンハーゲン近郊フレデリクスベアのレアダム家でのこと。キルケゴールはこの家の末娘のボレッテに恋心を抱いていたので、折々にここを訪れていたという。やがて彼の気持はレギーネへと移り、父の亡くなった三八年八月ごろには、レギーネを心に決める唯ひとりの女性と考えるに至った。そして、神学試験との取り組みを終えた一八四〇年七月半ばから父の故郷セディングを訪ねる旅に出て、この旅の中でレギーネとの結婚の決意を固め、八月にコペンハーゲンに戻ったあと、九月八日に彼女に婚約を申し出た。九月十日には受諾の返答を得、二人の婚約は成立した。キルケゴール二十七歳、レギーネ十八歳であった。

以来キルケゴールはしばしばレギーネの家を訪問し、レギーネも彼の愛に応えて、仕合せな時間を過ごす日々が続いた。だが、キルケゴールの内面は必ずしも仕合せひと色ではなかった。大地震によって父の秘密を知り、家庭を襲う不幸な法則を受け容れた身にしてみれば、彼女をこの家族の一員に引き入れることは、大いに躊躇《ちゅうちょ》された。一八三七年の夏に、長兄の妻が結婚して九箇月目に死んだことも、不吉を予感させるものであった。その上、レギーネを自分と同じほどの宗教性の高みにまで引き上げようと試みてもみたが、旨くはいかなかった。キルケゴールにとって、二人の愛は「不幸な愛」となった。

心の内で苦しい葛藤《かっとう》を重ねたすえに、キルケゴールは、婚約から十一箇月の八月十一日に、レギーネのもとへ婚約指輪を送り返した。短い手紙を添えたものの、そこには理由や弁明などは書かれていなかった。一方的な婚約解消の通告であった。レギーネとレギーネの家族はキルケゴールに激しく迫って、翻意を促したが、結局は十月十一日に最後の話し合いがあって婚約は解消されることになった。

婚約を破棄はしたものの、キルケゴールのレギーネに対する愛は変わることがなかった。キルケゴールからの破約の申し出は、むしろレギーネを愛すればこそのことであった。キルケゴールは大地震の体験を通して並はずれて深い信仰へ歩み入った。父の罪と連帯することは、三十四歳までに自分の生命を生け贄《いにえ》として神に差し出すことであり、父と子のこの宗教的憂愁の深みから神の赦しを求めることであった。レギーネを真実愛するのであれば、この試練の中へ彼女を引き込むことはできなかった。しかし、愛する者に対してはまた、理解しがたいほどのこの信仰の深淵《しんえん》を、何としても伝えたい気持があった。愛ゆえに相反するこの心情が、キルケゴールの著作活動となった。キルケゴールの作品の多くは、レギーネに向けての手のこんだ語り掛けであり、レギーネへの間接伝達であった。

前期著作活動

レギーネとの婚約期間に重なる時期に、キルケゴールは、神学国家試験合格に続く課程として、王立牧師養成所での牧師となる実習を受けていた。説教と教理問答との実技訓練である。これが一八四〇年十一月から始まり、翌年十月に実習の修了証を手にしている。しかも、これと時期を重ねて書きあげたのが、マギスター論文（博士論文に相当するもの）の『イロニーの概念について』

であった。

苦しかった神学試験の勉強を終え、父の郷里のセディングへの旅から戻って着手されたこの論文は、それから一年足らずの一八四一年六月初めにコペンハーゲン大学に提出された。それは、レギーネに対する愛をどのような形にもっていくかについて呻吟《しんぎん》していた中で書かれ、また、父の意志に従って牧師になるための道を着実に歩み出す修練を積む中で書かれたものであった。このことは、レギーネと父親とが以後のキルケゴールの著作活動に決定的な役割を果たしていくことを暗示していた。

著作家としてのキルケゴールの活動は、『あれか=これか』(一八四三年)に始まり、『反復』(一八四三年)、『おそれとおののき』(一八四三年)、『哲学的断片』(一八四四年)、『不安の概念』(一八四四年)、『人生行路の諸段階』(一八四五年)、『哲学的断片への完結的非学問的あとがき』(一八四六年)と、いずれも大部の著作が堰《せき》を切ったように相次いで出版された。

これらの著作はキルケゴールの名ではなく、偽名の著者の名で書かれた。キルケゴール自身がのちにこれらを審美的(文学創作的)著作と呼んでいるように、自己の内面を、すなわち父とともに歩む受難のキリストの道を、直接表現しようとするものではなく、さまざまな文学形象や聖書物語や哲学概念を用いる迂路《うろ》を経て、宗教的真実を間接的に読者に伝えようとするものだからである。その背後には、第一に、ドイツ哲学、とりわけヘーゲル哲学が、論理を駆使して万象を説明し尽くそうとすることへの、デンマーク的心情からする反撥《はんぱつ》があった。第二に、自分をキリスト者だと思い込んで気楽に生きている人たちに、ソクラテス的イロニーの方法で、真のキリスト教を考え直す手掛りを与えようとするものであった。だが、このような形式で審美的著作が書かれた最大の動機は、レギーネへの愛であり、レギーネへの間接的な語り掛けであった。文学的哲学的に間接化された宗教的真実を受け取って欲しい唯ひとりの読者は、レギーネだったのである。

また、これらの著作の執筆に並行して、キルケゴールは、実名で宗教的著作を書いていた。『二つの教化的講話』(一八四三年)、『三つの教化的講話』(一八四三年)、『四つの教化的講話』(一八四三年)、『二つの教化的講話』(一八四四年)、『三つの教化的講話』(一八四四年)、『四つの教化的講話』(一八四四年)、『想定された機会における三つの講話』(一八四五年)が、それである。これらはすべて亡き父親に捧げられた。そして、序文で必ず「私の読者」に言及されている。私の読者とはいうまでもなくレギーネを指している。宗教的諸著も、レギーネを読者に想定して執筆されたものであり、しかも父親の意を体して信仰の真髄を語るものであった。

一八四三年から四六年までの前期の著作活動は、このように審美的著作(間接伝達)と宗教的著作(直接伝達)との二重構造をもつものであった。

おのが罪を自覚することにより原罪の信仰に参与するように、キルケゴールは自身の罪として父の罪を受け容れ、三十四歳の誕生日（一八四七年五月五日）まで生きられるかどうかと思われる生涯を、キリストによる贖罪《しょくざい》をたのんで罪の悔悛《かいしゅん》の内に送ろうと決めていた。三十四歳を間近にして書かれ、真理が主体性の問題であることを強く訴えた『哲学的断片への完結的非学問的あとがき』（一八四六年）は、標題どおりに著作活動の「完結」の心算《つもり》であったので、巻末に「最初にして最後の言明」を付して、これまでの著書に偽名の著者名を用いたのは「創作上の問題」であったことを明らかにしている。この書の出版ののちは、父の望んでいた牧師の職について、どこか田舎の小さな教会で短い余生を送ることを考え、その計画を進めてもいた。

ところが、そこにひとつの事件が生じた。一八四六年の年頭から、社会諷刺《ふうし》の週刊紙『コルサル』（「海賊」の意）が、キルケゴールを嘲弄《ちょうろう》の槍玉に挙げ始めたのである。この人身攻撃は十月まで続いた。戯画を交えた『コルサル』の矢継ぎ早の罵《ののし》りに対して、キルケゴールは『祖国』紙上で応酬するが、大衆は高邁《こうまい》なものを陋劣《ろうれつ》なものへと貶《おとし》める諷刺紙に喝采《かっさい》を送った。しまいには、街を歩いても、教会に行っても、郊外へ出かけても、野次馬が彼を囲み、敵意と侮蔑《ぶべつ》の目差しを浴びせる始末であった。町の子どもたちまでが「あれか、これか」と囃《はや》しながら、彼のあとを追って歩いた。

この逆境の渦中にあってキルケゴールが体験し見て取ったものは、大衆という客観的なものに判定を委ねる陰で、責任の主体が失われ、根こそぎ人間喪失を招いていく、時代の「水平化」現象の進行であった。大衆の不誠実を暴力として利用する近代精神の退廃した姿であった。そしてさらに、このことを通して、キルケゴールは世間一般からはみ出していく例外者としての自己の宿命を感じ取り、おのれに誠実であろうとすればするほどむしろこの例外者に徹しつつ時代に切り返していくほかに途《みち》のないことを自覚していったのである。

翌四七年一月の日記には、次のような決意が書かれている。「あらゆる劣悪な攻撃が私を襲ったことについて、神をほめたたえよ。隠遁《いんとん》と忘却の中で悔悛するために牧師館で暮らしたいなどとは、憂愁の思いにすぎなかったことを、力をこめて学び知るにふさわしい機会を得た。私はいまや、これまでとは違った決意をもって、馳《は》せ場《ば》に立っているのだ。」コルサル事件は、キルケゴールに田舎牧師の道を断念させ、コペンハーゲンに留まって、これまでとは異なる文筆活動を、すなわち牧師職につくにも増して使徒的な著作生活を強いることになった。

その手始めが『現代の批判』（一八四六年）である。コルサル事件の進行する中で出版されたこの書は、『二つの時代』という小説を論評した『文学評論』（一八四六年）の後半部であり、この部分の訳がドイツで「現代の批判」の題で出版されて有名になった。ここには、コルサル事件が色濃く反映され、マスコミの弊害とともに、大衆社会の病的側面が浮き彫りにされている。また、この時期の宗教的著作としては『さまざまの精神における教化的講話』(一八四七年)があり、この書にもコルサル事件の強い煽《あお》りが見られる。そして、四七年には、三十四歳の誕生日を迎えた。

教会攻撃

三十四歳の誕生日を越えた歳月は、キルケゴールにとって、いっそう神に近づく恵みの時となった。宗教性を深める中で、キルケゴールは、一八四八年の受難週に、大きな心の変化を体験した。憂愁の中に籠《こも》ってひたすら罪の赦しへと向けてきた心に、恩寵《おんちょう》の喜びへ解放されて真理の証人として働く使命が湧《わ》き起こってきた。そして、四月十九日の日記にこう記した。「私の全本質が変化してしまった。私の隠蔽《いんぺい》性と閉鎖性とは打ち砕かれた——私は語らなければならない。」

このことは、コルサル事件で体験した大衆化の病弊がキリスト教界の中にまで及んでいることを指摘する戦いに、立ち上がることを意味した。当今の教会には、罪に打ち震える悔悟が欠けている。神を前にした各人の内面的葛藤が、キリスト教の福音にとっての基本条件であるのに、教会は福音の上に胡坐《あぐら》をかいて、神の赦《ゆる》しが既定の事実であるかのように振舞っている。教会の働きは、人びとに覚醒《かくせい》を促し、人間を基準とする生活からキリストに従う生活へ人びとを導くことにある。ところが、キルケゴールの見るところ、当時のデンマーク国教会は、神の栄光を賛え世界の美しさを称揚するばかりで、人間の罪についての真剣な洞察を欠き、ひとりの苦悩する魂の救済に手を貸すこともできなくなっている。キルケゴールが若いころから悩み抜いてきた宿業《しゅくごう》とも思われる罪の絶望感に、教会は慰めの言葉を語ってくれるどころか、キリスト教という日常化した既成の制度の上に泰然としているかのようである。キルケゴールはそのような教会の転倒したさまを告発し、あらためて「教会に真のキリスト教を呼び戻す試み」に立ち上がったのである。

だが、デンマーク国教会に対する攻撃は、そのままミュンスター監督を非難することに繋がっていた。ミュンスターは、その聖母教会副牧師の時代から、キルケゴールの家族が敬慕し世話になってきた牧師であった。キルケゴールもミュンスターのもとで堅信礼を受けたし、ミュンスターを尊敬して多くのことを彼から学んだ。ミュンスターの説教集はキルケゴールの愛読書で、キルケゴールの宗教的著作にはその影響がにじみ出ている。そのようなミュンスターへの配慮も働いて、当面の教会攻撃は、直接かつ辛辣《しんらつ》に国教会の欺瞞《ぎまん》を突くというものではなく、罪と救いについてのみずからの徹底した深い洞察を二冊の書にまとめるという形がとられた。これを最後と、キルケゴールが精魂こめて書き上げた著作が、『死にいたる病』（一八四九年）とその続篇に当たる『キリスト教の修練』（一八五〇年）であった。

そして、一八五四年一月、ミュンスターが死去し、四月にマルテンセンが監督になるや、国教会批判の障害は取り除かれた。マルテンセンは学生時代のキルケゴールのチューターであったが、ヘーゲル哲学を受容して思弁神学を構築するに及び、キルケゴールはこれに激しく反撥していた。マルテンセンと国教会とを重ね合わせて攻撃する構図が整ったのである。折から、国の保守内閣が倒れ自由主義内閣が誕生するという政変が生じ、これを機にキルケゴールの本格的な熾烈《しれつ》な戦いが開始された。

教会攻撃は『祖国』の紙面に論文を掲載することで行われた。一八五四年十二月十八日に最初の論文を発表してから翌年五月二十六日までの間に、二十一編の論文が矢継ぎ早に書かれた。マルテンセンは最初の論文にだけ反論をしたが、そのあとは賢明な沈黙に逃れた。五月からキルケゴールは戦いをエスカレートさせ、小著冊子『瞬間』（一八五五年）の自費出版を始めた。五月二十四日にその一号が出てから、国教会への仮借ない糾弾は続き、九月二十四日には冊子は九号を数えた。そして、『瞬間』第十号の原稿を残したまま、キルケゴールは路上で倒れ、激烈な戦いのさなかに燃え尽きるようにして、十一月十一日に永眠した。

後期著作活動

コルサル事件の渦中に書かれた『現代の批判（文学評論）』（一八四六年）と事件の余燼《よじん》を残す宗教的著作『さまざまの精神における教化的講話』（一八四七年）については、先に述べたが、この時期に宗教的著作の中でも白眉《はくび》といってよいキリスト教倫理の書『愛のわざ』（一八四七年）が上木されている。三十四歳の誕生日を過ぎてからの最初の著作である。この書が出版されてひと月ほどした十一月三日に、レギーネがシュレーゲルと結婚した。そして、自分の全本質が変化したと日記に書いて、キリスト教界に真のキリスト教を導入する戦いへの歩みを決意したのは、前述の通り翌四八年春のことであった。

復活祭直前のこの決心の前に、キルケゴールは『キリスト教講話』（一八四八年）を書いているが、以後の著書は、この世におもねって大衆化した教会に警鐘を鳴らす意味で、すべて宗教的著作の色彩を帯びるものとなった。『野の百合、空の鳥』（一八四九年）、『二つの倫理的・宗教的小論』（一八四九年）、『〈大祭司〉―〈取税人〉―〈罪ある女〉』（一八四九年）、『ひとつの教化的講話』（一八五〇年）、『金曜日の聖餐式における二つの講話』（一八五一年）、『神の不変性』（一八五五年）などの講話と説教があるが、教会に厳しく覚醒を迫る『自己試練のために』（一八五一年）、『みずからを裁け』（一八五一年執筆、一八七六年刊行）、『いわねばならぬゆえいわせてもらう』（一九五五年）、『キリストは公認キリスト教をいかに審《さば》きたもうか』（一九五五年）の諸著もあり、またキルケゴールの主著といってよい前記の『死にいたる病』（一九四九年）と『キリスト教の修練』（一九五〇年）の二著も、この期の宗教的著作である。そしてこれに、先に触れた『祖国』紙上の二十一の教会攻撃論文（一八五四―五五年）と、さらに攻撃の鉾先《ほこさき》を強めた『瞬間』（一八五五年）の十巻が加わる。

これらは、敬虔《けいけん》な講話から峻烈《しゅんれつ》な攻撃文書にいたるまで、すべてが宗教的著作である。そして、これらのほかに、キルケゴールの後期の著作には、自分の著作活動そのものについて記述したものがいくつか存在する。『単独者』(一八四六—四七年執筆、一八五九年刊行)、『わたくしの著作活動の視点』(一八四八年執筆、一八五九年刊行)、『武装せる中立』(一八四九年執筆、遺稿)、『わたくしの著作活動について』(一八四九年執筆、一八五一年出版)などである。書き残されたものが多く、生前にみずから出版したものはひとつだけであるが、これらを読むと、キルケゴールの全著作活動が、「いかにして人はキリスト者となるか」の一点に集約されることが知られる。そして、実はキルケゴールの全生涯そのものが、いかにしたらキリスト者になることができるかの問いを、みずからに課して歩むものであった。キリスト者とは、キリスト者になることを不断に自己に課して歩むことだ、と、キルケゴールは教える。それは、キルケゴールが全精力を傾けて書いた著作の語るところであるとともに、キルケゴールが神と自己に誠実に生きた生涯の語るところでもあったのである。

戦い

四十二歳で死を迎えたキルケゴールの一生は、いわば戦いの生涯であった。ギレライエの決意の中に、「たとえこの道が私を戦いに引き込もうと」とあった通り、神とともに進むキルケゴールの道は、厳しい試練の続く茨《いばら》の道となった。

なかでも、大地震体験とレギーネ問題とは、キルケゴールの一生を通じての内面的な戦いを誘った。大地震は、いわば向こうからやってきた苦悩の種であり、それをわがものとして引き受けることによって生じる内面の戦いであった。レギーネは、こちらから仕掛けた不幸の種であり、レギーネを巻き込むことによって生じた内面の戦いであった。一方は父への愛が、他方はレギーネへの愛が、それぞれの戦いの力となった。そして、どちらも神との関わりが問われる戦いであった。

また、後半生のコルサル事件と教会攻撃とは、外の敵と渡り合う対外的な戦いとなった。コルサルは、いわばマスコミが言論の暴力を振って向こうから挑みかかってきたのであり、応戦のしようもないほどに苦痛を強いられる戦いとなった。教会は、こちらの目に退廃の姿と映ったもので、デンマーク国教会という巨大な体制にひとりで挑みかかる傷つきやすい戦いとなった。どちらの戦いも、大衆をたのみとする水平化の瞞着《まんちゃく》との激闘であり、この戦いを通してキルケゴールは、神の前にだけは誠実な単独者でありたいという例外者の意識を強めたのである。

このようにして、キルケゴールは、長くない生涯の中で、大地震体験とレギーネ問題という受苦と挑発の二様の内面的な戦いと、コルサル事件と教会攻撃というこれまた受苦と挑発の二種の対外的な戦いを経験した。

戦いとは、概して傷あとのみの残る悲しいものであるが、この内なる戦いと外なる戦いもキルケゴールに多くの打撃を与えた。大地震体験によって、キルケゴールは、いつ襲うとも知れぬ死の不安に絶えずさいなまれることとなった。レギーネ問題は、心の痛みという十字架を終生重く負い続けることを彼に強いた。コルサル事件は、町なかの散歩と馬車による遠出という唯一の気晴らしを彼から奪った。教会攻撃は、当然ながら牧師職につく道を閉ざし、父の遺産にたよる生活を脅かす結果になった。

だが、キルケゴールの戦いは、反面で大きな財宝を残した。大小の数々の著作と、膨大な量の日記および遺稿である。そして何よりも、そこに盛られた、人を打ってやまない思想である。キルケゴールの珠玉の文筆作品とそれが語る深遠にして強靭《きょうじん》な思想信条は、常人には耐えがたいほどの戦いの中から生まれた。戦いはキルケゴールにとって傷あとの深いものであったが、それだけ人間存在の基底を深く掘り起こす思慮を誘った。戦いはまた周辺の人びとを深く傷つけることにもなったが、そこから生み出された世界観は、それだけ時代と場所を越えて多くの人の共感を呼ぶこととなった。

このように、キルケゴールの著作とその思想とは、キルケゴールが実際に経験した数々の戦いと、深く関わっている。いわば、これらの戦いがキルケゴールに著作を強いて思想を作りあげたのである。その意味で、キルケゴールほど、みずからの送った生涯とみずからの作った思想とが密着している思想家は少ない。キルケゴールの研究書に、その生涯を克明にたどる伝記の研究が多いのも、そのゆえである。従って、キルケゴールの書物を読み思考を理解するには、彼の送った実人生、とりわけ内面的対外的な彼の戦いを、ひと通り承知しておかなければならない。少し冗長とも思われるほどに生涯のトピックスの数々を述べてきたのは、こうした理由による。巻末の年譜と合わせて参考にしていただきたい。

実存と歴史

戦いが気を許すことなく戦い続けられていてこそ戦いであるように、キルケゴールにとって、人間の生きている世界は、変化してやまないそのつどの状況ごとに、神の前で誠実にこれを乗り切っていくことが課題となるような、そんな舞台である。状況の変化とともに、瞬間ごとに神関係が反復されていくような世界、すなわち、聖書のキリストの言葉がいまの私に語りかけて、いま際会しているこの時代が繰り返しキリストとの同時代性を帯びることのできるような世界、である。このような世界をキルケゴールは「歴史」と呼ぶ。キルケゴールにとって、歴史とは、法則の支配のままに必然的に事態の推移する世界ではなく、何が生じるか予測のきかないような、いわば自由な世界である。なればこそ、そのつど課題と責任が生じ、戦いの続けられる場となるのである。

世界がこのような「歴史という自由の領域」であるのは、実は、人間が自由であるからにほかならない。キルケゴールにとって、人間とは「神の前にただひとりで立つ」単独者であり、神に対して責任をとるという仕方で、自由にみずからの主体性の形成に踏み出す時に、真の人間らしさを発揮することのできる存在である。従前の人間観、わけても近代の人間観は、知的理性に人間の本性を認め、人間を知的理性という特定の本質を有するものとみなしてきた。だが、人間の生き方は必ずしも知性や理性によるものとはいえない。むしろ、人間は、常に責任が自分にかかってくる自由な存在、特定の本質で規定することのできない自由へと開かれている存在である。そのような、既定の本質を設けてその本質のせいであると責任をそこに転嫁してしまうわけにはいかない、自由を引き受けて生きる人間の在り方を、キルケゴールは「実存」と呼んだ。人間が本当に生きているといえるのは、本質に依存する安易な生き方ではなく、自由という厳しい生き方においてのことなのである。

生きる上での既成の根拠を自分の内に持っていない自由が、人間を不安に陥れる。よるべき本質を持たないがゆえに不安を生む。「不安は自由のめまいである。」この不安から逃れるために、人は日常的な惰性で日を過ごしたり、刹那《せつな》的な享楽に没入したり、あるいは大方の趨勢《すうせい》に身をゆだねたり、客観的公共性に責任を押しつけたりするが、それは自由の道を塞《ふさ》ぎ、主体性を放棄することにほかならない。ここに大衆化社会の陥穽《かんせい》がある。人間はこの弱点をしっかりと心得て、自由に対して誠実でなければならない。自由から逃げ出すことなく、状況ごとにこれこそが自分だといえる自己の在り方を作り出していかなければならない。「主体性こそが真理だ」とキルケゴールがいうのは、このような意味においてである。

実存という語は、もとは本質からの個別的立ち現れとしての現象という意味であった。あらゆる机に共通する机の一般的本質があってこそ、個々に現象する実存の机が机として規定される、ということである。ところが、人間の生き方には、あらゆる人間に共通する一般的な生き方が決められているわけではない。机と違って人間には個々の生き方に責任が問われてくるのであり、それだけに人間は自由なのである。人間は本質から立ち現れるのではなく、本質なき無という自由から立ち現れる。個々人が単独者として自由という無からそのつど立ち現れる実存なのである。おのがじし主体性を作り出していく実存なのである。そして、そのことが可能であるような世界が、人間の世界、すなわち歴史である。人間が果敢に自己形成を試みていくことのできる、未来へと開かれている自由の世界、それが歴史である。キルケゴールにとって、歴史とは、実存が未来へと自己を立ち現れさせることに応じて、そのつど未来からその場を用意して出来事を生起せしめる、自由の世界なのである。キルケゴールにおいて、人間と世界とは、実存と歴史という、そのつど自由から生起してくる生成の出来事なのである。

現代の指針

キルケゴールは若いころから機知に富み弁舌に秀でていたので、仲間のあいだでは才能を認められていた。そして、コルサル事件を通して一挙に世間の有名人になりはしたが、だからといって著作がたくさんの読者を得たり、思想の理解者が増えたりすることはなかった。むしろ、その戦いの生涯は、戦いを深めることによってますます世間を敵に回し、人びとの嘲笑を浴びつつ、孤独のままに淋《さび》しく閉じられることになった。

彼の死後、デンマークやドイツでその思想に注目する人が若干現れはしたが、キルケゴールが一気に脚光を浴びて世界の思想史に登場することとなったのは、二十世紀に入ってから、ことに第一次世界大戦の激動の時代を介してであった。ヤスパースやハイデガーの実存主義哲学の先駆者として、またバルトやブルンナーの弁証法神学の先駆者として、キルケゴールは、大戦に疲弊した人びとの主体性回復の指標となった。極限状況から立ち直って自己を見つめ返すための道しるべとなったのである。

そして、第二次世界大戦がまたキルケゴール・ブームをもたらした。全体主義的な国家体制が崩壊し、民主主義や自由主義が浸透するにつれ、他におもねることのない個人の純粋性が求められ、キルケゴールに倣《なら》う主体性の確立が声高に叫ばれた。

キルケゴールの精神的な戦いの思想は、二十世紀の二度に及ぶ世界大戦の危機的状況を乗り越えるための、人びとの精神の支えとなった。しかし、キルケゴールのもたらしたものは、世界大戦という凄惨《せいさん》な悲劇から立ち上がるために機能するだけのものではない。十九世紀半ばの小国デンマークにあってキリスト教問題と格闘したという極めて限られた個人的にして特殊歴史的な思想が、二十世紀の危局に際して、西洋のみならず東洋の人びとにまで大きな力となったということは、そこに世代や地域を越えた普遍の思想が存するからである。キルケゴールの言葉は、みずからの心の持ち方を問い、自分の人生について思いをめぐらす者に、常に大きな指針となって響くのである。

ことに、二十一世紀へと歩みを進めた現代は、情報化社会の時代といわれ、多量の情報の渦にもまれて、自分にとって大切な情報が見失われ、主体性を欠くこととなりやすい。また、自由主義を標榜《ひょうぼう》する社会が、自由競争へ走ることにより、組織ごとにかえってトップダウン的な組織化を強める皮肉な時代となり、その官僚化、企業化が、個性喪失の疎外感を深める。また、世界の国際化が進むことによって、価値の多元化が生じ、文化摩擦や民族紛争が深刻さを増した。その結果、歴史の持つ相対化の働きが顕在化して、ニヒリズムの風潮が広がる。さらには、科学のもたらす技術化により、産業の工業化が加速され、公害や汚染や環境破壊が逼迫《ひっぱく》した問題になっている。

このような時代に処していくためには、少なくともこうした時代を生み育てた従前の主知主義的な人間観や合理主義的な世界観を持ち続けているわけにはいかない。これに替えて、新たな人間観と世界観が構築されなければならない。キルケゴールの考えた実存という人間とキルケゴールの提唱する歴史という世界とは、まさに主知主義や合理主義に対する批判として語り出されたものであるだけに、「死にいたる病」におかされつつあるこの時代に対して「現代の批判」として機能しつつ、新しい可能性を摸索《もさく》する上での指針となる使命を、いまも持ち続けているのである。

（東北大学名誉教授）

凡　例

本訳書のテキストには、デンマーク語の原典全集第三版 *Samlede Værker*, udgivne af A. B. Drachmann, J. L. Heiberg og H. O. Lange, I–XIV. Kjøbenhavn, 1920–31. を用いた。『死にいたる病』は第十一巻、『現代の批判』は第八巻にある。

なお、キルケゴールの自注は〔 〕で、訳注は（ ）で、また原文中の隔字体（語意を強調するために間隔をあけた綴り）の部分は、傍点または「 」で示した。また一部、特殊な意味をもつ語を「 」で補った場合もある。

死にいたる病

教化と覚醒のためのキリスト教的・心理学的論述

アンチ・クリマクス著
セーレン・キルケゴール刊
コペンハーゲン　一八四九年

主よ！　なんの役にも立たぬものごとにたいしては
われらにかすめる目を与え、
あなたのあらゆる真理にたいしては
これを見る澄みさえた目を与えたまえ①

（1）ドイツ語で引用されており、カトリックの神学者ザイラー（一七五一〜一八三二）の詩で、エペソ五・一五〜二一に関する説教の終わりに記されているという。

目次

序

多くの人々には、おそらく、この「論述」の形式は奇妙に思われることであろう。それは多くの人々にとっては、教化的でありうるためにはあまりに厳密にすぎ、また、厳密に学問的でありうるためにはあまりに教化的にすぎる、と思われることだろう。このあとのほうの意見については、わたしもべつに異存はないが、しかし、前のほうの意見にたいしては、わたしは違った考えをもっている。すなわち、もしほんとうにこの書の論述があまりに厳密にすぎて教化的でないとしたら、それは、わたしの狙《ねら》いからすると、失敗だったということになろう。

この書の論述についてくるだけのいろんな前提をだれでもがもっているというわけではないのだから、この論述がだれにとっても教化的であるというわけにはいかないのはもちろんだが、このことと、この論述が教化的なものの性格をもっているということは、別の事柄なのである。すなわち、キリスト教の立場からすれば、すべてがすべて、教化に役立つものでなくてはならない。結局において教化的でないような学問のあり方は、それだけの理由で、非キリスト教的なのである。

すべてキリスト教的なものの叙述は、病床に臨んだ医者の話しぶりに似たものでなくてはならない。たとえその話をよく理解するのは医学に通じた者だけであるにしても、病床に臨んで話されるのだということを、けっして忘れてはならないのである。キリスト教的なものの人生にたいするこのような関係〔これは、学問というものが人生から遠く離れて冷然としているのとは反対である〕、もしくは、キリスト教的なもののこのような倫理的な側面、これこそ、まさしく教化的なものなのであって、この種の叙述は、それがとにかくどれほど厳密であろうとも、あの種の「冷淡な」学問のあり方とは、全然違っており、質的に異なったものである。

そういう学問の超然たる英雄的精神《ヒロイズム》なるものは、キリスト教的に見ると、ヒロイズムであるどころか、キリスト教的に言えば、一種の非人間的な好奇心でしかない。キリスト教的なヒロイズムとは、事実これはおそらくごくまれにしか見られないものではあろうが、あえてまったく自己自身になろうとすること、ひとりの単独な人間、神の前にただひとりで立つ人間に、この巨大な努力をなし、この巨大な責任を負いながらただひとりで立つ、この特定の単独な人間にあえてなろうとすることである。しかし、純粋な人間ということばにたぶらかされていい気になったり、世界史の進展にたいして驚嘆のしあいごっこをしたりするのは③、けっしてキリスト教的なヒロイズムではない。

すべてキリスト教的な認識はその形式がともかくどれほど厳密であろうとも、気づかわれたものでなければならない。④ そしてこの気づかいこそ、まさに教化的なものなのである。気づかいとは、人生にたいする、つまり人格の現実性にたいする関係であり、したがって、キリスト教的に言えば、厳粛さということである。知識が冷淡に超然としていることは、キリスト教の立場から言えば、よりいっそう厳粛であるどころか、キリスト教の立場から言えば、冗談であり、虚栄でしかない。しかし、厳粛さということは、また教化的なものである。

したがって、この小さな書物は、ある意味では、神学校の学生にでも書けるようなものであるが、しかし、また別の意味では、おそらくどの大学教授にでも書けるとはかぎらないようなふうにできている。

しかし、この論文が現に見られるとおりの体裁をもっているのは、少なくともよくよく考えたうえでのことであって、しかももちろん、これが心理学的にも正しいのである。世間ではもっと儀式ばった様式もおこなわれているが、そういう様式は、あまり儀式ばりすぎているために、なんらたいしたことを言い表わさずに終わる結果になったり、そういう様式には人はすぐ慣れてしまうので、無意味なものになりがちだったりするものである。

ついでながら、むろん余計なことではあるが、その咎《とが》めを覚悟のうえで、ひとこと言わせていただきたい。つまり、本書の題名でもわかるとおり、絶望は、この書物全体を通じて、病として理解されていて、薬として理解されてはいないということを、わたしはここで、きっぱりと注意しておきたい。すなわち、絶望はそれほど弁証法的なのである。(5) 同じようにまた、キリスト教の用語でも、死は最大の精神的悲惨を表わすことばであるが、しかも救済は、まさに死ぬことに、死んだもののように生きることにあるのである。(6)

一九四八年

(1)「地を深く掘り、岩の上に土台をすえて、激流が押し寄せてきてもびくともしないように固く家を建てる」(ルカ六・四七〜四八)にもとづいて用いられた語で、「不動の信仰心をおこさせる」という意味で用いられる重要な用語。
(2) ヘーゲルが、哲学はけっして教化的であってはならないと主張したのを諷《ふう》している。
(3) ヘーゲルの歴史観を諷している。
(4) ソクラテスの「魂の気づかい」を思わせることばで、自己を得るために心をくだくことを言う。
(5) 絶望が「病」であると同時に「薬」であると説かれているように、互いに矛盾することが、ひとつのものについて同時に言われること。
(6) キリストとともに「死んで」世のもろもろの霊力から解放されて「生きる」こと。言いかえると、神のない罪の生活をまず殺し、その死をのりこえて、神とともにある新しい生活を生きること。

緒　言

「この病は死にいたらない」〔ヨハネ福音書一一・四〕。けれども、ラザロは死んだ。弟子《でし》たちが、キリストがあとから付け加えて言われたことば、「わたしたちの友ラザロが眠っている、しかしわたしは彼を呼び起こしに行ってやろう」〔一一・一一〕ということばを誤解したとき、キリストは弟子たちに率直に言われた、「ラザロは死んだのだ」〔一一・一四〕。こうしてラザロは死んだ、けれども、この病は死にいたらなかった。つまり、ラザロは死んでしまっていた、けれども、この病は死にいたらないのである。

ところでわたしたちは、キリストがともに生活していた人々に「もし信じるなら神の栄光を見」〔一一・四〇〕せるはずの奇跡のことを考えておられたのであることを、よく知っている、キリストがラザロを死から呼びさまされたあの奇跡、したがって「この病」は死にいたらなかったばかりでなく、キリストが予言されたとおり、「神の栄光のため、神の子がそれによって栄光をうけるため」〔一一・四〕のものであったというあの奇跡のことを考えておられたのであることをよく知っている。

ああ、しかし、たとえキリストがラザロを呼びさまされなかったとしても、この病が、死そのものさえが、死にいたるものでないということが、同じように言えるのではあるまいか？　キリストが墓へ歩み寄って、声高く「ラザロよ、出ておいで」〔一一・四三〕と呼ばれるとき、この病が死にいたるものでないことは、もちろん確かなことである。しかし、たとえキリストがそのことばを口にされなかったとしても、「復活《よみがえり》であり生命《いのち》」〔一一・二五〕であるキリストが墓に歩み寄られるというそのことだけで、この病が死にいたらないことを意味していはしないであろうか。キリストが現にそこにいますということがこの病が死にいたらないことを意味していはしないであろうか！

また、ラザロが死人のなかから呼びさまされたにしても、結局は死ぬことによってそれも終わりを告げねばならないのであるとしたら、それがラザロにとってなんの役に立つことであろう——もしキリストが、彼を信ずるひとりひとりの者にとって復活《よみがえり》であり生命《いのち》であるようなお方でなかったならば、それがラザロにとって、なんの役に立つことであろう！　いや、ラザロが死人のなかから呼びさまされたから、それだから、この病は死にいたらないと言えるのではなく、キリストが現にそこにいますから、それだから、この病は死にいたらないのである。

思うに、人間的に言えば、死は一切のものの最後であり、人間的に言えば、生命があるあいだだけ希望があるにすぎない。しかしキリスト教的な意味では、死はけっして一切のものの最後ではなく、死もまた、一切のものを包む永遠なる生命の内部におけるひとつの小さな出来事であるにすぎない。そして、キリスト教的な意味では、単に人間的に言って、生命があるというばかりでなく、この生命が健康と力とに満ち満ちてさえいる場合に見いだされるよりも、無限に多くの希望が、死のうちにあるのである。

それだから、キリスト教的な意味では、死でさえも「死にいたる病」ではない。ましてや、苦悩、病気、悲惨、艱難《かんなん》、災厄、苦痛、煩悶《はんもん》、憂い、悲嘆など、およそ地上の、この世の悩みと呼ばれる一切のものも、そうではない。わたしたち人間が、少なくとも悩める人たちが「死ぬよりもつらい」と訴えるほど、それほどこれらの悩みが重く苦しいものであろうとも、病ではないまでも病に比べられるこのようなすべての悩みは、キリスト教的な意味では、けっして死にいたる病ではない。

キリスト教はキリスト者に、死をも含めて、一切の地上的なもの、この世的なものについて、このように超然と考えることを教えてきた。人間が普通不幸と呼んでいるもの、あるいは人間が最大の災厄と呼んでいるものすべてにたいし、かくも誇らかに超然としていられるとき、キリスト者は高慢にならざるをえないほどである。ところがそこでまたキリスト教は、人間が人間であるかぎり知るにいたらない悲惨が現にあることを発見したのである。この悲惨が死にいたる病なのである。

自然のままの人間が恐ろしいこととして数え立てるようなものは、——すべてを数え尽くしてもはや挙げるべきものを残さぬ場合でも、そのようなものは、キリスト者にとっては、まるで冗談のようなものである。自然のままの人間とキリスト者との関係はそのようなものであって、それは子供と大人《おとな》との関係のようなものである。つまり、子供のこわがるものを、大人はなんとも思わない。子供はそのおそるべきものが何であるかを知らない、大人はそれを知っていて、それをこわがるのである。

子供の不完全な点は、まず第一に、おそるべきものを知らないということであり、次に、その結果出てくることであるが、おそるべきものでないものをおそれるということである。自然のままの人間も同じことで、彼はおそるべきものがほんとうには何であるかを知らない、しかも、それだからといって、おそれることを免れているわけではなく、それどころか、おそるべきものでないものをおそれるのである。異教徒の神にたいする関係も同様である。異教徒は真の神を知らないばかりでない、彼はそれに甘んずることなく、偶像を神としてあがめるのである。

ただキリスト者だけが、死にいたる病とはどういうことなのかを知っている。キリスト者はキリスト者であるかぎり、自然のままの人間の知らない勇気を得たのである——この勇気を、彼は、なおいっそうおそるべきものをおそれることを学ぶことによって、身につけたのである。こういう仕方によってのみ、人間はいつでも勇気を得るのだ。人間というものは、より大きな危険をおそれているときには、いつでも、より小さい危険のなかへ踏み入る勇気をもつ。ひとつの危険を無限におそれるときには、その他のもろもろの危険はまったく存在しないも同然である。ところが、キリスト者の学び知ったおそるべきものとは、「死にいたる病」なのである。

（1）神の啓示を受けない「生まれたままの人間」のこと。

第一編　死にいたる病とは絶望のことである

A　絶望が死にいたる病であるということ

A　絶望は精神における病、自己における病であり、したがってそれには三つの場合がありうる。絶望して、自己をもっていることを自覚していない場合〔非本来的な絶望〕。絶望して、自己自身であろうと欲しない場合。絶望して、自己自身であろうと欲する場合

人間は精神である。しかし、精神とは何であるか？　精神とは自己である。しかし、自己とは何であるか？　自己とは、ひとつの関係、その関係それ自身に関係する関係である。あるいは、その関係において、その関係がそれ自身に関係するということ、そのことである。自己とは関係そのものではなくして、関係がそれ自身に関係するということなのである。(1)人間は無限性と有限性との、時間的なものと永遠なものとの、自由と必然との総合、要するに、ひとつの総合である。

総合というのは、ふたつのもののあいだの関係である。このように考えたのでは、人間はまだ自己ではない。②

ふたつのもののあいだの関係にあっては、その関係自身は消極的統一③としての第三者である。そしてそれらふたつのものは、その関係に関係するのであり、その関係においてその関係に関係するのである。このようにして、精神活動④という規定のもとでは、心と肉体とのあいだの関係は、ひとつの単なる関係でしかない。これに反して、その関係がそれ自身に関係する場合には、この関係は積極的な第三者⑤であって、これが自己なのである。

それ自身に関係するそのような関係、すなわち自己は、自分で自己自身を措定したのであるか、それともある他者⑥によって措定されてあるのであるか、そのいずれかでなければならない。

それ自身に関係する関係が他者によって措定されたのである場合には、その関係はもちろん第三者ではあるが、しかしこの関係、すなわち第三者は、やはりまたひとつの関係であって、その関係全体を措定したものに関係している。

このような派生的な、措定された関係が人間の自己なのであって、それはそれ自身に関係する関係であるとともに、それ自身に関係することにおいて他者に関係するような関係である。このことから、本来的な絶望にふたつの形式がありうることになる。

もし人間の自己が自分で自己自身を措定したのであれば、その場合には、自己自身であろうと欲しない、自己自身からのがれ出ようと欲する、というただひとつの絶望の形式しか問題とはなりえず、絶望して自己自身であろうと欲するという形式のものは、問題とはなりえないであろう。すなわち、この公式こそ、全関係〔自己〕が他者に依存していることの表現であり、自己は自己自身によって均衡と平安に達しうるものでもなければ、またそのような状態にありうるものでもなく、自己自身と関係すると同時に、全関係を措定したものに関係することによってのみ、それが可能であることを表現するものである。実際、この第二の形式の絶望〔絶望して、自分自身であろうと欲すること〕は、単に絶望の一種独特な種類を示すにすぎないようなものではけっしてなく、むしろ、あらゆる絶望が結局はこの絶望に分解され還元されるのである。

ここにひとりの絶望者があるとして、その絶望者が自分の絶望に気づいているつもりでおり、絶望というものを、なにか自分の身にふりかかってくるものとでも思っているかのような、ばかげたことを言わないで「そういう言い方をするのは、いってみれば、眩暈《めまい》の病にかかって悩んでいる者が、神経の錯覚のために、頭の上になにか重いものがのっかっているとか、なにかが頭の上から落ちてきそうだとかと語るようなものであるが、実は、この重みも圧迫もけっして外からくるものなのではなくて、内にあるものの逆反射にすぎないのである」——そこで、全力をあげて、自分自身の力で、ただひとり自分自身の力だけで、絶望を取り除こうとするとすれば、そのとき彼は、なお絶望のうちにいるのであって、自分では全力をふるって努力しているつもりでも、努力すればするほど、ますます深い絶望のなかへもぐり込むばかりである。

絶望の不均衡は単純な不均衡ではなく、それ自身に関係するとともに、ある他者によって措定されている関係における不均衡であり、したがって、かの、それだけで独立してある関係[7]における不均衡は、同時に、この関係を措定した力にたいする関係のうちに無限に反映することになる。

そこで、絶望がまったく根こそぎにされた場合の自己の状態を表わす定式は、こうである。自己自身に関係し、自己自身であろうと欲することにおいて、自己は、自己を措定した力のうちに、透明に、根拠をおいている。

B　絶望の可能性と現実性

絶望は長所であろうか、それとも短所であろうか？　まったく弁証法的に、絶望はその両方である。絶望している人間のことを考えないで、あくまでも抽象的な思想として絶望を考えようとすれば、絶望は非常な長所である、と言わざるをえないであろう。この病にかかりうるという可能性が、人間が動物よりもすぐれている長所なのである。そしてこの長所は、直立して歩行することなどとはまったく違った意味で、人間を優越せしめるものである。なぜかというに、この長所は、人間が精神であるという無限の気高さ、崇高さをさし示すものだからである。この病にかかりうるということが、人間が動物よりもすぐれている長所なのである。この病に注意しているということが、キリスト者が自然のままの人間よりもすぐれている長所なのである。この病から癒《いや》されていることが、キリスト者の至福なのである。

このようにして、絶望することができるということは、無限の長所である。けれども、絶望しているということは、最大の不幸であり悲惨であるにとどまらない、それどころか、それは破滅なのである。普通には、可能性と現実性との関係は、このようなものではなく、これこれでありうることがひとつの長所であるならば、現にそうであることは、さらにいっそう大きな長所である。すなわち、現にそうあるということは、そうありうるということにたいして、上昇というふうな関係にある。これに反して、絶望の場合には現にそうあるということは、そうありうるということにたいして、下降というふうな関係にある。

可能性の長所が無限であるように、下降もまた同じように無限に底深いのである。したがって、絶望に関しては絶望していないということが、上昇なのである。けれども、この規定がまた曖昧《あいまい》である。絶望していないということは、足なえでないとか盲目でないとかいうのとはわけが違う。もし絶望していないということが、ただ絶望していないというだけのことで、それ以上の意味もそれ以下の意味ももたないならば、それこそまさしく絶望していることなのである。絶望していないということは、絶望してありうるという可能性が絶滅されたことを意味するのでなければならない。もしある人間が絶望していないということが真実でありうるとすれば、彼は絶望するという可能性をあらゆる瞬間に絶滅させるのでなくてはならない。

可能性と現実性とのあいだの関係は、普通には、そういうふうなものではない。というのは、なるほど、現実性とは絶滅された可能性である、と言っている思想家たち⑧もいるにはいるけれども、しかしこれはまったく真であるわけではなく、現実性とは満たされた可能性であり、現勢的な可能性⑨であるのが普通だからである。ところがそれとは逆に、ここでは、現実性〔絶望していないということ〕は、それゆえに一種の否定でもあって、無力な、絶滅せられた可能性なのである。普通なら、現実性は、可能性にたいして、確認の意味をもっているのであるが、ここでは否認なのである。

絶望は、それ自身に関係する総合の関係における不均衡である。しかし総合そのものは不均衡ではなく、それは単に可能性であるにすぎない。言いかえると、総合のうちには不均衡の可能性があるのである。もし総合そのものが不均衡であるとしたら、絶望はけっして存在しなかったであろうし、そのとき、絶望は人間の本性そのもののうちにひそむ何物かであることとなるであろう、つまり、そのとき、それは絶望ではないことになるであろう。そのとき絶望は、人間の身にふりかかってくる何物か、たとえば、人間がかかる病気であるとか、万人の運命である死であるとかといったような、なにか人間がこうむるものであることになるであろう。しかしそうではない。絶望するということは、人間自身のうちにひそむことなのである。しかし、もし人間が総合でなかったとしたら、人間はけっして絶望することはできなかったであろうし、また、総合が神の御手《みて》によってもともと正しい関係におかれているのでなかったら、その場合にも、人間は絶望することはできなかったであろう。

それなら、絶望はどこからくるのか？　総合がそれ自身に関係するその関係からくるのである。それも、人間をこのような関係たらしめた神が、人間をいわばその手から手放されることによって、すなわち、関係がそれ自身に関係するにいたることによってなのである。そして、その関係が精神であり自己であるというところに、そこに責任があるのであって、あらゆる絶望はこの責任のもとにあり、絶望のあるかぎりそのあらゆる瞬間にこの責任のもとにある、たとえ絶望者が、勘違いをして、自分の絶望を、さきに述べた眩暈《めまい》の発作〔この眩暈と絶望とは、質的に違ったものではあるけれども、共通するところも多い。そのわけは、眩暈が心の規定のもとにあるのは、絶望が精神の規定のもとにあるのと同じで、眩暈は絶望と類比的なものを宿しているからである〕の場合のような、外からふりかかってくる不幸ででもあるかのように、どれほど口をついやして語り、どれほど巧妙に語って、自分自身を欺き、また他人をも欺こうとも、そうなのである。

こうして不均衡が、すなわち絶望が出現したとして、そこからおのずからその不均衡が持続するということになるのだろうか？　いや、おのずからそうなるのではない。不均衡が持続するのは、不均衡の結果ではなく、それ自身に関係する関係の結果なのだ。すなわち、不均衡があらわれるたびごとに、また不均衡が現存する瞬間ごとに、かの関係に還元されなければならないのである。

よくわたしたちは、たとえば不注意のために人が病を招く、という。そのようにして、病は出現し、そしてその瞬間から、病は力を得、そこでひとつの現実となるが、その根源はだんだん遠く過去のものになっていく。もし病人に向かって、「病人よ、君はいまこの瞬間にこの病気を招き寄せているのだ」とたてつづけに言いつづけるとしたら、すなわち、瞬間ごとに病の現実性を病の可能性へ解消しようとするとしたら、それは残酷なことでもあり、また非人間的なことでもあろう。なるほど、病人は病をみずから招いたのではある。しかし彼はただ一度だけ病を招き寄せただけであり、病の持続は、彼がただ一度だけ病を招き寄せたことの単なる結果なのであって、病の持続の原因を瞬間ごとに病人のせいにするわけにはいかない。彼は病を招き寄せたのではあるが、しかし彼は病を招き寄せつつあるわけではない。

絶望するということは、それとは違う。絶望の現実的な瞬間瞬間は可能性に還元されることができるのであって、絶望者は、絶望している瞬間ごとに、絶望をみずから招き寄せつつあるのだ。

絶望はたえず現在の時に生ずる。そこには現実のあとに取り残される過去的なものといったようなものはなんら生じない。絶望の現実的なあらゆる瞬間において、絶望者は、一切の過去的なものを、現在的なものとして、可能的にになっているのである。そういうことになるのは、絶望するということが精神の規定であり、人間のうちにある永遠なものに関係しているからである。しかも、この永遠なものから、人間は脱《ぬ》け出ることはできない、いや、それは永遠にできない。人間は永遠なものを一挙に払い捨てることはできない、これほど不可能なことはないのだ。

もし人間が永遠なものをもっていない瞬間があるとすれば、その瞬間瞬間に、人間は永遠なものを払い捨ててしまったのか、あるいは、払い捨てつつあるのか、そのどちらかにちがいない――しかし、永遠なものはまたもどってくる、すなわち、人間は絶望している瞬間ごとに、絶望することを招き寄せているのである。それは、絶望が不均衡の結果として出てくるのではなく、それ自身にかかわる関係の結果として出てくるものだからである。そして人間は、自分の自己から脱け出ることができないのと同じように、それ自身への関係から脱け出ることもできないのである。自己とはそれ自身にたいする関係なのだから、結局、これは同じことを言っているわけである。

C　絶望は「死にいたる病」である

死にいたる病というこの概念は、あくまでも独特な意味に理解されなければならない。文字どおりには、それは、その終わり、その結末が死である病のことである。それだから、致命的な病のことが、死にいたる病と同じ意味で用いられている。こういう意味では、絶望は死にいたる病とは呼ばれえない。むしろ、キリスト教的な意味では、死はそれ自身、生への移り行きなのである。そのかぎりにおいて、キリスト教的に見ると、いかなる地上的な、肉体的な病も、死にいたるものではない。なぜかというに、確かに死は病の最後ではあるが、しかし死は終局的なものではないからである。もし最も厳密な意味で死にいたる病ということを言おうと思うなら、それは、終局的なものが死であり、死が終局的なものであるような場合の病のことでなければならない。そして、この病こそ、まさに絶望なのである。

けれども、絶望は、また別の意味で、なおいっそう明確に、死にいたる病なのである。すなわち、文字どおりの意味で、この病のために死ぬとか、この病が肉体的な死をもって終わるとかということは、とうていありえない。むしろ逆に、絶望の苦悩は、まさに、死ぬことができないということなのだ。それだから絶望は、横たわって死と闘いながら、しかも死ぬことができない、死病に取りつかれた者の状態によく似たところがある。したがって、死にいたるまでに病んでいるということは、死ぬことができないということであり、しかもそれも、生きられる希望があってのことではなく、それどころか、死という最後の希望さえも残されないほど希望を失っているということなのだ。死が最大の危険であるときには、人は生きることを乞《こ》い願う。しかし、さらにおそるべき危険を学び知るとき、人は死を乞い願う。こうして、死が希望となるほどに危険が大きいとき、そのときの、死ぬことさえもできないという希望のなさ、それが絶望なのである。

さてこの最後の意味において、絶望は死にいたる病である。永遠に死ぬという、死にながらしかも死なないという、死を死ぬ[10]という苦悩に満ちた矛盾であり、自己における病である。思うに、死ぬということは、「もうおしまいになった」ということを意味する。しかし、死を死ぬということは、死を体験することを意味する。そしてこの死ぬということがほんの一瞬間でも体験されるならば、それは死を永遠に体験することである。

もし仮に人間が、病気で死ぬのと同じように、絶望で死ぬものとしたら、人間のうちにある永遠なもの、すなわち自己は、肉体が病気で死ぬのと同じような意味で、死ぬことができなければならないであろう。しかし、それは不可能である。絶望の死は、たえず生に転化するのである。絶望者は死ぬことができない。「剣が思想を殺すことができないように[11]」「その蛆《うじ》は死なず、その火は消えることのない」（イザヤ六六・二四）絶望も、絶望の根底にある永遠なもの、自己を、食い尽くすことはできない。けれども、絶望とは、まさに自己を食い尽くすことにほかならず、しかもみずからの欲するところをなしえない無力な自己食尽なのだ。

しかし、絶望みずからが欲することとは、自己自身を食い尽くすことであるが、これが絶望にはできないのであって、この無力さが自己食尽のひとつの新たな形態となる。しかし、この形態の自己食尽においても、絶望はやはりその欲するところを、すなわち自己自身を食い尽くすことを、なしえない。それは絶望の自乗、あるいは自乗の法則である。これは絶望を焚《た》きつけるもの、あるいは、絶望のなかの冷たい炎であり、絶え間なく内に向かって食い入り、だんだん深く自己食尽のなかへ食い込んでいく呵責《かしゃく》なのだ。

絶望者にとっては、絶望が彼を食い尽くさないということは、慰めとなるどころではなく、まったくその逆で、この慰めこそまさに苦悩であり、それこそまさに、呵責を生かしつづけ、生を呵責しつづけるものにほかならない。なぜかというに、それだからこそ、絶望者は、自己自身を食い尽くすことができないことに、自己自身から脱け出ることができないことに、無になることができないことに、絶望した、というより現に絶望しているのだからである。これが絶望の自乗された公式であり、この自己の病における熱の上昇である。

絶望する者は、何事かについて絶望する。一瞬そう見える、しかしそれは一瞬だけのことである。その同じ瞬間に、真の絶望があらわれる、あるいは、絶望はその真の相をあらわす。絶望する者が何事かについて絶望したというのは、実は自己自身について絶望したのであって、そこで彼は自己自身から脱け出ようと欲しているのである。

このようにして、「帝王か、しからずんば無か」[12]ということを標榜《ひょうぼう》している野心家が帝王になれないとき、彼はそのことについて絶望する。しかし、その意味するところは別のところにある。すなわち、彼は帝王になれなかったというまさにそのことのために、いま自分自身であることに堪えられない、ということなのだ。それだから彼は、実は、彼が帝王にならなかったことについて絶望しているのではなく、帝王にならなかったことで自己自身について絶望しているのである。もし帝王になっていたら彼にとってこのうえない喜びであったにちがいないその自己、もっとも、この自己も別の意味では同じように絶望しているのではあるが、その自己が、いまは彼にとってなによりも堪えがたいのである。

もっと深く考えると、彼にとって堪えられないことは、彼が帝王にならなかったということではなく、帝王にならなかったその自己が、彼にとって堪えられないものなのである。あるいは、もっと正確に言えば、彼にとって堪えられないことは、彼が自己自身から脱け出ることができないということなのである。もし彼が帝王になっていたとしたら、彼は、絶望して、自己自身から脱け出してしまったことであろう。しかし、いま彼は帝王にならなかった、そして絶望して自己自身から脱け出ることができないのである。いずれの場合にも、本質的には、彼は同じように絶望しているのだ、なぜかというに、彼は自分の自己をもっておらず、彼は自己自身でないからである。仮に彼が帝王になっていたとしても、やっぱり彼は自己自身とはならず、自分自身から脱け出していたことであろう。また、彼が帝王にならないとき、彼は自己自身を脱け出ることができないことについて絶望しているのである。それだから、絶望者について、それがまるで絶望者の受けるべき罰ででもあるかのように、彼は自己自身を食い尽くしている、と言うのは、〔おそらく絶望者というものを、自己自身をさえも、かつて見たことのない〕皮相な観察である。というのは、それこそが、彼の絶望しているものなのであり、それこそが、できなくて彼の苦悩となっているものなのであり、それは、焼けることも焼け尽きることもありえないもののなかに、すなわち自己のなかに、絶望によって、火が投ぜられたことなのだからである。

それゆえに何事かについて絶望するのは、まだ本来の絶望ではない。それは始まりである。あるいは、医者が病について、症状がまだあらわれていない、と言うときのようなものである。

その次に、自己自身について絶望するというあからさまな絶望があらわれる。若い娘が恋のゆえに絶望する、つまり恋人が死んだか裏切ったかして、恋人を失ったことについて絶望する。これはあからさまな絶望ではない。そうではなく、実は彼女は自己自身について絶望しているのである。もし「彼の」恋人となっていたら、いとも愛らしい仕方で脱け出すか失うかしていたにちがいない彼女のこの自己、この自己が「彼」なしにいなければならないので、いまは彼女にとって苦痛なのである。彼女にとって彼女の富となっていたはずのこの自己、もっとも、これも別の意味では同じように絶望しているのではあるが、この自己が、「彼」が死んだので、いまは彼女にとっていまわしい空虚となったのである、あるいは、その自己が、彼女が欺かれたことを彼女に思い出させるので、彼女にとって嫌悪すべきものとなったのである。だから、そういう娘がいたら、試みにその娘に向かって「あなたはあなた自身を食い尽くしていますね」と言ってみるがいい。君はきっと、「いいえ、それができないからこそ、わたしは悩んでいるのです」という彼女の答えを聞かされることだろう。

自己について絶望すること、絶望して自己自身から脱け出ようと欲すること、これがあらゆる絶望の公式である。したがって、絶望して自己自身であろうと欲するという、絶望の第二の形態は、絶望して自己自身であろうと欲しない第一の形態に還元されることができるが、これは、わたしたちが、先に、絶望して自己自身であろうと欲しないという形態を、絶望して自己自身であろうと欲するという形態に解消した〔A参照〕のと同様である。

絶望する者は、絶望して自己自身であろうと欲する。しかし、もし彼が絶望して自己自身であろうと欲するのなら、彼は自己自身から脱け出ることを欲していないのではないか。確かに、一見そう思われる。

しかし、もっとよく見てみると、結局、この矛盾は同じものであることがわかる。絶望者が絶望してあろうと欲する自己は、彼がそれである自己ではない〔なぜなら、彼が真にそれである自己であろうと欲することは、もちろん、絶望とは正反対だからである」、すなわち、彼は彼の自己を、それを措定した力から引き離そうと欲しているのである。しかしそれは、どれほど絶望したところで、彼にはできないことである。絶望がどれほど全力を尽くしても、あの力のほうが強いのであって、彼がそれであろうと欲しない自己であるように、彼に強《し》いるのである。

しかし、それにもかかわらず、彼はあくまでも自己自身から、彼がそれである自己から、脱け出して、彼が自分で見つけ出した自己であろうとする。彼の欲するような自己であるということは、それがたとえ別の意味では同じように絶望していることであろうとも、彼の最大の喜びであろう。ところが、彼がそれであることを欲しないような自己であることを強いられるのは、彼の苦悩である、つまり、彼が自己自身から脱け出ることができないという苦悩なのである。

ソクラテスは、魂の病〔罪〕は、肉体の病が肉体を食い尽くすのとは違って、魂を食い尽くすものではないということから、魂の不死性を証明した[13]。それと同じように、絶望は絶望者の自己を食い尽くすことはできないということから、そのことがやがて絶望における矛盾の苦悩であるということから、人間のうちに永遠なものがあることを証明することもできる。人間のうちになんら永遠なものがないとしたら、人間はけっして絶望することができなかったであろうし、また、もし絶望が絶望者の自己を食い尽くすことができたとしたら、絶望というものも、もはや存在しなかったであろう。

このようにして、絶望は、自己におけるこの病は、死にいたる病である。絶望者は死病にかかっている。普通なにかの病気について言われるのとはまったく違った意味で、この病はいちばん大事な部分を侵したわけなのだが、それだのに、彼は死ぬことができないのである。死は病の終局ではなく、死はどこまでもつづく最後なのだ。死によってこの病から救われるのは、不可能なことである。なぜなら、この病とその苦悩は、——そして死は、死ぬことができないということそのことなのだからである。

これが絶望における状態である。絶望者が自分の自己を失ってしまうことに、そのことに少しも気づかないほどすっかり自己を失ってしまうことに、たとえどれほど失敗しようとも、またたとえどれほどそれに成功しようとも〔これは特に、絶望であることについて無知であるような種類の絶望の場合に言えることである〕、それでも永遠はきっと、彼の状態が絶望であったことを顕《あら》わにするであろう、そして彼の自己を彼に釘《くぎ》づけにすることであろう。そこで、彼が自分の自己から脱け出ることができないという苦悩がどこまでも残り、それが彼にできるなどと思うのは単なる空想でしかないことが顕わになるであろう。そして永遠はそうするにちがいない。なぜかというに、自己をもつこと、自己であることは、人間に与えられた最大の譲与であり、無限の譲与であるが、しかし同時に、永遠が人間にたいしてなす要求でもあるからである。

B　この病〔絶望〕の普遍性

医者なら、完全に健康な人間などというものはおそらく一人もいはしないと言うであろうが、同じように、人間というものをほんとうに知っている人なら、少しも絶望していないという人間など、その内心に動揺、軋轢《あつれき》、不調和、不安といったものを宿していない人間など、一人もいないと言うにちがいあるまい。それは、知られないあるものにたいする不安、あるいは、人間があえて知ろうとさえもしないあるものにたいする不安であり、人世⑭のある可能性にたいする不安、あるいは、自己自身にたいする不安なのであって、したがって人間は、からだに病気をかかえてうろつきまわっていると医者が言うように、ひとつの病を、つまり精神の病をかかえかついでうろつきまわっているのであって、この病が、ときたまどうかしたはずみに、電光のように、自分自身にもわけのわからない不安によって、またそのような不安を伴って、その病が内部にあることを気づかせるのである。少なくとも、絶望したことがないなどという人間は、キリスト教界の外部には、かつて一人も生きていたことがなかったし、また現に生きてもいないが、またキリスト教界の内部にも、真のキリスト者でないかぎり、一人もいはしない。そして人間は、真のキリスト者になりきっていないかぎり、結局、なんらかの意味で絶望しているのである。

こういう考え方をすると、きっと多くの人には、逆説を弄《ろう》しているとか、誇張しているとか、そればかりか、陰気な、人の気をめいらせるような見方をしているとかと、思われるかもしれない。けれども、けっしてそうではない。このような考え方は陰気なものではない。むしろその逆に、このような考察は、普通ある種の暗がりのなかに放置されがちなものを、明るみに出そうとするものである。

それは人の気をめいらせるものでもない。むしろその逆に、人の気を引き立たせるものである。なぜなら、この考察は、人間は精神でなければならぬという人間にたいする最高の要求を定めたうえで、あらゆる人間を考察するものだからだ。

この考察はまた逆説でもない。むしろ逆に、整然と筋道のとおった根本的な見方であり、そのかぎりにおいて、それはまた誇張でもない。

絶望についての普通の考察は、このような考察とは反対に、外見に甘んじており、したがって皮相な考察にすぎない、つまり、考察とも言えないほどのものである。普通の考察は、人間はだれでも、自分が絶望しているかいないかについて、自分自身がいちばんよく知っているにきまっている、と考えている。だから、自分は絶望していると自分自身で言う者は、絶望しているとみなされ、自分自身が絶望していると思わない者は、また絶望しているとはみなされない。その結果、絶望は案外まれな現象だということになる。ところが実は、絶望はまったく普遍的なものなのだ。人が絶望していることがまれなことなのではない。そうではなくて、人が真に絶望していないということがまれなこと、きわめてまれなことなのである。

また、この通俗的な考察は、絶望というものをろくろく知ってはいない。この考察は多くのことを見のがしているのだが、わけても、次の点をすっかり見のがしている〔ここでは次のただ一点だけしか挙げないけれども、この一点がほんとうに理解されたなら、それだけで、幾千も幾千もの人が、いな幾百万もの人が、絶望の規定にはいることになる〕、すなわち、この考察は、絶望していないということ、絶望していることを意識していないということ、それこそが絶望のひとつの形態にほかならないことを、見のがしているのだ。

ひとりの人間が病気であるか否かを決める場合にときおり起こるのと同じようなことが、絶望を理解するにあたって、はるかに深い意味で、通俗的な考察に起こるのである——はるかに深い意味で、と言うわけは、通俗的な考察は、精神が何であるかについての理解を〔この理解なくしては、人は絶望を理解することもできないのだ〕、病気や健康についてよりもはるかにわずかしかもっていないからである。

普通には、自分で病気だと言わない人は健康であり、ましてや、自分で健康だと言う人は健康であると思われている。ところが、医者は病気をそれとは違ったふうに考える。なぜであろうか？　医者は、健康であるということがどういうことであるかについて、はっきりした進んだ観念をもっていて、それに従って人間の状態を吟味するからである。医者は、単に妄想にすぎない病があるように、単なる妄想にすぎない健康もあることを知っている。そこで医者は、患者が健康だと妄想している場合には、まず、病気を顕《あら》わにするように手段を講ずるのである。

一般に医者は、医者〔その道の専門家〕である以上、自分の容態について述べる患者自身の供述を無条件で信用することはしない。自分は健康であるとか病気であるとか、自分はどんなに悩んでいるとかと、めいめいの患者が自分の容態について語ることがことごとく無条件に信用されるようなことがあるとして、それで医者のつもりでいるとしたら、それはうぬぼれというものであろう。なぜかというに、医者というものは、ただ薬の処方をするだけが能なのではなく、なによりもまず、病気を診断すべきものであり、したがってまた、なによりもまず、自分で病気のつもりでいる病人がほんとうに病気なのかどうか、あるいは、自分で健康なつもりでいる健康者が、もしかしたら、ほんとうは病気なのではないかどうか、ということを診断すべきものだからである。

心理学者の絶望にたいする関係もそれと同じことである。心理学者は、絶望が何であるかを知っている。彼は絶望というものを熟知している。それだから、自分は絶望していないとか、自分は絶望しているとかと言う当人の供述では満足しない。すなわち、自分は絶望していると言う人々がある意味では必ずしも絶望しているわけではないことが注意されなければならない。人は絶望をよそおうことだってありうるし、また、思い違いをして、精神の規定である絶望を、不機嫌や傷心といったような、絶望とまではならずに過ぎ去っていくさまざまな一時的な気分と取り違えることもありうるのである。しかしながら、心理学者なら、むろん、それらの気分もまた絶望の諸形態であることを見てとる。彼はもちろんそれがよそおいであることをよく知っている――しかしこのよそおいこそ絶望なのである。彼はもちろんこの不機嫌その他の気分がたいした意味をもっていないことをよく知っている――しかし、それがたいした意味をもっていないことこそ、絶望にほかならないのである。

さらに通俗的な考察が見のがしているのは、絶望が、病に比べられた場合に、普通に病と呼ばれるものとは違った仕方で弁証法的であるということである。それはつまり絶望が精神の病であるからである。そして、この弁証法的なものが、もし正しく理解されたならば、ふたたび幾千の人々を絶望の規定のもとに加えることになる。

思うに、ひとりの医者が、ある一定の時には、ある人が健康であると確信していた――が、その人が、あとになって病気になる、とした場合、この人がその当時は健康であったと医者が信じたのは正しいし、またその人がいま病気である、と言うことも正しい。絶望の場合にはわけが違う。絶望があらわれるやいなや、その人はそれまで絶望していたということが明らかになるのである。この意味において、絶望していたがゆえに絶望から救われたという人を別にして、そうでない人間については、いかなる瞬間にも、絶望しているとかいないとかと断定するわけにはいかない。なぜなら、その人を絶望にいたらしめるようなものがあらわれるやいなや、その同じ瞬間に、彼が過去の全生涯を通じて絶望していたということが、顕わになるのだからである。それに反して、ある人が熱に冒されるとしても、そこでいま、彼がその過去の全生涯を通じて熱に冒されていたことが顕わになるのだとはけっして言えない。ところが絶望は、精神のひとつの規定であって、永遠なものに関係しており、それゆえに、その弁証法のうちに永遠なものをなにほどか含んでいるのである。

絶望はなにかの病気よりもはるかに弁証法的であるばかりではなく、絶望に関するかぎり、あらゆる徴候が弁証法的であり、それがために、皮相な考察は、絶望が現存しているかいないかを決定するにあたって、とかく誤りがちである。すなわち、絶望していないということは、かえって、絶望していることを意味する場合がありうるし、また、絶望していることから救われていることを意味することもありうるのである。安心や落ち着きは、絶望していることを意味することがありうるし、この安心や落ち着きこそ、絶望にほかならないことがありうる。しかしまた、それは、絶望を克服して平和をかちえたことを意味することもできるのである。

絶望していないということは、病んでいないということとは少し違っている。なぜかというに、病んでいないということは、病んでいるということではとうていありえないが、絶望していないということは、それこそ絶望していることでありうるからである。絶望の場合は、病気の場合と違って、気分のすぐれないことがただちに病気であるとは言えない。けっしてそうではない。気分のすぐれないことがまた弁証法的なのである。こういう気分のすぐれなさをかつて感じたことがないというのは、それこそまさに絶望していることなのだ。

いま述べたことの意味するところは、精神として考察される場合〔絶望について語ろうと思うなら、人間を精神の規定のもとに考察するほかはない〕、人間の状態はいつも危機にあるということであり、その立言の根拠もここにある。病気に関しては、危機⑮ということが言われるが、健康に関しては言われない。なぜ言われないのであろうか？　それは、肉体的な健康は直接的な規定であり、これは病気の状態においてはじめて弁証法的⑰となり、そこで危機ということが言われるにいたるのだからである。しかしながら、精神的には、すなわち人間が精神として考察される場合には、健康も病気もともに危機的なのである。精神の直接的な健康などというものは存在しないのである。

人間が精神という規定のもとに考察されないで〔そして、そのように考察されないならば、絶望について語ることもできはしない〕、単に心霊＝肉体的な総合として考察されるにすぎないならば、健康が直接的な規定であり、心霊あるいは肉体の病がはじめて弁証法的な規定であることとなる。しかしながら、人間が精神として規定されていることを自覚していないということ、これこそまさに絶望にほかならない。

人間的に言えば、あらゆるもののなかで最も美しいもの、最も愛らしいものでさえが、すなわち、平和と調和と喜びそのものにほかならぬうら若い女性でさえが、やはり絶望なのである。すなわち、これは幸福なのであるが、しかし幸福は精神の規定ではなく、幸福のいちばん秘密な隠れ家の深い深い内部に、その奥底に、そこには、絶望にほかならぬ不安も住んでいるのである。絶望はそういう奥深いところに好んでとどまりたがる。幸福の奥底、これこそ絶望にとっていちばん好ましい、いちばん選《え》りぬきの住み家だからである。すべての直接性は、自分ではどれほど安心と平安を得ているつもりでいても、実は不安であり、だからまた当然、たいていは、無にたいする不安である。

直接性を不安におとしいれるには、このうえなく恐ろしいことをこのうえなくものすごく述べてみせるよりも、狡知《こうち》を用いて、ほとんどさりげなく、しかし反省の確かな打算による狙《ねら》いをつけて、なにか漠然とした事柄について、舌足らずのことばを吐き出すようにするほうが、効果的である。ほんとに、狡知を用いて、わたしの言おうとしていることは、あなた自身によくわかっているはずだ、というふうに持ちかければ、直接性は最も不安におちいるのである。思うに、もちろん直接性はそれを知っているわけではない、しかし、反省はその罠《わな》を無から作りあげるときほど確実にその獲物を捕えることはないし、また反省は、自分が無である場合ほど、自分自身であることはけっしてないのである。

無の反省、すなわち無限な反省[18]に堪えることができるためには、すぐれた反省が、あるいはもっと正確に言えば、大いなる信仰が必要である。それゆえに、あらゆるもののうち最も美しいもの、最も愛らしいもの、すなわち、うら若い女性でさえが、やはり絶望でしかなく、幸福でしかないのである。それだから、このような直接性によって一生涯をすりぬけるという幸運に恵まれることもおそらくあるまい。また仮にそうして一生涯をすりぬける幸運に恵まれたとしても、なんの役にも立ちはしない、それは絶望にほかならないからである。つまり、絶望は、まったく弁証法的なものなのであるから、病ではあるけれども、それにかかったことがないというのは最大の不幸であり――それにかかるのが真の神の恵みであると言えるような病なのである。もっとも、もし人がこの病から癒《いや》されることを欲しないなら、この病はなによりも危険な病となることは言うまでもない。普通の病気の場合なら、病から癒されるのがしあわせだと言えるだけであり、病自身は不幸なのである。

してみると、絶望を稀有《けう》のものと思っている通俗的な考察が正しいどころか、逆に、絶望はまったく普遍的なものなのだ。また、自分が絶望していると思ったり感じたりしない者はだれでも実際にも絶望していないのだと考え、自分は絶望していると自分で言う者だけが絶望しているのだと考える通俗的な考察が正しいなどということはありえない。むしろその逆に、自分は絶望していると、なんのよそおいもなく言う者のほうが、絶望していると人からも見られず自分でもそう思わないすべての者よりも、少しばかり、弁証法的に一歩だけ、治癒に近づいているのである。けれども、心理学者もきっとわたしの言い分を認めてくれると思うが、たいていの人間が、自分が精神として規定されていることを十分に自覚することなしに生きているということこそ普通のことなのである——そこから、いわゆる安心、生活にたいする満足、等々が出てくるわけだが、これこそ絶望にほかならない。これに反して、自分は絶望していると言う人は、普通、自分が精神であることを自覚せずにはいられないほど深刻な性質の持ち主であるか、それとも、苦しい出来事やおそるべき決断に迫られて、自分を精神として自覚するにいたった人々であるか、そのいずれかである——つまり、前者か後者かどちらかである、ほんとうに絶望していないという人は、きわめてまれでしかないからである。

ああ、人間の苦しみとか人間の悲惨とかということが、実にいろいろと言われている——わたしはそれを理解しようと努め、またそれについて、さまざまなことを身近に知るようにもなった。人生を空費するということも、いろいろと言われている。しかし、人生を空費した人間というのは、人生の喜びや人生の悲しみに欺かれてうかうかと日を送り、永遠に、断固として、自分を精神として、自己として自覚するにいたらずに終わった人だけのことである。あるいは、結局同じことであるが、神が現にいましまし、そして「彼」が、彼自身が、彼の自己が、その神の前に現にあるということに、絶望をとおして以外にはけっして得られることのないこの無限性の獲得に、けっして気づかなかった人、最も深い意味で、それについて感銘を受けることがけっしてなかった人だけのことである。

しかも、ああ、かくも多くの人々が、あらゆる思想のうちで最も祝福されたこの思想を詐取されてかくもうかうかと日を過ごしているというこの悲惨、そのほかのことならなんにでも、自分でも夢中になり、人間大衆が相手なら彼らをもそれに夢中にさせ、人生の芝居の協力者に仕立てておきながら、この祝福のことだけは彼らにけっして気づかせないというこの悲惨、彼らを離ればなれに切り離して、ひとりひとりの者に最高のものを、そのために生きるに値する唯一のものを、永遠にそのなかに生きるに足る唯一のものを、かちえさせるかわりに、彼らを衆の堆積《たいせき》と化し――そして欺くというこの悲惨、こういう悲惨が現に存在しているということについて、わたしは泣いても泣いても泣ききれない思いがするのだ！

ああ、それに、わたしの考えるところでは、あらゆるもののうち最もおそるべきこの病と悲惨をさらにおそるべきものたらしめる表現は、それが隠されているということである。それは単に、この病にかかっている者が病を隠そうと思うことができるし、また事実隠すこともできるとか、この病はだれひとり、だれひとり発見する者がないようなふうに、ひそかに人間のうちに住むことができるとか、ということではない。そうでなくて、この病が、それにかかっている当人自身でさえ知らないようなふうに人間のうちに隠れていることができる、ということなのである。

　ああ、しかし、いつか砂時計が、時間性《このよ》の砂時計がめぐり終わるときがきたら、俗世の喧騒《けんそう》が沈黙し、休む間もない、無益なせわしなさが終わりを告げるときがきたら、君の周囲にあるすべてのものが永遠のうちにあるかのように静まりかえるときがきたら――そのときには、君が男であったか女であったか、金持ちであったか貧乏であったか、他人《ひと》の従属者であったか、独立人であったか、幸福であったか不幸であったか、また、君が王位にあって王冠の光輝をおびていたか、それとも、人目につかぬ卑しい身分としてその日その日の労苦と暑さとを忍んでいた（マタイ二〇・一二）か、君の名がこの世のつづくかぎり人の記憶に残るものか、事実またこの世のつづいたかぎり記憶に残ってきたか、それとも君は名前もなく、無名人として、数知れぬ大衆にまじっていっしょに駆けずりまわっていたか、また君を取り巻く栄光はあらゆる人間的な描写を凌駕《りょうが》していたか、それともこのうえなく苛酷《かこく》で不名誉きわまる判決が君にくだされたか、このようなことにかかわりなく、永遠は君に向かって、そしてこれらの幾百万、幾千万の人間のひとりひとりに向かって、ただひとつ、次のように尋ねるのだ、君は絶望して生きてきたかどうか、君は君が絶望していたことを知らなかったような絶望の仕方をしていたのか、それとも、君はこの病を、責めさいなむ秘密として、あたかも罪深い愛の果実を君の胸のなかに隠すように、君の心の奥底に隠し持っていたような絶望の仕方をしていたのか、それともまた、君は、他の人々の恐怖でありながら、実は絶望のうちに荒れ狂っていたというような絶望の仕方をしていたのか、と。

そしてもしそうだとしたら、もし君が絶望して生きてきたのだとしたら、たとえそのほかの何を君が手に入れ何を失ったとしても、君にとっては一切が失われているのだ、永遠は君の味方をしはしない、永遠は君をかつて知らなかったのだ、それならまだしも、もっと恐ろしいことに、永遠は知られているとおりの君を知っているのだ、永遠は君を君の自己もろとも絶望のうちにかたく縛りつけてしまうのだ。

C　この病〔絶望〕の諸形態

絶望の諸形態は、抽象的には、総合としての自己が成り立っている諸契機を反省することによって、見いだされるにちがいない。自己は無限性と有限性とから形成されている。しかし、この総合はひとつの関係であり、しかもそれは、派生されたものではあるけれども、それ自身に関係する関係であって、この関係は自由にほかならない。自己とは自由なのである。(19) しかし、自由は弁証法的なもので、可能性および必然性という規定をもっている。

けれども、なかんずく絶望は、意識という規定のもとに考察されなければならない。絶望が意識されているかいないかということが、絶望と絶望とのあいだの質的な差異なのである。あらゆる絶望は、もちろん、その概念のうえから言えば、意識されているものである。しかし、それだからといって、絶望を宿す人が、その概念のうえから言って絶望していると呼ばれねばならない人が、自分が絶望していることを意識しているということにはならない。そういう意味で、意識ということが決定的な意義をもっている。一般に、意識、すなわち自己意識は、自己に関して決定的なものである。意識が増せばそれだけ自己が増し、意識が増せばそれだけ意志が増せばそれだけ自己が増す。意志を少しももたないような人間は、自己ではない。しかし、人間は、意志をもつことが多ければ多いほど、それだけまた多くの自己意識をもつのである。

A　絶望が意識されているかいないかという点を反省せずに考察された場合の絶望。したがってここでは総合の諸契機のみが反省される

a　有限性——無限性という規定のもとに見られた絶望

自己は無限性と有限性との意識的な総合であり、この総合はそれ自身に関係する総合であって、その課題は、それ自身になるということであるが、これは神への関係をとおしてのみおこなわれうることである。ところで、自己自身になるとは、具体的になるということである。[20]しかし、具

体的になるとは、有限的になることでもなければ、また無限的になることでもない。というのは、具体的となるべきものは、総合にほかならないからである。したがってその発展は、自己の無限化において自己自身から無限に離れていき、そして、有限化において自己自身へ無限に帰ってくることにあるのでなければならない。これに反して、自己が自己自身にならないとき、自己がそれを知っているといないとにかかわらず、自己は絶望しているのである。けれども自己は、それが現に存在している瞬間瞬間に、生成しつつある。なぜなら、可能態にある自己は、現実的に存在するのではなく、単に現成すべきものであるにすぎないからである。そこで、自己が自己自身にならないかぎり、自己は自己自身ではなく、そして自己が自己自身でないということこそ、絶望にほかならないのである。(21)

α　無限性の絶望は有限性を欠くことである

そのような事情にあるのは、自己が総合であり、したがって、一方がたえずその反対でもあるという弁証法的なものにもとづくことである。いかなる形態の絶望も、直接に〔すなわち非弁証法的に〕規定されることはできないで、ただ、その反対を反省することによってのみ規定されうるのである。詩人がよくやるように、絶望者に巧みな応答をさせることによって、人は絶望者の絶望状態を直接に描くことはできる。

しかし、絶望はただその反対のものによってしか規定されることはできない。そこでもしそういう応答を文学的に価値多いものにしようと思うなら、それはその多彩な表現のうちに、弁証法的な対立の反映を含んでいなければならない。

それだから、無限になったつもりでいる人間の生き方、(22)あるいはただ無限でのみあろうと欲する人間の生き方はすべて、いや、人間の生き方が無限になったつもりでいるか、あるいはただ無限でのみあろうと欲する瞬間瞬間が、絶望なのである。なぜかというに、自己は総合であって、総合においては、有限なものは限定するものであり、無限なものは拡大するものであるからである。したがって、無限性の絶望は、想像的なもの、限界のないものである。というのは、自己は、まさに絶望したというそのことによって、自己自身を透明に(23)神のうちに基礎づける場合にのみ、健康であり、絶望から解放されているのだからである。

もちろん、想像的なものは想像と最も近い関係にある。しかし想像はまた、感情、認識、意志とも関係しており、したがって人間は、想像的な感情、想像的な認識、想像的な意志をもつことができる。想像は一般に無限化作用の媒体である。想像は他のもろもろの能力とならぶひとつの能力なのではなく、――いうならば、「すべてに匹敵する」能力なのである。

一人の人間がどれだけの感情を、認識を、意志をもっているかということは、つまりは、彼がどれだけの想像をもっているかということに、言いかえると、感情や認識や意志がどれだけ反省されているかということに、すなわち、想像にかかっている。想像は無限化する反省である。それだから、老フィヒテ(24)が、認識に関してさえも、想像が諸範疇《はんちゅう》の根源であると考えたのも、まったく正しい。自己とは反省である。そして想像は反省であり、自己の再現であり、これは自己の可能性である。想像はあらゆる反省の可能性であり、そしてこの媒体の強さが、自己の強さの可能性なのである。

想像的なものとは、一般に、人間を無限なもののなかへ連れ出して、ただだんだんと自己自身から遠ざけるばかりで、そうして、人間が自己自身に帰ってくることを妨げるものである。

このようにして、感情が想像的になると、自己は、ますます稀薄《きはく》になっていくばかりで、ついには一種の抽象的な感傷になってしまうが、そのような感傷は、非人間的にも、いかなる人間のものでもなく、たとえば、「抽象的な」人類といったような、なにか抽象体の運命に、非人間的にも、いわば多感な同情を寄せるものなのである。リューマチを病んでいる人は自分の感覚的な感じを自由に支配することができずに、その感じが気流やお天気に左右されていて、気象の変化が起こったりなどすると、しらずしらずそれを身に感ずるものだが、感情が想像的になった人の場合も、それと同じである。彼はある仕方で無限化されるが、しかし、ますます自己自身になるというふうな仕方で無限化されるのではない。なぜなら、彼はますます自己自身を失っていくのだからである。

認識が想像的になる場合も同じことである。認識に関する場合の自己の発展の法則は、自己が自己自身になるということが真実であるべきであるかぎり、認識の上昇の度合は自己認識の度合に相応するということであり、自己は、認識を増せば増すほど、それだけ多く自己自身を認識するということである。認識がこのようにおこなわれない場合には、認識は上昇すればするほど、ますます一種の非人間的な認識となり、この非人間的な認識を獲得するために、人間の自己が浪費されることになる。それはちょうど、ピラミッドの建設のために人間が浪費されるようなものである、あるいは、かのロシアのホルン吹奏楽[25]で、人々が、ただひとつの拍子でしかなく、それ以上でも以下でもないために、浪費されるようなものである。

意志が想像的になる場合にも、同じように自己はますます稀薄化されていく。この場合、意志は、だんだん抽象的になっていく[26]が、それと同じ程度にだんだん具体的でなくなっていく。したがって、意志が企図と決意において無限化されればされるほど、意志はそれだけますます、いますぐに果たされねばならぬ仕事の小さな部分のなかにいて、まったくそれにばかり気をとられ、いつもそれといっしょにいることになってくる。したがって、意志が無限化されることによって、最も厳密な意味で自己自身に帰ってくるのである。つまり〔意志が企図と決意において最も無限化されるとき〕、自己自身から最も遠く離れていながら、その同じ瞬間に、きょうのうちにも、この時間にも、この瞬間にも果たされねばならぬ無限に小さい部分の仕事を遂行することによって、自己自身の最も近くにいることとなる。[27]

このように感情か認識か意志かが想像的になると、ついには、自己全体が想像的となりかねなくなる。この想像化は、人間が想像的なもののなかへ飛び込むという比較的能動的な形でおこなわれる場合と、人間が想像的なものに引きずり込まれるという比較的受動的な形でおこなわれる場合とがあるが、どちらの場合にも、その責任は自己にある。その場合、自己は、たえず自分の自己を欠き、だんだんと遠く自己から離れていって、抽象的な無限化のうちに、あるいは、抽象的な孤立化のうちに、想像的な生き方をするのである。

たとえば、宗教的な領域がそうである。神との関係は無限化である。しかし、この無限化は人間を想像的に引きずり込んで、それが単なる陶酔にすぎなくなることがある。人間には、神の前にあることが堪えられないように思われることがある。それはすなわち、人間が自己自身に帰ってくることができないからであり、自己自身となることができないからなのである。そういう想像的な宗教家なら、こう言うことであろう〔科白《せりふ》の文句を用いて、彼の特徴を示してみると〕。「すずめが生きていられるのはわかる、すずめは自分が現に神の前にいるということを知らないのだから。しかし、人が現に神の前にいるのだと知り、そうして、その同じ瞬間に、発狂もせず破滅もしないでいられるものであろうか！」

しかし、人間がこのように想像的になり、したがって絶望している場合でも、そういう状態はたいていの場合よそ目にわかるものではあるが、それでも、人間は結構りっぱに生きていけるのである。つまり、見たところ普通の人間として俗事にたずさわり、結婚し、子供をこしらえ、尊敬されたり、名声を博したりすることができる――しかも、いっそう深い意味で自分には自己が欠けていることに、おそらく気づかないのである。

世間の人は、自己というようなもので大騒ぎなどしはしない。なぜかというに、自己などというものは、世間ではいちばん問題にされないものであり、それをもっていることに気づかされるのがなにより危険だというようなものだからである。自己自身を失うという最大の危険が、世間では、まるでなんでもないことのように、いとも平静におこなわれているのである。これほど平静におこなわれる喪失はない。ほかのものなら、一本の腕であれ、一本の足であれ、五リグスダーラーであれ、妻であれ、そのほかなにを失っても、すぐ気づくくせに。

β　有限性の絶望は無限性を欠くことである

こういう事情にあるのは、αにおいて示されたように、自己がひとつの総合であり、したがって、一方がその反対でもある、という弁証法的なものにもとづくことである。

無限性を欠くことは、絶望的な偏狭さ、固陋《ころう》さである。しかし、この場合、固陋さとか偏狭さとかいうのは、むろん、ただ倫理的な意味においてのことにすぎない。世間で実際にうんぬんされるのは、ただ知的ないし美的な偏狭さ、すなわち、どうでもよいことだけであり、しかもこのどうでもよいことが、世間ではいつでもいちばん問題にされるのである。つまり、どうでもよいことに無限の価値を与えるのが、世間というものなのだ。

世間的な考察は、いつも人間と人間とのあいだの差別にのみ執着し、だからまた当然のことであるが、唯一の必要なもの（ルカ一〇・三八～四二）〔これをもつことが精神の精神たるゆえんなのだから〕にたいする理解をもたず、それゆえにまた、偏狭さと固陋さにたいしても理解をもたない。これはつまり、自己自身を失っていることにほかならないのであるが、それも、無限なもののなかに稀《き》薄《はく》化されることによってではなく、まったく有限化されることによって、すなわち、ひとつの自己であるかわりに、ひとつの数となり、この永遠に一律なものに加わるもう一個の人間、もうひとつの繰り返しとなりおわることによって、自己を失っているのである。

絶望せる固陋さとは、原始性を欠いているということである、言いかえると、自己の原始性を放棄しているということ、精神的な意味で自己自身を去勢しているということである。すなわち、人間はだれでも原始的にはひとつの自己として創《つく》られ、自己自身となるように定められている、そして、もちろん、自己というものはすべて、ありのままの状態では、角《かど》のあるものである、しかし、それだから自己は研いで尖《とが》らされねばならないということになりはしても、だからといって、自己は研ぎ落とされねばならない、ということにはならない。すなわち、人間にたいする恐怖心から、自己は自己自身であることをすっかり断念してしまうべきであるとか、いわんや、単に人間にたいする恐怖心だけから、自己は自己のこの本質的な偶然性〔これこそ研ぎ落とされてはならないものである〕のままにあえて自己自身であろうなどとすべきではない、とかということになりはしない。人はこの偶然性のうちにあってこそ、自己自身にたいして自己自身なのだからである。

ところで、一方の種類の絶望は、無限なもののなかに落ち込んで自己自身を失うのであるが、これにたいして、他方の種類の絶望は、いわば自分の自己を「他の人々」に騙《かた》り取らせるのである。そのような人間は、自分の周囲にいるたくさんの人間を見ているうちに、さまざまな世間の俗事に忙しくしているうちに、世の習いを知って世故にたけてくるにつれて、自己自身を忘却してしまい、自分が神的な意味においてどういう名前のものであるのかも忘れ、あえて自己自身を信じようとせず、自己自身であろうなどとはだいそれたことで、他の人々と同じようにしているほうが、猿真似《さるまね》をしているほうが、数のひとつとなって群集のなかにまじっているほうが、はるかに気楽で安全だと思ってしまうのである。

ところが、この形態の絶望には、世間の人は少しも気づいていないと言っていいくらいである。そういう人間は、そのようにして自己自身を失ったからこそ、商取引きをうまくやってのける達者さを、いや、世間で成功するだけの達者さを、かちえたのである。世間には、そういう人の自己やその無限化をはばんだり、困難にしたりするものはありはしない。そういう人は小石のように研ぎ減らされ、流通貨幣のように流通する。彼は絶望しているとみなされるどころか、彼こそまさに人間らしい人間なのである。

一般に世間は、当然なことながら、ほんとうにおそるべきものを少しも知ってはいない。生活に不都合を与えないばかりでなく、かえって生活を安楽にし愉快にするようなこの絶望が、まったく絶望とみなされないのは、当然なことである。世間の通念がそういうものであることは、とりわけ、処世訓にほかならないほとんどすべての格言を見てもわかることである。

たとえば、語れば十度の悔いがあり、沈黙すれば一度の悔いがある、などと言われるが、それはなぜであろうか？　口に出して語ったということは、ひとつの現実であるから、ひとつの外的な事実として、人をいろいろと不愉快なことに巻き込みかねないからである。しかし、黙っていたらどうなのか？　実は、これこそ最も危険なことなのだ。というのは、黙っていることによって、人間はただ自分ひとりぽっちにされるからである。すなわち、そのとき現実は、彼を罰することによって、つまり、彼がしゃべったことの結果を彼の身にもたらすことによって、彼を助けにきてはくれないからである。確かに、この点から見れば、黙っているのは気楽なことである。けれども、それだから、おそるべきものが何であるかを知っている人は、内面に向かって進路をとって外部にはなんらの痕跡《こんせき》をも残さないようなあらゆる過失、あらゆる罪をこそ、なによりも恐れるのである。

同じように、世間の目から見ると、冒険を冒すことは危険なことである。それはなぜであろうか？　冒険すると、失うことがあるからである。そこで、冒険をしないのが賢明なことになる。けれども、冒険をしない場合には、そのときこそ、冒険をすればどれほど多くのものを失うにしてもそれだけはほとんど失うことがないはずのものを、どんなことがあってもけっして失うはずのないものを、おそろしいほどやすやすと失いかねないのである。つまり、自己自身を、それがまるで無ででもあるかのように、しごく容易に、まるっきり失ってしまいかねないのである。

思うに、もしわたしが冒険をしそこなったとしたら、それならそれで、人生が罰を加えてわたしを助けてくれるだろう。しかし、わたしがまったく冒険をしなかったとしたら、そのときには、いったいだれがわたしを助けてくれるだろうか？　そのうえ、わたしが最高の意味での冒険を全然しないことによって〔最高の意味での冒険をするというのは、自己自身に注意するということにほかならないのである〕、卑怯《ひきょう》にも、あらゆる地上的な利益を獲得するとしたら――そしてわたし自身を失うとしたら、どうであろう㉘！

有限性の絶望とはまさにこのようなものである。こういうふうに絶望していればこそ、人間はけっこう、実を言えば、絶望していればいるだけそれだけけっこう、時間性《このよ》でのんびりと暮らしていけるのだ。ひとかどの人間として見られ、他の人々から賞讃《しょうさん》されたり、尊敬されたり、名声を博したり、あらゆる時間性《このよ》の仕事にたずさわってもいられるわけなのだ。実際、世間と呼ばれているものは、いってみれば、この世に身売りしているそういう人々ばかりから成り立っているのである。彼らは彼らの才能を用い、金銭を貯え、世間的な仕事を営み、賢明に打算し、などして、もしかしたら、歴史に名を残すことさえあるだろう、しかし彼らは彼ら自身ではない。彼らは——その他の点でいかに自己的であろうとも——精神的な意味では自己をもっていない。彼らはそのためなら一切を賭《か》けることができるというような自己を、神の前に立つ自己を、もっていないのである。

b　可能性——必然性という規定のもとに見られた絶望

生成するためには〔そして、もちろん、自己は自由に自己自身になるべきものである〕、可能性と必然性とがひとしく不可欠である。自己には、無限性と有限性〔アペイロン——ペラス〕[29]が属しているように、可能性と必然性もまた属している。可能性をもたない自己は絶望しているのであり、また、必然性をもたない自己も同様に絶望しているのである。

α　可能性の絶望は必然性を欠くことである

こういう関係になっているのは、さきに示されたように、弁証法的なものにもとづいていることである。

有限性が無限性にたいする限定者であるのと同じように、可能性にたいしてこれに対抗するものは必然性である。自己が有限性と無限性との総合として措定せられ、いまから生成しようとして、可能的に存在する場合、自己は空想を媒体としてみずからを反省するが、それによって、無限の可能性があらわれてくる。自己は、可能態として、必然的であると同様に可能的なものである。なぜかというに、自己はむろん自己自身であるが、しかしまた、自己自身となるべきものでもあるからである。自己が自己自身であるかぎり、自己は必然的なものであり、自己が自己自身になるべきものであるかぎり、自己は可能性である。[30]

ところで、可能性が必然性をあとにして独走すると、自己は可能性のなかで自己自身から逃亡し、かくして、自己の帰るべき必然的なものをなんらもたないことになる、これが可能性の絶望である。このような自己は抽象的な可能性となる。自己は可能性のなかでもがきにもがいて疲れはてる。しかし、この可能性の場所から歩み出ることも、どこかの場所に行きつくこともない。行きつく場所とは必然的なものにほかならないからである。自己自身になるということは、つまり、その場所での運動にほかならない。生成することは、その場所からの運動である。[31] しかし、自己自身になることは、その場所での運動なのである。[32]

このようにして、可能性は自己にとってだんだんと大きくなってくるように思われ、だんだんと多くのことが可能的になってくるが、それはなにひとつ現実的とはならないからである。ついには、一切のものが可能であるかのように思われてくるが、そのときこそ、深淵《しんえん》が自己をのみ込んでしまったときなのである。

どのような小さい可能性でも、現実となるためには、つねにどれほどかの時間を必要とするであろう。ところがここでは、現実性のために費やされるべき時間が、結局、だんだんと短くなり、すべてがいよいよ瞬間的になっていくのである。可能性はだんだんと強度を加えてくる。しかしこれは可能性の意味においてであって、現実性の意味においてではない。というわけは、現実性の意味においてなら、強度とは、少なくとも可能的なもののなにかが現実的となることだからである。

いまなにかが可能なものとしてあらわれる。するとそこにひとつの新しい可能性があらわれる。ついには、これらの幻影が次から次へとやつぎばやに起こってきて、どんなことでも可能であるかのように思われてくる。そしてこのときこそ、個人がみずからまったくひとつの蜃気楼《しんきろう》になりきった最後の瞬間にほかならないのである。

ここでいま自己に欠けているものは、言うまでもなく、現実性である。そこで事実また一般にも、ある人が非現実的になった、などというような言い方がされるのである。しかし、もっとよく見てみると、彼に欠けているものは、実は必然性なのである。すなわち、哲学者たちが説くように[33]、必然性が可能性と現実性との統一なのではなく、そうではなくて、現実性が可能性と必然性との統一なのである。

　また、自己がこのように可能性のなかをさまよい歩くのは、単に力の不足なのでもない。少なくとも、普通理解されているような意味での力の不足と解されてはならない。そこに欠けているものは、実は服従する力なのだ。すなわち、自分の自己のうちにある必然的なもの、これは、自己の限界とも呼ばれるべきものであるが、この必然的なもののもとに頭をさげる力なのである。

　それゆえに、不幸なことは、そのような自己がこの世でひとかどの者にならなかったということではない。そうではなくて、不幸なことは、彼が自己自身に気づくにいたらなかったということ、彼がそれである自己が、まったく特定のあるものであり、したがって必然的なものであるということに、気づくにいたらなかったということなのだ。それとは逆に、この自己が可能性のなかで自己を空想的に反省したがために、彼は自己自身を失ったのである。すでに鏡のなかで自己自身を見るためにも、自己自身を知っていなくてはならない。だって、もしそうでなければ、自己自身を見ているのではなくて、ただひとりの人間を見ているにすぎないことになるだろう。ところが、可能性の鏡は普通の鏡ではない。この鏡はきわめて慎重に用いられなければならない。なぜかというに、この鏡については、最高の意味で、それは真実でない、と言えるからである。

自己が自己自身の可能性のなかでこれこれに見えるということは、半分の真理でしかない。なぜかといえば、自己自身の可能性においては、自己はまだ自己自身から遠く離れており、あるいは、ただ半分だけ自己自身であるにすぎないからである。そこで問題は、自己のこの必然性が自己をもっと正確にはどのように規定するか、ということである。可能性というものは、子供がなにかの楽しみに招かれる場合に似ている。子供はすぐさまその気になる。ところが両親がそれを許すかどうか、問題はそこにある——この両親にあたるもの、これが必然性なのである。

それにしても、可能性においては、一切が可能である。それだから、可能性のなかをあらゆる仕方でさまよい歩けるわけであるが、しかし本質的には、ふたつの仕方でさまよえるばかりである。そのひとつの形態は、願望的、希求的な形態であり、他は憂鬱《ゆううつ》的、空想的な形態である〔希望——恐怖ないし不安〕。

童話や伝説のなかによくこういう物語がでてくる。ある騎士がふと一羽の不思議な鳥を見つけて、それをとらえようと追いかける、はじめ鳥のすぐ近くにいるように見えたからである。——しかし追えば追うほど、鳥は先へ先へと飛んでいく。そうしているうちに夜となり、騎士は迷い込んだ荒野のなかで帰路を見いだすことができず、途方にくれてしまう。願望の可能性はそのようなものである。可能性を必然性へ連れもどそうとはしないで、彼は可能性のあとを追いかける——そしてついに、自己自身への帰路を見いだすことができなくなるのである。

憂鬱の場合には、それと反対のことが、同じようにして起こる。個人は憂鬱な愛情をいだいて不安の可能性を追いかける。ところがこの可能性はついには彼を彼自身から遠く引き離してしまい、そこで彼は不安のなかで身を滅ぼす、あるいは、そこで身を滅ぼすのではあるまいかと、彼が不安に思っていたそのもののなかで身を滅ぼすにいたるのである。

β　必然性の絶望は可能性を欠くことである

可能性のなかをさまよい歩くことを、子供が回らぬ舌で母音を発するのにたとえるなら、可能性を欠くことは、いわば黙っているようなものである。必然的なものは、子音だけのようなもので、これを発音するためには、可能性が加わらなければならない。可能性が欠けるとき、人間の生活が可能性を欠くにいたるとき、その生活は絶望しているのである。そして、可能性を欠く瞬間ごとに、絶望しているのである。

ところで、普通には、特に豊かに希望をもつ年ごろというものがあると考えられている、あるいは、人はよく自分の生涯のある時期、ある瞬間には、希望と可能性が非常に豊かであるとか、豊かであったとかと言う。けれども、こういうことはすべて人間的な言いぐさにすぎないのであって、真実ではない。すべてこのような希望やすべてこのような絶望は、まだ真の希望でもなければ、真の絶望でもない。

決定的なことは、神にとっては一切が可能である（マタイ一九・二六、ルカ一・三七）ということである。これは永遠に真理であり、したがって、あらゆる瞬間に真理である。人はよくそういうことを日常のならわしとして口にするし、また日常のならわしとしてなにげなくそういうことが言われるが、しかし、人間がぎりぎりのところまで押しつめられて、人間的に言って、もはやいかなる可能性も存在しなくなるとき、そのときはじめて、そのことばは決定的な意味をもってくるのだ。そのとき、神にとっては一切が可能であるということを信じようと欲するかどうか、すなわち、そもそも人間が信じようと欲するかどうかが、のっぴきならぬ問題となる。しかし、信じようと欲するということは、悟性《しょうき》を失うことをあらわす公式にほかならない。信じるとは、まさに、神を得るために悟性《しょうき》を失うことを言うのである。

次のような場合を考えてみよう。恐怖の戦慄《せんりつ》にすっかりおびえきった想像力によって、なにかおそるべきものを、これだけは絶対に堪えられないと想像している人があると考えてみてもらいたい。ところでそれが彼の身にふりかかってくるとする。まさにその恐ろしいことが彼の身にふりかかってくるとする。人間的に言えば、彼の破滅はなによりも確かなことである——しかも、彼の魂の絶望は、絶望の許しを得ようとして、いうならば、絶望のいこいを得ようとして、絶望にたいする、また絶望における全人格の同意を得ようとして、絶望的に戦うのである。それだから彼は、彼の絶望を妨げようとする人、彼の絶望を妨げようとする試み以上には、いかなる人をも、いかなる物をも、呪《のろ》いはしないであろう。

この状態を、詩人のなかの詩人㉞は、すばらしく、比類なく巧みに、描き出している〔従兄弟《そら》、いまいましいやつめ、絶望のこころよい道から連れ出しおって」『リチャード二世』第三幕第三場〕。

こういうわけだから、人間的に言えば、救済はなによりも不可能なことである。しかし、神にとっては一切が可能なのである！　これが信仰の戦いである。それは、いうならば、可能性を得るための狂気の戦いなのだ。というのは、可能性のみが唯一の救いだからである。

気絶した人があると、水だ、オードコロンだ、ホフマン滴剤だ、と叫ばれる。しかし、絶望しかけている人があったら、可能性をもってこい、可能性をもってこい、可能性のみが唯一の救いだ、と叫ぶことが必要なのだ。可能性を与えれば、絶望者は、息を吹き返し、彼は生き返るのである。なぜかというに、可能性なくしては、人間はいわば呼吸することができないからである。ときには、人間の空想力の創意だけで可能性を招来することもありえはする。しかし、結局は、つまり、信じることが問題となる場合には、神にとっては一切が可能である、ということだけしか役には立たないのである。

このようにそこで戦いがおこなわれる。このように戦う者が滅びていくかどうかは、ひとえに、彼が可能性を招来しようと欲するかいなかに、すなわち、彼が信じることを欲するかいなかにかかっている。しかも彼には、人間的に言えば、自分の破滅がなにより確かであることがわかっているのである。これが信じるということのなかにある弁証法的なものである。

一般に人間というものは、望むらくは、察するに、とにかく、かくかくのことが自分の身にふりかかることはあるまい、と考えているだけのことである。それで、それがふりかかってくると、彼は破滅するのである。向こう見ずな者は、いろんな可能性をはらんだ危険のなかへ飛び込んでいく。そうしてその危険が彼の身にふりかかってくると、彼は絶望し、そして破滅するのである。

信じる者は、人間的に言えば〔自分の身にふりかかってきたことのうちに、あるいは、自分があえてしたことのうちに〕自分の破滅を見、かつ悟る。しかし、彼は信じる。それだから彼は破滅しないのである。信じる者は、自分がいかにして救われるかということは、これをまったく神にゆだね、そして、神にとっては一切が可能であることを信じるのである。自分の破滅を信じるなどということは不可能である。人間的にはそれが自分の破滅であることを悟りながら、しかもなお可能性を信じること、これが信じるということなのである。

それでこそ、神もまた彼を助けたもうのであって、おそらく、彼におそるべきものを免れさせることによって、おそらくは、おそるべきもののただなかで、はからずも奇跡的に、神の救助があらわれるという意味でおそるべきものそのものによって、助けたもうのである。奇跡的に、と言う。というのは、人間が奇跡的に救われたなどということは千八百年前にのみ起こりえたことだとする臆断《おくだん》は、まことに奇妙な知ったかぶりでしかないからである。ひとりの人間が奇跡的に救われたかいなかは、本質的には、救助の不可能なことを、彼が悟性のいかなる情熱をもって悟っていたかにかかっており、さらに、それにもかかわらず彼を救ってくれた力にたいして彼がいかに誠実であるかにかかっているのである。しかし、普通、人々はそのどちらをもなさない。人々は、救いを見いだそうと自分の悟性のありったけの力を働かせてみたこともないくせに、救済は不可能だ、と叫びたてる。そしてあとになってから、恩知らずにも、彼らは嘘《うそ》をつくのである㉟。

信じる者は、可能性という、絶望にたいする永遠に確かな解毒剤を所有している。なぜなら、神にとっては、あらゆる瞬間に、一切が可能だからである。これが信仰の健康であり、この健康がもろもろの矛盾を解くのである。この場合、矛盾とは、人間的に言えば、破滅が確かであること、しかもそれにもかかわらず、可能性が存するということである。健康とは、一般的に言えば、矛盾を解きうるということである。肉体的、あるいは生理的に言っても、そうである。呼吸はひとつの矛盾である。なぜなら、呼吸は、乖離《かいり》した、あるいは非弁証法的な、冷と温とだからである。しかし、健康な身体はこの矛盾を解いている。そして、呼吸していることに気づかない。信仰もまたそれと同じである。

可能性を欠くということは、ある人にとって、一切のものが必然的になってしまったことを意味するか、それとも、一切が日常茶飯事になってしまったことを意味するか、そのいずれかである。

決定論者、宿命論者は、絶望しており、絶望者として、その自己を失っている。彼にとっては、一切が必然だからである。彼は、飲む物、食べる物がことごとく金《きん》に変わってしまったために、飢えて死んだあの王様[36]のようなものである。人格というものは、可能性と必然性との総合である。したがって、人格の存立は、息を吸い込んだり吐き出したりする呼吸〔呼吸作用〕と同じことである。

決定論者の自己は、息をすることができない。なぜかというに、ただ必然的なものだけを呼吸するということは不可能であって、それでは人間の自己は窒息させられてしまうだけのことだからである。

宿命論者は絶望しており、神を失い、したがって、自分の自己を失っている。神をもたない者は、また自己をもたないからである。ところが、宿命論者は神をもたない。あるいは、ここでは同じことであるが、彼の神は必然性なのである。すなわち、神にとっては一切が可能であるように、神とは、つまり、一切が可能であるということである。それだから、宿命論者の礼拝は、せいぜい感嘆詞にすぎず、本質的には沈黙であり、沈黙の服従である。彼は祈ることができない。祈ることは呼吸することでもあり、可能性と自己との関係は、酸素と呼吸との関係に等しい。

ところが、人間がただ酸素だけを、あるいはただ窒素だけを呼吸することができないように、祈りという呼吸も、ただ可能性だけでは、あるいは必然性だけでは、これを引き起こすことはできない。祈るためには、神が、自己が——そして可能性が、なければならない。あるいは、含蓄深い意味における自己と可能性とがなければならない。なぜなら、神とは一切が可能であるということであり、あるいは、一切が可能であるということが神なのだからである。

一切が可能であることを悟ることによって精神となるほどまでに自己の本質が震撼《しんかん》せしめられた人のみが、神との関係にはいったといえるのである。神の意志が実現可能なものであるからこそ、わたしは祈ることができるのである。もし神の意志が必然的なものにすぎないとしたら、人間は本質的に、動物と同じように、もの言わぬものであろう。

俗物根性や卑俗さにも本質的に可能性が欠けているが、この場合には少し事情が違っている。俗物根性は無精神性であり、決定論と宿命論は精神の絶望である。しかし、無精神性もまた絶望である。俗物根性は精神のあらゆる規定を欠いており、蓋然《がいぜん》的なもののうちに終始するが、そこへは可能的なものの入りこむ余地はほんのわずかしかない。それだから、俗物根性には、神に気づくための可能性が欠けている。

俗物というものは、世のなかがどう動いていくか、世のなかでは何が可能であるか、世のなかではどんなことが起こりがちであるか、というようなことについて、想像力を働かせることもなく、日常茶飯の経験のいわば寄せ集めのなかで生活しているとしたものであって、その俗物が、酒屋の親爺《おやじ》であろうと、一国の大臣であろうと、同じことである。このようにして、俗物は自己自身と神を失っているのである。

思うに、自分の自己と神に気づくためには、想像力が人間を蓋然的なものの雰囲気よりもさらに高くに舞いあがらせ、その雰囲気から脱出させなくてはならない、そしてあらゆる経験の飽和量㊲を超えたものを可能ならしめることによって、希望しかつおそれることを、あるいは、おそれかつ希望することを、人間に教えなくてはならない。ところが、俗物は想像力をもっていないし、またもとうともしない。むしろ想像力をきらうのである。それゆえ、ここには救いというものがない。

それだから、ときおり、日常の経験の猿知恵を超えたような恐ろしいことどもをひっさげて、人世が救助にくると、俗物根性は絶望してしまう。つまり、自分が絶望の状態にあったということが顕《あら》わになってくるのである。こうして、神によって、自己を確実な破滅から救い出すことのできるための信仰の可能性が、俗物根性には欠けている。

宿命論と決定論は、しかし、可能性に絶望するだけの想像力を、不可能性を発見するだけの可能性をもっている。俗物根性は日常茶飯事に安住しており、羽振りがよかろうと苦境にあろうと、ひとしく絶望しているのである。宿命論と決定論には、緊張をゆるめやわらげる可能性が、必然性を調節する可能性が、つまり緩和作用としての可能性が欠けており、俗物根性には、無精神性からの覚醒《かくせい》作用としての可能性が欠けているのである。

思うに、俗物根性は、可能性を思いのままに処理できるつもりでいる。この巨大な弾力性を蓋然的なものの罠《わな》ないし精神病院のなかへ誘《おび》き入れたつもりでいる。つまり、それをとりこにしたつもりでいる。可能性をとりこにして蓋然性の檻《おり》へ入れてひきずりまわし、見せ物にして、それで自分が可能性の主人になったものとうぬぼれている。しかし実は、かえってそれによって、自分自身がとりこになって、無精神性の奴隷となり、なによりもいちばん哀れなものになっていることに気づかないのである。すなわち、可能性のなかに迷い込む者は、向こう見ずな絶望によって宙に跳びあがり、一切が必然と化した者は、絶望におしつぶされて人世の重みにくじけるが、俗物根性は精神がないおかげで勝ちほこるわけである。

B　意識という規定のもとに見られた絶望

意識の度が上昇すると、あるいは、意識が上昇するに比例して、絶望の強度もたえず上昇する。意識が増せば増すほど、それだけ絶望の度も強くなるのである。このことはあらゆる場合に見られるが、ことに最高度の絶望と最低度の絶望の場合に最も明瞭《めいりよう》に見られる。

悪魔の絶望は最高度の絶望である。というのは、悪魔はまったく精神だけのもの(38)であり、そのかぎりにおいて、絶対的な意識であり、透明そのものだからである。悪魔のうちには、酌量軽減の口実となりうるような曖昧《あいまい》さがなく、したがって、悪魔の絶望は絶対的な反抗である。これが絶望の最高度である。

絶望の最低度は、人情としてこう言いたくなるのは当然であるが、一種の無邪気さで、それが絶望であることを知ってさえもいないような状態である。それだから、無意識性が最高度である場合には、絶望の度は最も低いのであって、そのような状態を絶望と呼ぶのが正しいかどうかさえが、問題となるほどである。

a　自分が絶望であることを知らないでいる絶望。あるいは、自分が自己というものを、永遠な自己というものを、もっているということについての絶望的な無知

それにもかかわらず、この状態が絶望であり、また絶望と名づけられるのが正当であるということは、いい意味で真理の独善と呼ばれていい事柄のひとつのあらわれである。真理はそれ自身と虚偽との指標である。(39)しかし、この真理の独善は、もちろん、人々に注意されていない。それ

というのも、一般に人々は、真実なものとの関係を、すなわち自分が真実なものと関係をもっているということを、けっして最高の善であるとはみなさないし、また誤謬《ごびゅう》のうちにあることを、ソクラテスのように、最大の不幸であるともけっしてみなしてはいないからである。

つまり、一般の人々にあっては、たいていの場合、感情的なもののほうが彼らの知性よりもはるかに優位を占めているのである。それだから、たとえば、真理の光に照らしてみれば実は不幸であるはずなのに、誤って幸福だと思い、幸福なつもりでいるような人なら、たいていの場合、こういう誤謬から引き離されることを望むなどということは、とうていありえないのである。それどころか逆に、そういう人は腹を立て、そういうことをする者を、いちばんうらめしい敵とみなし、そういう仕打ちを不意打ちとみなし、人の幸福を殺すということが言われるような意味で、一種の殺人に近いものとみなすのである。

では、どうしてそういうことになるのであろうか？　感性的なものおよび感性的=心霊的なものが彼をすっかり支配しているからである。彼が、快および不快という感性的なものの範疇《はんちゅう》のうちに生きており、精神とか真理とかいったものを少しも気にかけないからである。あまりに感性的にすぎて、あえて精神たろうとしたり、精神であることに堪えたりするだけの勇気をもたないからである。

どれほど虚栄心とうぬぼれの強い人間でも、たいていは、自分自身についてはほんのわずかな観念しかもっていないものだ。すなわち、彼らは、精神であるということについて、人間が絶対的なものでありうるということについて、なんらの観念をももってはいない。しかし、それでいて、彼らは虚栄心とうぬぼれが強いのである——お互いに仲よく。

いま仮に、地下室と一階と二階とから成る一軒の家があって、それが、各階層の住人たちのあいだの身分の相違に応じるようなふうに住まわれ、設備されているとする——そして、人間であるということを、そういう家になぞらえてみる。すると、たいていの人間が、自分自身の家でありながら好んで地下室に住みたがるという、実に悲しくもまた笑うべき事実が見いだされるのである。

人間はだれでも、精神たるべき素質をもって創《つく》られた心身の総合である。これが人間という家の構造なのである。しかるに、とかく人間は地下室に住むことを、すなわち、感性の規定のうちに住むことを、好むのである。それも、単に好んで地下室に住みたがるというだけではない。それどころか、だれかが彼に向かって、二階があいていて自由にお使いになれるのですから、二階へお引っ越しになってはどうです、だってご自分の家にお住まいなんですから、などと言い出したりしようものなら、腹を立ててしまう、それほど人間は地下室に住むのが好きなのである。

ほんとうに、誤謬のなかにいるということは、まったく非ソクラテス的なことにも、人々がいちばん恐れない事柄なのである。この事実を驚くべき程度において明らかにしている驚嘆すべき実例がある。

ある思想家が巨大な殿堂を、体系を、全人世と世界史やその他のものを包括する体系を築きあげている——ところが、その思想家の個人的な生活を見てみると、驚くべきことに、彼は自分自身ではこの巨大な、高い丸天井のついた御殿に住まないで、かたわらの物置小屋か犬小屋か、あるいは、せいぜい門番小屋に住んでいるという、実におそるべくもまた笑うべきことが発見されるのである。たった一言でもこの矛盾に気づかせるようなことを言おうものなら、彼は感情を害することであろう。なぜかというに、体系さえちゃんとできあがりさえすれば、——それは誤謬のなかにいるおかげでできるわけなのだ——彼は誤謬のなかにいることなど恐れはしないからである。[40]

したがって、絶望している者が、自分の状態が絶望であることを自分では知らずにいようとも、事態に少しも変りはない。それでもやはり彼は絶望しているのである。もし絶望が迷いであるとすれば、自分の絶望について無知であるということは、絶望であると同時に誤謬のうちにあるということを、さらにつけ加えるだけのことである。

絶望と無知の関係は不安と無知の関係と同じである〔ウィギリウス・ハウフニエンシス著『不安の概念』[41]を参照〕。無精神性の不安は無精神的に安心している姿においてこそ、それと認められるのである。しかし、それにもかかわらず、その根底には不安があり、同じようにまた、その根底には絶望があるのであって、錯覚の魔力が尽きるとき、人世がゆるぎはじめるとき、そのとき、根底にあった絶望がたちどころに姿を現わすのである。

自分が絶望していることを知らないでいる絶望者は、それを意識している絶望者に比べると、真理と救済から、否定ひとつ分だけよけいに隔たっているにすぎない。絶望それ自身はひとつの否定性であり、絶望についての無知はまたひとつの新しい否定性である。ところが、真理に到達するためには、あらゆる否定性が通り抜けられなければならない。なぜかというに、ここでは、伝説[42]で魔法を解くことについて物語られていることが当てはまるからである。すなわち、楽曲がうしろのほうから逆にすっかり演奏し終えられなければならない。そうでなければ、魔法は解けないのである。

けれども、自分の絶望に無知な者のほうが、それを知りながらあくまでも絶望のうちにとどまる者よりも、真理と救済からはるかに遠く隔たっていると言えるのは、ただある意味において、純粋に弁証法的な意味においてのみである。というのは、別の意味では、すなわち倫理的=弁証法的には、意識して絶望のなかにとどまっている絶望者のほうが、彼の絶望のほうがいっそう強いのであるから、救済からいっそう遠く隔たっているわけだからである。

しかし、無知は、絶望を取り去ったり、絶望を絶望でないものに変えたりするものではけっしてなく、むしろ逆に、無知は絶望の最も危険な形態たりうるのである。無知であるために、絶望者は、これこそ彼みずからの破滅なのではあるが、絶望に気づくことがないように、ある仕方で守られている。すなわち、彼は絶望の掌中に身を託してまったく安心を得ているのである。

自分が絶望していることを知らないでいるとき、人間は自分を精神として意識している状態から最も遠く隔たっている。ところが、自分を精神として意識していないということこそ、まさに絶望なのであり、無精神性なのであって、この状態はまったくの無気力状態、単なる無為の生活であることもあろうし、あるいは活気横溢《おういつ》の生活であることもあるであろうが、いずれにしても、その秘密は、結局、絶望なのである。このあとの場合の絶望者は、肺病を病む人の状態に似ている。病気がいちばん危険な状態にあるときにかぎって、彼は最も気分がよく、いたって健康だと思い、おそらく他人にも健康に輝いているように見えるのである。

この形態の絶望〔絶望についての無知〕は世間でいちばん普通なものである。実際、世間と呼ばれているもの、あるいは、もっと正確に規定すると、キリスト教がこの世と呼んでいるもの、すなわち異教徒や、キリスト教界のうちの自然的人間、言いかえると、歴史上かつて存在したし現在も存在している異教徒およびキリスト教界内における異教徒は、まさにこの種の絶望なのである。それは絶望であるが、絶望であることを知らないでいるのである。

なるほど、異教界でも、キリスト教界内の自然的人間と同様に、絶望していることと絶望していないこととのあいだに区別をたて、絶望しているのは若干の個人だけのことであるかのように、絶望について語られはする。しかし、この区別は欺瞞《ぎまん》的なものであって、異教徒と自然的な人間が、愛と自愛とのあいだに、すべてこれらの愛が本質的に自愛ではないかのように区別だてするのと同じことである。けれども、異教徒も自然的な人間も、この欺瞞的な区別以上に進むことはできなかったし、またできもしない。なぜかというに、彼らの絶望の特徴は、まさに、自分が絶望であることを知らないでいるということにほかならないからである。

以上のことからわけなくわかることであるが、無精神性の美的な概念は、絶望が何であり何でないかを判断すべき尺度とは、けっしてならない。これはまたまったく当然なことである。すなわち、精神が真に何であるかということは、美的には規定されないのであるから、美的なものにとってはまったく存在しないような問題にたいして、美的なものが答えうるはずはないからである。

異教の諸国民が一団となって、また個々の異教徒たちが、詩人たちをかつて感激させたし、また今後も感激させるであろうような驚くべき事業を成し遂げたということを否定するとしたら、美的にはどれほど驚嘆しても驚嘆しきれないような誇るべき実例の数々を異教徒がもっているということを否定するとしたら、それはもちろん途方もなく愚かなことであろう。また、最大の美的享楽に満ちた生活、恵み与えられるあらゆる機会をこのうえなく趣味豊かに利用し、芸術や学問をさえも享楽を高めたり美化したり洗練したりするのに役立たせているような生活が、異教徒のあいだで営まれてきたし、また自然的な人間によって営まれうるということを否定するとしたら、これまたばかげたことであろう。そういうことを否定しようというのではない。問題は、無精神性の美的な規定が、何が絶望であり何が絶望でないかを測る尺度となるのではなく、そこで使用されなければならない規定は、倫理的=宗教的な規定、すなわち、精神か、それともその否定として精神の欠如、無精神性か、ということなのである。

自分を精神として意識していない、すなわち、神の前で自分を精神として人格的に意識していないあらゆる人間の生き方は、そのように透明に神のうちに基礎をもたず、漠然となにか抽象的、普遍的なもの〔国家、国民など〕のなかに安住したり溶け込んでいたり、あるいは、自分の自己について漠然とした意識しかもたぬために、自分の才能をただ活動力と考えるだけで、そのよってきたる深い意味を意識することもなく、自分の自己を、内面的に理解されるべきものであるのに、不可解な何物かと考えているようなあらゆる人間の生き方——すべてこのような生き方は、たとえそれが何を、どのような驚嘆すべきことを、成し遂げようとも、たとえそれが何を、よし全人世を、説明しようとも、たとえそれがどれほど強烈に人生を美的に享楽しようとも、そのような生き方はいずれもつまりは絶望なのである。

昔の教父たち(43)が、異教徒の徳は輝かしい悪徳である、と言ったのは、それをさしていたのである。教父たちは、異教徒の内奥が絶望であり、異教徒は神の前で自己を精神として意識していなかったことをさしていたのである。

そこからまた「わたしはこれをひとつの例としてあげるのだが、実は、これはさらに同時にこの研究全体とも深い関係をもっている」、異教徒が自殺というものについてきわめて軽率な判断をくだすことにもなった、いな自殺を賞讃《しょうさん》しさえすることにもなったのである(44)が、実は、自殺によって人生を脱出するということは、精神にとっては最も決定的な罪であり、神にたいする反逆なのである。異教徒には自己というものの精神の規定が欠けていた。それだから異教徒は自殺について、そのような判断をくだしたのである。しかもそれが、盗みや姦淫《かんいん》などについては倫理的に実にきびしい判断をくだした、その同じ異教徒なのである(45)。異教徒には自殺を見る観点が欠けていたのだ。異教徒には神への関係と自己が欠けていたのである。純粋に異教的な考え方をすれば、自殺はどうでもよいことであり、他人にはかかわりのないことなのだから、だれでも自分の思いどおりにやっていいことなのだ。

もし仮に異教徒の立場からして自殺がいましめられることがあるとしたら、自殺すれば他人にたいする義務関係を破ることになることを教えてやるという遠い回り道をするほかはあるまい。自殺はまさに神にたいする犯罪であるという、自殺のこの要点が異教徒にはまったく見のがされているのである。だから、異教徒の自殺は絶望であったとは言えない。そういう言い方をするなら、無思慮な先後顚倒《てんとう》の誤謬(46)を犯すことになるだろう。むしろ、異教徒が自殺についてそのような判断をくだしたということ、そのことが絶望であったのだ、と言わなくてはならない。

ところで、厳密な意味での異教徒とキリスト教界内における異教徒とのあいだには、区別が、それも質的な区別があり、そしてこの区別はどこまでも残るであろう。この区別はすなわち、ウィギリウス・ハウフニエンシスが不安に関して注意したことのあるもので[47]、彼はこう言っている。なるほど異教徒には精神が欠けてはいるが、しかし、異教徒は精神の方向に向かっているけれども、キリスト教界内における異教徒は精神から離脱する方向において、あるいは背教によって、精神を欠いている、と。したがってキリスト教界内の異教徒は最も厳密な意味で無精神性なのである。

b　自分が絶望であることを自覚している絶望。したがって、この絶望は、ある永遠なものをうちに含む自己というものを自分がもっていることを自覚しており、そこで、絶望して自己自身であろうと欲しないか、それとも、絶望して自己自身であろうと欲するか、そのいずれかである

ここではもちろん、自分の絶望を意識している者が、絶望の何であるかに関して真の観念をもっているかいないかが区別されなければならない。そこで、ある人は彼のもっている観念からし

て自分を絶望していると呼ぶことが正しいかもしれないし、また、彼が絶望しているというのもほんとうのことであるかもしれないが、しかしそれだからといって、彼が絶望について真の観念をもっているということにはならないのであって、絶望についての真の観念のもとに彼の生活をながめるならば、こう言わざるをえないかもしれない。君はほんとうは君が考えているよりもはるかに多く絶望している、君の絶望はもっともっと深いところにひそんでいるのだ、と。〔先に述べたことを思い出してもらえば〕異教徒の場合がそうなのである。異教徒が他の異教徒たちと比較して自分自身を絶望しているとみなすとき、自分が絶望していると考える点では彼はもちろん正しいであろうが、他の異教徒たちが絶望していないと考える点ではまちがっている。すなわち、彼は絶望について真の観念をもっていなかったということになるであろう。

このようにして、意識的な絶望には、一方において、絶望が何であるかについての真の観念が要求される。そして他方においては、自己自身についての明瞭さが、つまり明瞭さと絶望とが関連して考えられうるかぎり、要求される。自分が絶望しているということについての完全な明瞭さが、絶望しているということと、どの程度まで結合させられるか、すなわち、認識と自己認識のこの明瞭さこそ、人間を絶望から救い出し、自己自身の状態に驚愕《きょうがく》させて人間を絶望状態にあることをやめさせるものなのではないかどうか、わたしたちはこれをここで決定しようとは思わないし、また、そのような研究の場所は後章[48]に見いだされるであろうから、いまはそれを試みようとも思わない。そして、思想をこのような弁証法的なぎりぎりの点まで追究することをしないで、わたしたちはここでは、絶望が何であるかについての意識の程度に非常な差異がありうるように、自己の状態が絶望であるというその自己自身の状態に関する意識の程度にもまた非常な差異がありうる、ということを注意しておくにとどめる。現実の人生というものは実に多種多様であるから、自分の絶望について完全に無知な絶望と、自分の絶望を完全に自覚している絶望とのあいだの対立といったような、抽象的な対立を指摘するだけではすまないのである。言うまでもなく、たいていの場合、絶望者の状態は、自己自身の状態について、さまざまなニュアンスはあるが、なかば朦朧《もうろう》としているものである。

絶望者はある程度まで自分が絶望していることを自分自身でよく知っている。人が肉体に病をもっていることに自分自身で気づくように、絶望者は自分の絶望に自分自身で気づくのである。けれども、彼はその病気が何であるかを正直に認めようとはしない。ある瞬間には、自分が絶望していることが彼自身にもはっきりわかると言っていいくらいになるのだが、次の瞬間には、自分の具合の悪いのにはなにか別の原因があるように思われ、その具合の悪さはなにか外的なもののなかにあるように、自分の外にある何物かのなかにあるように思われて、それさえ改めることができれば、絶望しないですむだろうなどと考えるのである。あるいは、おそらく彼は気晴らしやその他の方法で、たとえば気晴らしの手段として仕事をするとか、なにかに没頭するとかして、自分の状態を自分自身に漠然とさせておこうと努めるかもしれないが、その場合でも、彼がそのようなことをするのは、漠然とさせておくためなのだということが、彼にはまったく明らかにはならないのである。あるいはもしかすると、彼がそうして仕事をするのは、心を朦朧たる状態に沈めておくためなのだということを意識してさえいるかもしれない。そして彼はそれを一種の明敏と賢明な打算とをもって、心理学的な洞察をもって、おこなうかもしれない。しかし、彼は、いっそう深い意味においては、自分が何をやっているのか、自分のそういうふるまいがいかに絶望的であるかなどということを明瞭に意識してはいない。つまり、あらゆる曖昧さや無知のなかでは、認識と意志との弁証法的な合奏がおこなわれているものであって、認識だけに重点をおいたり、意志だけに重点をおいたりすると、人間の理解を誤ることになりかねないのである。

しかし、さきに述べたように、意識の度は絶望の度を強める。ある人が絶望についてもっている観念が真であればあるほど、しかもなお彼があくまでも絶望のうちにとどまっているとするかぎり、また彼が絶望していることを意識することが深ければ深いだけ、しかもなお彼があくまで絶望のうちにとどまっているとするかぎり、彼の絶望の度はそれだけ強い。

自殺が絶望であることを意識しておりながら、そしてそのかぎりにおいて絶望が何であるかについて真の観念をもちながら、自殺をする者の絶望は、自殺が絶望であることについて真の観念をもたずに自殺する者の絶望よりも度が強いのである。これに反して、自殺について彼のもつ観念が真であることが少なければ少ないだけ、彼の絶望の度もそれだけ弱い。他方また、自殺をする者が自己自身についてもつ意識〔自己意識〕が明瞭であればあるほど、それだけまた彼の絶望は、彼の心に比べるともっと混乱した漠然たる状態にある心の持ち主の絶望に比較して、強いのである。

さて、以下においてわたしは、意識された絶望のふたつの形態を研究しようと思うのであるが、それによって同時に、絶望が何であるかについての意識の上昇、および自分の状態が絶望であることについての意識の上昇、あるいは、要するに同じことであってまた決定的なことでもあるが、自己についての意識の上昇が示されるであろう。

ところで、絶望していることの反対は、信仰していることである。それだから、絶望がまったく存在しないような状態を言い表わす公式としてさきに掲げられたもの、その同じものがまた信仰の状態をあらわす公式であるのも、まったく当然なことである。それはすなわち、自己自身に関係し、自己自身であろうと欲するにあたって、自己は自己を措定した力のうちに透明に基礎づけられている、という公式である〔A・A参照〕。

α　絶望して、自己自身であろうと欲しない場合、弱さの絶望

この形態の絶望が弱さの絶望と呼ばれるとき、すでにそのことのうちに、絶望して自己自身で

あろうとするという別の形態〔β〕への反省が含まれている。してみると、これは単に相対的な対立であるにすぎない。反抗というものが全然なければ、絶望は存在しないのである。事実また、自己自身であろうと欲しない、ということばのなかには、反抗が含まれているのである。ひるがえってまた、絶望の最高の反抗そのものも、なにほどかの弱さを伴わずには、けっして存在するものではない。したがって、この区別は相対的なものにすぎない。第一の形態はいわば女性の絶望であり、第二の形態は男性の絶望である。[1]

1　地上的なものについての、あるいは、地上的なあるものについての絶望

これは純粋な直接性である、あるいは、いくらかの反省を含む直接性である。——ここには、自己についての、絶望が何であるかについての、あるいは自分の状態が絶望であることについての、無限な意識は存在しない。絶望は単なる受難㊾であり、外部からの圧迫に屈することであり、行動として内部からあらわれることはけっしてない。直接性の用いることばのうちに、自己とか絶望とかの語が出てくるのは、いってみれば、無邪気なことばの濫用《らんよう》であり、子供たちが兵隊ごっこをするのと同じような、ことばの遊戯なのである。

直接的な人間㊿〔直接性が現実にまったく反省を伴わないで出現しうるとした場合において〕は、単に心的に規定されているばかりであって、彼の自己や彼自身は、時間的、世俗的な枠のうちに

あって、他のもの[51]と直接的な関連をもつあるものであるにすぎず、うちになにか永遠なものが含まれているかのような一種の幻想をもっているにすぎない。このようにして自己は、願望したり、欲求したり、享楽したりなどしながら、他のものと直接的につながっているのであるが、その態度はいつも受動的で、欲求する場合でさえも、この自己は、ちょうど子供がものをほしがるときに、わたしに、と言うそのわたしにと同様に与格なのである。[52]そういう自己の弁証法は快と不快であり、[53]そういう自己の概念は幸、不幸、運命[54]である。

さてこの直接的な自己に、何事かが起こる、彼を絶望におとしいれるようななにかがふりかかる〔突き当たってくる〕。これがそれ以外の仕方で起こることはありえない。自己は反省をうちにもっていないのであるから、自己を絶望におとしいれるものは外部からくるのでなければならない。かくして絶望は単なる受難でしかない。

直接的な人間が彼の生命としているもの、あるいは彼がほんの少しでも反省をうちにもっているかぎり、そのうちで彼が特に愛着している部分、それが「運命の打撃」によって彼から奪い去られる、つまり、彼は彼のいわゆる不幸になる。すなわち、彼のうちにある直接性が自分の力では回復することができないほどの損傷をこうむる、すなわち彼は絶望するのである。

あるいは、これは現実にはかなりまれにしか見られないことではあるけれども、弁証法的には当然起こってよいことなのであるが、このような直接性の絶望は、直接的な人間があまりにも大きなしあわせと呼んでいるものの場合にあらわれる。すなわち、直接性そのものはきわめて脆《もろ》いものであって、少しでも「度を超えたもの」㊺が直接性に反省を要求すると、直接性は絶望におちいってしまうのである。

このようにして彼は絶望する、つまり奇妙な倒錯によって、また完全な自己韜晦《とうかい》において、彼はそれを絶望と称するのである。しかし、絶望するとは永遠なものを失うことである――しかも彼はこの喪失についてはまるで問題にせず、そんなことは夢想もしないのである。地上的なものを失うことは、それだけでは、絶望することではない。しかるに彼が問題にするのはそのことであり、それを彼は絶望と称するのである。

彼の語ることは、ある意味で真である。ただし、彼がそれを理解しているような意味では真でないだけのことである。彼はさかさまの位置にある。そこで彼の言うこともさかさまに理解されなければならない。彼は立って、絶望でもないものを指さし、自分は絶望しているのだと説明する。ところがそのあいだに、彼の知らぬまに、彼の背後から絶望がまぎれもなく顔を出しているのである。それはちょうど、人が市役所兼裁判所である建物に背を向けて立ちながら、自分のまん前を指さして、あそこにあるのが市役所兼裁判所です、と言うようなものである。その男の言うとおりなので、その建物は確かにそこにあるのである――ただし、彼が回れ右をした場合のことである。

彼は絶望してはいない。彼が絶望しているということは真実ではない。しかも、彼が絶望していると言うとき、そのことばは正しくもあるのである。しかし、彼は絶望していると自称し、自分自身を死んだもののように、自分自身の影のように見ている。ところが実は、彼は死んではおらず、彼という人間のなかには、いってみれば、まだ生命があるのである。そこで、もし突然に一切のものが姿を変え、一切の外的なものが改まり、願いが満たされることにでもなれば、生命が彼のうちによみがえり、直接性はふたたび立ちあがり、彼は新たに生きはじめるであろう。

絶望して気絶する、これが直接性の知っている唯一の戦術であり、直接性の知っている唯一のものである——ところが直接性は、絶望が何であるかについてほとんど知るところがない。直接性は、絶望して気絶し、それから、まるで死んでしまったかのようにじっと横たわる。それは「死んでねている」演技にもなぞらえられる。この直接性のやりくちは、じっと横になって死んだようなふりをするよりほかになんの武器も防禦《ぼうぎょ》手段ももたない、ある種の下等動物に似ている。

そのうちに時が過ぎる、そして外からの助けがくれば、この絶望者の生命もよみがえってくる。彼は彼がやめたところから始める、彼は自己ではなかったし、彼は自己になったこともない。彼はただ直接的に規定されたまま生きのびていくだけのことである。もし外からの助けがこない場合には、実際にはしばしばなにか別のことが起こってくる。その場合にも、絶望者の体内に生命がよみがえってはくるが、しかし彼は「自分はもはやけっして自分自身にはならない」と言うのである。

そこで彼は人生についてわずかばかりの分別を手に入れ、ほかの人々の処世法をまねることを覚え——そのようにして、彼もまた生活していく。キリスト教界にあっては、彼は同時にキリスト者でもあり、日曜ごとに教会へ行き、牧師の話を聞いてそれを理解する、いや、彼らはお互いに了解し合っているのだ。彼が死ぬ、すると牧師は一〇リグスダーラーで彼を永遠へ連れていってくれるというわけなのだ——けれども、彼は自己ではなかったし、また自己となったこともなかったのである。

この形態の絶望は、絶望して自己自身であろうと欲しないことであり、あるいはもっと低い場合は、絶望して一個の自己であろうと欲しないことであり、あるいは最も低い場合は、絶望して自己自身とは別のものであろうと欲すること、新しい自己たらんと願うことである。直接性はもともと自己をもっておらず、自己自身を知らず、したがってまた、自己自身をそれと見分けることもできない。そのためにそれはとかくおとぎ話の世界のなかで終わりがちである。直接性は、絶望するとき、自分がならなかったものになっていたらと願ったり夢見たりするだけの自己をさえもってはいないのである。

そこで直接的な人は、別の方法に訴える、つまり、別の人間になりたいと願うのである。これは、直接的な人たちを観察してみれば、わけなく納得のゆくことであろう。絶望の瞬間における彼らにとっては、別の人間になっていたらとか、別の人間になりたいとかいう願望ほどさしせまった願いはない。しかしいずれにしても、そのような絶望者を見ては、人はほほえまずにはいられない。それは、彼が絶望してはいるけれども、人間的に言えば、実にとても無邪気だからである。

たいていの場合、そのような絶望者は無限に喜劇的である。ひとつの自己を考えてみられるがいい〔神の次には、自己ほど永遠なものはない〕、そして自己が、だれか――自己自身とは――別の者にならせてもらうことはできないものかと思いついたとしてみる。ところが、そのような絶望者は、あらゆる途方もない変化のうちでもいちばん途方もないそういう変化を、唯一の願いとしておりながら、その変化がまるで上着を着かえるみたいに造作なくできるものだと思い込みたがるのである。それというのも、直接的な人は自己自身を知らず、まったく文字どおりに、上着を着た自己自身だけしか知らず、〔そしてここにまた無限の喜劇性があるのだが〕ただ外面だけで自己をもっていると思っているのだからである。これ以上に滑稽《こっけい》な混同というものはそうめったにあるものでない。なぜかというに、自己とはまさに外面性とは無限に異なったものだからである。

ところで、絶望者にとって外面性全体が変わり、それで彼は絶望したのであるから、そこで彼は一歩を進めて、たとえばこんなふうに考え、それが彼の願望となる。つまり、自分が別の人間になれて、新しい自己を新調できたらどうだろう、と。ほんとに、もし彼が別の人間になったとしたら、どうであろう――そしたら、彼に自分の見分けがつくものだろうか？

こういう話[56]がある。ある農夫がはだしで町へやってきて、その町でたくさんのお金をかせいだので、一足の靴下と靴を買ったが、それでもなお飲んで酔えるだけのものが残った――さて話はこうなのだ。酔っぱらって家に帰る途中、彼は往来のまんなかに横になってぐっすり眠り込んでしまった。そこへ一台の馬車が通りかかって、馭者《ぎょしゃ》が、そこをどかないと足をひいてしまうぞ、と彼にどなりつけた。酔っぱらった農夫は目をさまし、自分の足を見た。ところが、靴下と靴をはいているために、彼はそれが自分の足だと見分けがつかないで、こう言ったというのである、いいから車をやるがいい、それはおれの足じゃねえや。

直接的な人間が絶望している場合もこれと同じで、彼をありのままに描き出そうとすれば、どうしても喜劇的とならざるをえない。わたしに言わせてもらえば、そのような唐人の寝言みたいな話に、自己とか絶望とかをうんぬんすること自体が、すでに一種の曲芸なのだ。

直接性が反省をうちに含んでいると考えられる場合には、絶望の様相は少し違ってくる。そこでは、自己についての意識がいくらか増してくるし、それにつれてまた、絶望が何であるかについての意識も、そのような人間の状態が絶望であることについての意識も、いくらか増してくる。そのような人間が自分は絶望していると語ることにも、いくらかの意味が出てくる。しかしその絶望は、本質的に、弱さの絶望であり、ひとつの受動であって、絶望して自己自身であろうと欲しない、というのがその形態である。

純粋な直接性に比べてこの種の直接性が進んでいることがただちに明らかになる点は、絶望が必ずしも外からの打撃によって、なにかがふりかかってくることによって生じるのではなく、自分のうちにおける反省そのものによって引き起こされることができるということ、したがって絶望が、この場合には、単なる受動や外的事情への屈伏ではなくて、ある程度まで自己活動であり行動である、ということである。ここには、もちろん、ある程度の反省が含まれており、したがって、自分の自己にたいするある程度の省察がある。このある程度の反省とともに分離作用がはじまり、それによって、自己は、環境や外界とその影響とから本質的に区別されたものとして自己自身に注目するにいたるのである。

しかしここでは、それはある程度までのことにすぎない。ところが自己がある程度の自己反省によって自己を引き受けようとすると、おそらく、自己の組織のなかで、自己の必然性のなかで、いろいろと困難に突き当たるであろう。なぜかというに、いかなる人間の肉体も完全でないように、いかなる自己も完全ではないからである。この困難がどのようなものであろうとも、この困難が彼をしりごみさせる。あるいは、彼が自己反省によっておこなったよりももっと深刻に彼のうちにある直接性を打破するようなものが、彼に起こってくる。あるいは、彼の想像力は、あらわれでもしたら直接性との絶縁となるような可能性を、発見するのである。

かくして彼は絶望する。彼の絶望は弱さの絶望であり、自己の受動であり、自己主張の絶望とは反対のものである。しかし彼は、彼のもっている相対的な自己反省の助けを借りて、自分の自己を守ろうと試みる。そしてこの点にまた、純粋に直接的な人との異なりがある。

彼は自己を放棄することはとにかくたいへんなことだということを心得ている。それだから彼は直接的な人のように卒中の発作に襲われはしない。自己を失わずとも失えるものがたくさんあることを、彼は反省の助けによって理解しているのである。彼はそれを認めている、彼にはそれができるのである。なぜであろうか？　彼がある程度まで自分の自己を外界から切り離したからであり、彼が漠然とながらも、自己のうちにはなおなにか永遠なものが存在するにちがいないという観念をもっているからである。

しかし、彼のそのような戦いもむなしい。彼の突き当たった困難は全直接性との絶縁を要求するが、その要求に応ずるには、彼に、それだけの自己反省ないし倫理的反省が欠けているのである。彼は一切の外的なものからの無限の抽象によって獲得される自己というものについて意識をもっていない。このような自己は、外皮をまとった直接性の自己とは反対に、はだかの、抽象的な自己であって、ここに、無限な自己の最初の形態があり、自己がその現実的な自己をそのさまざまな難点や長所もろともに無限に引き受ける全過程における推進力があるのである。

かくして彼は絶望する、そして彼の絶望は自己自身であろうと欲しないことである。――だがむろん、彼は別の人間になりたいなどという笑うべきことを思いつくわけではない。彼は自分の自己にたいする関係を保持しており、そのかぎりにおいて、反省が彼を自己に結びつけている。その場合、彼の自己にたいする関係は、ある男の自分の住居にたいして起こりうる関係とそっくりである〔自己の自己自身にたいする関係は、むろん、ひとりの男の自分の住居にたいする関係のような無責任なものでないという点に、喜劇的なものがある〕、つまり、煙が立ちこめるので自分の住居がいやになるとか、そのほかなにかの理由でおもしろくなくなるとかする。すると、彼は家を出ていく。しかし彼は引越しをするわけでも、新居を借りるわけでもなく、彼はやはりいままでの住居が自分の住居だと思っているのである。彼は住居がもとのとおりに居心地よくなるのを待っているだけなのである。

絶望者の場合も同じことである。困難が[57]つづいているかぎり、彼は、独特な含意をもって言われるように、あえて自己自身のもとへこようとはしない、彼は自己自身であろうとは欲しないのである。しかし、そういう事態もおそらく過ぎ去るであろうし、おそらく事情も変わって、暗い可能性も多分忘れられることであろう。そのときがくるまで、彼は変化が起こったかどうかを調べるために、ただときどき、いわば自分自身を訪ねてみるだけである。そして変化が起こるやいなや、彼はふたたび自家へ帰り、「ふたたび自己自身となる」と彼は言うのだが、しかしそれは、彼がやめたところから始める、というだけのことなのである。つまり、彼はある程度まで自己であったし、そしていまもまたそれ以上のものにはならなかったのである。

しかし、変化が起こらない場合には、彼はまた別の策を講ずる。真に自己となるためには内面に向かって前進しなければならないはずなのに、彼はその内面への方向からすっかりそれてしまうのである。いっそう深い意味における自己に関する全問題が、彼の心の背景の一種の鎧戸《よろいど》となり、その背後にはなにもないことにしてしまうのである。彼は彼が自分のことばで自分の自己と呼んでいるものを、すなわち、彼に与えられているかもしれぬ能力や才能などを受け入れる。けれども彼はそれらすべてを外の方向へ向かって、生活のほうに向かって、それもいわゆる現実の生活、活動的な生活の方向に向かって、受け入れるのである。

彼は自分のうちにもちあわせているわずかばかりの反省をきわめて用心ぶかく取り扱う。そのひとかけらの反省が、背後にあるものが、また顔を出しはしないかと恐れるのである。そうして彼は徐々にそれを忘れることに成功する。年月がたつにつれて、そんなものはばかばかしいことにさえ思えてくる。ことに、現実生活にたいする理解と能力をもつ他の有能で活動的な人たちとりっぱな交わりをしている場合には、そうである。

なんとすばらしいことであろう！　彼はいまや、小説にあるように、すでに何年か幸福な結婚生活を送り、活動的で腕のある男であり、父であり市民であり、おそらく偉大な男でさえもあるだろう。家にあっては、召使たちから「ご主人さま」と呼ばれ、町では名士の一人である。彼の挙動は人格者との声望をあつめ、あるいは人物としての尊敬を呼び起こす。万人の見るところ、彼はりっぱな人物なのである。キリスト教界にあっては彼はキリスト者であり〔異教世界にあっては異教徒であり、オランダにあってはオランダ人であるのとまったく同じ意味で〕、教養あるキリスト者の一人である。彼は魂の不滅の問題にしばしば没頭し、(58)一度ならず牧師に向かって、そのような不滅というようなことがほんとに存在するのか、人ははたして自己自身をふたたびそれと見分けるものなのかどうかを、ただしたこともあるのである。事実またこれは彼にとってまったく特別な関心事たらざるをえない問題なのである。なぜかというに、彼は自己をもっていないからである。

この種の絶望をある程度の諷刺《ふうし》を加味することなしに真実に描写することは不可能である。彼が自分は絶望したことがあるなどと言うとしたら、それは喜劇的なことである。彼が絶望を克服したつもりでいるその彼の状態がほかならぬ絶望であるとしたら、それは戦慄《せんりつ》すべきことである。世間でたいへんもてはやされている処世訓の根底に、つまり、りっぱな忠告や賢明な格言、時世に順応せよとか、自己の運命を甘受せよとか、忘却の書物に書き込めとかいう、あらゆる処世知の寄せ集めの根底に、よく考えてみると、危険が実はどこにあり、何が実は危険なのかということについての完全な無知蒙昧《もうまい》さがひそんでいるとしたら、それは、無限に喜劇的なことである。

しかしこの倫理的な無知蒙昧は、また、戦慄すべきことでもある。

地上的なものについての絶望、あるいは地上的なあるものについての絶望は、最も一般的な種類の絶望であり、とりわけ、ある量の自己反省を伴った直接性という第二の形態のものがそうである。絶望が反省しぬかれている度が高くなれば高くなるほど、そのような絶望はだんだんまれにしか見られなくなり、またそのような絶望が世間にあらわれることもますますまれになってくる。しかし、このことは、たいていの人間はとくに深く絶望に落ち込んでいるわけのものではないということを証明するだけであって、彼らが絶望していないということを証明するものではけっしてない。

ほんの少しでも精神の規定のもとに生きている人間は、非常にわずかしかいない。いや、そういう生活をしてみようとする人さえけっして多くはないし、またそれを試みる者も、たいていは、すぐまたそれから離れ去っていくのである。彼らは恐れることを学んだことがなく、当為ということを学んだこともなく、たとえ何事が起ころうとも、無頓着《むとんじゃく》、限りなく無頓着なのである。それだから彼らは、彼ら自身の目にすでに矛盾と見えるものにはがまんができないのである。そういう矛盾というものは、それを周囲の世界に反映させてみると、いよいよきわだって映って見えるもので、実際、世間では、自己の魂の気づかいをするとか、精神であろうと欲するとかいうことは、暇つぶしと見られているのである、単なる暇つぶしどころか、なんなら民法をもって罰せられてしかるべき許すべからざる暇つぶし、とにかく、人間にたいする一種の反逆として、つまらぬことに夢中になって時間を空費する傲慢《ごうまん》な狂気として、軽蔑《けいべつ》と嘲笑《ちょうしょう》とをもって罰せられてしかるべき許しがたい暇つぶしと見られているのである。

ところが、彼らの生活のうちにも、おそらくこれが彼らの最善の時と言っていいであろうが、彼らが内面への方向を取りはじめる瞬間がある。そうして彼らはおよそ第一の難関あたりまでやってくる、がしかし、彼らはそこで向きを変えてしまう。彼らには、その道が索漠たる荒野に通じており、——「しかるに、周囲《まわり》には美しい緑の牧場がある」(59)ように思われるのである。それで彼らはそのほうに向かい、やがてあの彼らの最善の時を忘れる、ああ、それが児戯にすぎなかったかのように、忘れてしまうのである。彼らは同時にキリスト者でもある——牧師さんから、自分たちが天国に行けるという安心を与えられているのである。

さきに述べたように、こういう絶望は最も一般的なものである。それがごく一般的なものであるために、絶望は青年につきものなので、年の若いあいだにだけ起こり、成熟した年齢や老年に達した分別のある男には起こらないものだという、世間にかなり流布している意見も、それで説明がつくほどである。この世間の意見は絶望的な誤りである。もっと正確に言うなら、絶望的な思い違いをして、見落としているのである——いや、それどころか実は、もっともっと困ったことがいくらも起こるのだから、ここで見落とされることなどは、人間について言われうる最善のものだと言ってもいいくらいのものだなどという、もっとひどい見落としをしているわけなのだが——つまり、たいていの人間は、本質的に見ると、その全生涯を通じて、少年時代や青年時代の状態、すなわち少量の自己反省を伴った直接性より以上には進むものではない、ということを見のがしているのである。

しかしそうではない、絶望はほんとに青年にだけあらわれるようなものではない、「幻想から脱け出るように」造作なく脱け出られるようなものではない。しかし、幻想から脱け出ることだって、人は愚かにも脱け出たつもりでいるけれども、実は脱け出られるものではない。それどころか逆に、若い者にもおとらず子供じみた幻想をもっている男や女や老人たちが実に多いのである。

しかし人は、幻想には本質的に希望の幻想と追憶の幻想というふたつの形態があることを見落としている。青年は希望の幻想をもち、老人は追憶の幻想をもっている。ところで老人は幻想のうちにあるからこそ、幻想には希望の幻想しかないというまったく一面的な幻想観念をもいだいているのである。もちろん、老人は希望の幻想に苦しめられることはない。しかし、そのかわりに、自分では幻想のないもっと高い立場にいるつもりで、この立場から、青年の幻想を見くだすという、奇妙な幻想になによりも苦しめられるのである。

青年は幻想をいだいている、彼は人生や自分自身について異常な希望をもっている。ところが老人では、自分の青春時代を追憶するという仕方の幻想がしばしば見いだされる。自分ではいまやあらゆる幻想を放棄してしまったつもりでいる老女が、自分の少女時代を追想して、少女のころ自分がどんなに幸福だったか、どんなに美しかったかなどと、まるで少女のように幻想にとらわれて空想にふけるのが、しばしば見られるのである。老人たちの口からしばしば聞かれる「わたしらはこうだった」⑩ということばは、まったく、青年のいだく未来の幻想と同じように大きい幻想なのである。老人も青年も、彼らはどちらも、嘘《うそ》を言っている、あるいは詩作しているのである。

ところが、絶望がただ青年期にのみ固有なものであるとする思い違いは、まったく違った意味で絶望的である。信仰や知恵というものが、たとえば歯や髯《ひげ》などが年をとるにつれて実際ひとりでにはえてくるようなふうに、なんの造作もなくいたり着けるものだと考えるとしたら、なにはともかく、それは愚かなことであり、それこそ、精神が何であるかを解しないものであり、さらに、人間が精神であって単なる動物でないことを見誤るものである。まったく、たとえ人間がそのようにひとりでに何にいたり着けるにしても、また何がそのように無造作にできてくるにしても、信仰と知恵というこの一事だけは、断じてひとりでにできてくるものではない。むしろ、精神的な意味では、人間は年とともに無造作に何物かになるものではない、というのが事実であって、この範疇《はんちゅう》こそ精神に最もきびしく対立するものなのだ。むしろ精神の場合には、年とともにひとりでになにかを失っていくというのが、ごくありがちなことなのである。

おそらく人は年とともに、自分のもっていたわずかばかりの情熱、感情、想像力、わずかばかりの内面性を失うことだろう。そしてひとりでに〔なぜかというに、こんなことはひとりでに起こるものだから〕卑俗な人生観をいだくにいたることだろう。この——改善された状態は、もちろん年とともにやってきたものだが、それを人間はいまや絶望的にひとつの善とみなし、自分にはもはや絶望することなどけっして起こりえないと、わけもなく信じ込んでしまうのである〔そして、ある諷刺的な意味では、実際これほど確かなことはないのだ〕——もちろん絶望することなどありはしない、彼は安心を得ているのである、彼は絶望しているのである、精神を失って絶望しているのである。いったい、なぜソクラテスは青年を愛したのであろう、それは、彼が人間を知っていたからのことではなかったか。

人間というものが年をとるにつれて卑俗きわまる種類の絶望に落ち込むとしたものではないとしても、それだからといって、絶望はただ青年期にのみ固有なものだという結論はけっして出てきはしない。もし人間が実際に年とともに成長して、自己についての本質的な意識をもつまでに成熟すれば、おそらく人間はいっそう高い形式で絶望することができるだろう。またもし人間が年とともに本質的には成長することなく、それかといってまた、まったく卑俗さに落ち込むということもなく、つまり、夫となり父となり白髪になっても、いつまでも若い者のままで、青年のままでいて、したがって、青年のうちにある善さをいくぶんかもちつづけているとすれば、彼はやはりまた青年と同じように、地上的なものについて、あるいは地上的なあるものについて絶望するという可能性にさらされているのである。

けれども、そのような老人の絶望と青年の絶望とのあいだに、差異がありうることは確かである。しかしその差異は本質的なものではなく、まったく偶然的なものである。青年は未来のうちに現在するもの[61]のように未来のものについて絶望する。そこには、彼がわが身に引き受けることを欲しない未来のものがあり、それによって彼は彼自身であることを欲しないのである。老人は過去のうちに現在するもののように過去のものについて絶望するが、その過去のものはだんだんと過去のものになってしまってはくれない——というのは、老人はそれをすっかり忘れてしまうことができるような仕方で絶望しているのではないからである。この過去のものは、実は悔恨が巣食いかねないようなものでさえあるかもしれない。しかし、もし悔恨の情が起こることになると、まず根本的に絶望され、徹底的に絶望しぬかれなければならなくなるであろうし、精神の生命が根底から発現しなければならなくなるであろう。けれども、絶望してはいても、彼はあえてそのような決断をしようとはしない。だから彼はそこで立ちどまってしまい、時はどんどん過ぎ去っていく——さらにいっそう絶望して、忘却の力を借りてうまく過去を癒《いや》すことができ、かくして悔恨者となるかわりに自己自身の隠匿者になりすませるものとしての話である。

ところで、そのような青年の絶望とそのような老人の絶望とは、本質的には同一のものである。どちらも、自己のうちにある永遠者についての意識が発現し、したがって、絶望をいっそう高い形態にまで高めるか、それとも信仰に導くか、ふたつにひとつの戦いがそこで始まるような、なんらかの変形をとげるにはいたらない。

ところで、これまで同一なものとして用いてきたふたつのことば、すなわち、地上的なもの〔全体規定〕についての絶望と、地上的なあるもの〔個別的なもの〕についての絶望と、このふたつのあいだには、やはり本質的な差異があるのではないであろうか。確かに、差異がある。自己が想像力の無限の情熱をもって地上的なあるものについて絶望する場合、この無限の情熱が、この個別的なもの、このあるものを、地上的なもの全体と化しているのである。つまり、その絶望者のうちには全体規定が含まれており、それが彼に属しているのである。つまり、地上的、時間的なものそのものが瓦解《がかい》して、あるものとなり、個別的なものとなるのである。実際に一切の地上的なものを失うとか、奪われるとかいうことは、不可能である、なぜなら、全体規定とはひとつの思惟《しい》規定だからである。したがって、自己はまず現実的な喪失を無限に高め、かくして地上的なもの全体について絶望するのである。しかし、この差異〔地上的なものについての絶望と、地上的なあるものについての絶望とのあいだの〕が本質的なものとして主張されることになるやいなや、自己についての意識のうちにもまた本質的な進歩がなされたことになる。そこで、地上的なものについて絶望するということの定式は、絶望の次の形態を表わす弁証法的な最初の表現なのである。

2　永遠なものにたいする絶望、あるいは、自己自身についての絶望

地上的なものについての絶望、あるいは、地上的なあるものについての絶望は、それが絶望であるかぎり、実はまた、永遠なものにたいする、そして自己自身についての絶望でもある。というのは、これが実にあらゆる絶望の定式にほかならないからである。[2] けれども、絶望者は、さきに述べられたように、いわば彼の背後で起こっていることに気づいていなかった。絶望者は地上的なあるものについて絶望しているつもりでおり、自分がそれについて絶望しているもののことをいつも語るのであるが、しかし実は、彼は永遠なものにたいして絶望しているのである。というのは、彼が地上的なものにかくも大きな価値を与えていること、あるいは、もっと詳しく言えば、彼が地上的なあるものにかくも大きな価値を与えていること、言いかえると、彼がまず地上的なあるものを一切の地上的なものとなし、ついでその地上的なものにかくも大きな価値を与えていること、そのことこそ、まさに永遠なものにたいして絶望していることにほかならないからである。

さて、この絶望はいちじるしい進歩である。これまでの絶望は弱さの絶望であったが、これは自己の弱さについての絶望なのである。しかし、この絶望もやはり、なお弱さの絶望という本質規定のうちにとどまっており、β〔反抗〕とは異なっている。したがって、そこには相対的な差異があるばかりである。すなわち、さきの形態が弱さの意識をその最後的な意識としてもっているのにたいして、この場合の意識は、その立場に立ちどまらないで、自分の弱さを意識するという新たな意識に強められている、という違いである。絶望者は、自分が地上的なものにそれほど思いわずらうのが弱さであり、絶望することが弱さであることを、みずから理解している。ところが、そこで正しく向きを変え、絶望を去って信仰に向かい、自分の弱さのゆえに神の前にへりくだろうとはしないで、彼はさらに絶望に沈んで、自分の弱さについて絶望するにいたるのである。

こうなると、観点がすっかり逆になる。いまや絶望者は、永遠なものにたいして絶望しているのだという自分の絶望をいっそう明瞭に意識するにいたり、地上的なものにかくも大きな意義を与えるほど自分が弱くありえたことで自己自身について絶望するにいたる。そしていまやこのことが、彼にとっては、自分が永遠なものと自己自身とを失ってしまっているのだということの絶望的な表現となる。

ここには上昇がある。まず第一に、自己についての意識の上昇がある。なぜかというに、自己のうちには永遠なあるものが存在するという、あるいは、自己はみずからのうちに永遠なあるものをもっているという、自己の観念をもつことなしに、永遠なものにたいして絶望することは不可能だからである。

またもし人が自己自身について絶望するということがあるとすれば、もちろん人はまた、自己をもっていることを意識しているのでなければならない。なぜかというに、人がそれについて絶望するところのもの、それは地上的なもの、あるいは、地上的なあるものについてではなく、自己自身についてだからである。さらにここには、絶望が何であるかについての、よりいっそう大きい意識がある、というのは、ここでの絶望は、まったく当然のことだが、永遠なものと自己自身とを失ったということだからである。

また言うまでもないことだが、ここには人の状態が絶望であるということについてのいっそう大きな意識もある。さらにまた、ここでは絶望は単に受難ではなくて、行為である。というのは、絶望というものがもともといつでも自己からくるものであるにしても、地上的なものが自己から奪い去られて自己が絶望する場合には、その絶望は外からくるもののように思われるのであるが、自己がこの自己の絶望について絶望する場合には、この新しい絶望は、自己から、逆圧〔反動〕として間接的＝直接的に自己からくるからで、この点で自己から直接的にくる反抗とは違っているからである。

最後にまたここには、別の意味においてではあるが、いまひとつの進歩がある。というのは、この絶望はいっそう強度のものであるがゆえに、この絶望はある意味で救いにいっそう近づいているからである。そのような絶望はほとんど忘れられることがない、それはあまりにも深いのである。しかし、この絶望が口を開いている瞬間瞬間に、救済の可能性もあるのである。

それにもかかわらず、この絶望はやはり、絶望して自己自身であろうと欲しない、という形態に入れられるべきものである。ちょうど父親が息子《むすこ》を勘当するときのように、自己はそのように弱くなってしまった自己自身を自己であると認めようとしないのである。自己は、絶望して、この弱さを忘れることができない、自己はある意味で自己自身を憎んでいる、自己は自分の弱さのゆえに信仰によってへりくだり、かくしてふたたび自己自身を獲得しようとは欲しない。それどころか、自己は絶望して、いわば自己自身についてなにを聞こうともせず、自己自身についてなにひとつ知ろうともしないのである。

けれども、忘却によって救われるというわけにもゆかないし、また忘却の助けをかりて無精神性の規定のもとに忍び込み、ほかの人々やほかのキリスト者たちと同じように世間並みの人間やキリスト者になりすますというわけにもゆかない、それには自己があまりに自己でありすぎるのである。息子を勘当した父親によく見られることだが、勘当という外面的な事実はほとんど父親の役に立たず、彼はそれによって、少なくとも頭のなかでは、息子から離れることにならないのと同じように、また、恋する女が憎い男を〔すなわち恋人を〕呪《のろ》うときによく見られることだが、呪いはたいして役に立たず、かえってますます心を引きつけることになるのと同じように、絶望した自己の自己自身にたいする関係もそれと同じことなのである。

この絶望はさきの絶望よりも質的に一段と深いものであって、世間ではまれにしか見られない絶望に属している。さきに、背後になにものもない鎧戸ということを言ったが、ここにあるのは、ほんとうの、用心ぶかく閉ざされた戸で、その背後には、いわば自己がすわっていて、自己自身に注意をはらい、自己自身であるまいとして時を費やすことに夢中になっているのである。しかもその自己は自己自身を愛するだけの自己でもある。人はこれを閉じこもりと呼んでいる。これからわたしたちはこの閉じこもりを問題とするわけであるが、これは直接性の正反対であり、とりわけまた、考え方のうえで、直接性にたいして大きな軽蔑の念をいだくものである。

しかし、そのような自己は、現実のなかには生存していないのではあるまいか。彼は現実からのがれて、荒野か、修道院か、精神病院かに逃避しているのではあるまいか。彼はほかの人々と同じような服装をし、ほかの人々と同じように普通の外套《がいとう》を着た現実の人間ではないのであろうか。いかにもそのとおりである。いったい、なぜそうであってはいけないのか。けれども、自己のことについては、彼はだれにも、たった一人の人にも、打ち明けない、彼はそれを打ち明けたいというやみがたい衝動を感じない、あるいは、そういう衝動を抑える術《すべ》を心得ているのである。

それについて彼みずからが語るところを聞いてみられるがいい。「要するに、まったく直接的な人間だけなのだ――彼らは、精神という点から見ると、小児期の第一期にある子供とだいたい同じくらいの地点にあるのであって、実にまったく愛すべき無頓着さでなにもかもしゃべってしまう――つまり、なにひとつ自分の胸にしまっておくということのできないまったく直接的な人間だけなのだ。よくあることだが、『真実だとか、真実であるとか、真実な人間だとか、また天真爛漫《らんまん》だとか』と僭越《せんえつ》にも自称するのは、この種の直接性なので、それが真実であるなら、老人が肉体的な要求を感じながらすぐそれに従わないのは虚偽だということになる。ほんの少しでも反省したことのある自己なら、自己を抑制すべきことについて少しは知っているはずだ」

ところでわが絶望者は、自分のうちに閉じこもってしまって、自分にかかわりのない人をことごとく、したがってあらゆる人を、自己にかかわる事柄から遠ざける。それだのに、外から見ると、まったく「一個の現実的な人間」なのである。彼は大学出の男であり、夫であり、父であり、そのうえ、きわめて有能な官吏でもあり、尊敬すべき父であり、交際では愛想がよく、妻にたいしてはきわめて優しく、自分の子供たちにたいしては実によく面倒をみてやる。そして、キリスト者？　むろん、彼もキリスト者ではある、それなのに、彼はそれについて語ることを極力避けるのである、しかもそれでいて、妻が教化のために信心にいそしんでいるのを、彼は喜んで、一種の哀愁をこめた喜びをもって、ながめてもいるのである。

教会へは、彼はごくたまにしか行かない、たいていの牧師は自分の話すことをほんとうに知ってはいないように彼には思われるからである。彼はたった一人の牧師だけを例外と考えている。その牧師だけは、自分の話すことを知っている、と彼は認めている。しかし彼は、別の理由から、この牧師の話も聞こうとはしない、その話が自分をあまりに遠くへ連れていってしまうかもしれないことを、彼は恐れるからである。

これに反して、彼はまれならず孤独への欲求を感じる。孤独は、あるときは呼吸のように、またあるときは睡眠のように、彼にとっては生命に必須《ひっす》なものなのだ。彼がこの生命の必須物をたいていの人たちよりもいっそう多くもっているということは、彼が人一倍深みをもった人間であることのしるしでもある。

一般に、孤独への要求は、人間のうちに精神があるということのしるしであり、またそこにある精神を測る尺度である。「ただおしゃべりだけをしている人でなしや世間人」は、孤独への要求を感じるどころか、ほんの一瞬間でも孤独でいなければならなくなると、まるで群棲鳥《ぐんせいちょう》のように、たちどころに死んでしまう。幼い子供が子守歌を歌って寝かしつけられねばならないように、こういう人たちは、食ったり、飲んだり、眠ったり、祈ったり、惚《ほ》れたりなどできるためには、騒々しい社交の子守歌で心をしずめてもらう必要があるのである。

しかし古代においても中世においても、この孤独への欲求は気づかれていたし、その意味するところに尊敬がはらわれてもいた。しかるに、社交に明け暮れる現代(62)においては、犯罪者にたいする刑罰としてよりほかに用いる術《すべ》を知らないほど〔おお、なんとすばらしい警句であろう!〕、それほどまでに、人は孤独を恐れているのである。ほんとに現代では、精神をもつということは犯罪を犯すことなのだ。してみれば、このような人々が、孤独を愛する人々が、犯罪者の部類に入れられるのも、当然のことではないか。

ところで閉じこもった絶望者は、ときおり、それも永遠のために生きる(63)というのではないけれども、しかし永遠なものとなにかかかわりをもっているときには、自分の自己の自己自身にたいする関係を問題にしながら生きることがある。しかし、彼は格別どうもそれ以上に進もうとはしない。そこで、永遠なものとかかわりをもち、孤独への欲求が満たされると、彼はいわば外へ出ていくのである——妻や子供のところへはいっていって、彼らと談笑するときでさえも。彼をあのように優しい夫にし、あのようによく面倒をみる父親にしているものは、彼の生まれながらの人の善さと彼の義務感とを別にすれば、彼がその閉じこもった内面で自己自身に向かってなした自己の弱さの告白なのである。

彼の閉じこもった心の秘密にあずかりえた人があるとして、もしその人が彼に向かって、それは傲慢というものだ、実のところ、君は君の自己を誇りにしているのじゃないか、と言ったとしても、おそらく彼は相手にそのとおりだと告白するようなことはないだろう。しかし、彼が自分ひとりきりになったときには、そのことばにはいくらかもっともな点のあることを、おそらく彼は承認することだろう。

けれども、彼の自己に自分の弱さを認めさせたあの情熱が、すぐにまた彼にこう思い込ませてしまうことだろう、自分が絶望しているのは、ほかならぬ自分の弱さについてなのだから、それが傲慢でありうるはずがない、と――これはまるで、弱さをそのようにとてつもなく強調することが傲慢ではないかのような言いぐさである。彼が弱さの意識に堪ええないのは、彼が自分の自己を誇りたいからのことでないかのような口ぶりである。

だれかが彼に向かってこう言ったとする。「それは実に奇妙な混乱だ、実に奇妙な紛糾だ。思うに、不幸は実は、考えがもつれ合っているそのもつれ方にあるのだ。これがもつれてさえいなければ、それこそまさに正常なのだ、それこそ君の進むべき道なのだ、君は自己にたいする絶望をとおして自己へ進まなくてはならない。君が弱いということは、まったくほんとうだ。しかし君が絶望しなければならないのは、そんなことについてではない。自己が自己となるために破れねばならないのだ、そんなことについて絶望するのはやめたまえ」――だれかがこう言ったとしたら、彼は情熱をもたない瞬間には、それを理解するであろう。しかしやがて情熱がふたたび見誤りをさせるだろう、そこで彼はふたたび方向を逆転して、絶望のなかへはいっていく。

さきに述べたように、このような絶望は世間ではかなりまれである。ところで、絶望が、ただ足踏みをしているばかりで、いつまでもこの点に立ちどまっていることをしないとしたら、しかも他方において、絶望者が信仰への正しい進路を取るにいたるような変化が起こらないとしたら、そのときこの種の絶望は、一段と高い形態の絶望に高まりながらなお閉じこもりの状態でありつづけるか、それとも、絶望が殻《から》を破って外にいで、そのような絶望者がいわば微服としてまとって生きていた外衣を脱ぎ捨てるか、そのいずれかである。

後の場合には、このような絶望者は実人生のなかへ、おそらく大事業という気晴らしのなかへ、おどり出ることであろう。彼は安らいを知らぬ精神となり、この世に存在したことの痕跡《こんせき》を存分にあとに残すことであろう。この安らいを知らぬ精神は忘却を欲する。そして内部の喧騒《けんそう》があまりにも激しいので、リチャード三世が母の呪《のろ》いのことばを耳に入れないために用いた手段(64)とは違った種類のものであるにしても、なにか強力な手段が必要となる。

あるいはまた、彼は官能のなかに、おそらくは放蕩《ほうとう》のなかに、忘却を求めようとする、彼は絶望して直接性へもどろうとする。しかし、彼は、彼があろうと欲しない自己についての意識に、たえず付きまとわれているのである。

前の場合には、絶望は、その度が強められると、反抗となる。そして弱さをうんぬんしていたことがいかに虚偽であったかがここで顕《あら》わになる。自分の弱さについての絶望こそ、反抗の最初の表現にほかならないことが、弁証法的にいかに正しいかが明らかになる。

しかし最後に、閉じこもりのなかで足踏みしている閉じこもった人間の内部を、もう一度、少しばかりのぞいてみることにしよう。

この閉じこもりが絶対的に、あらゆる点において完全に保たれる場合には、自殺が彼に最も身近に迫る危険となるであろう。もちろん、人々はたいていの場合、そのような閉じこもった人が何をうちに秘めていることができるかについて、夢にも知りはしない。もし人々がそれを知るにいたったら、彼らはびっくりすることであろう。しかし自殺はやはり、絶対的に閉じこもっている人の危険なのである。

ところがそれに反して、もし彼がだれかに語るならば、たった一人の人にでも心を打ち明けるならば、おそらく彼の緊張がゆるむか意気が沈むかして、閉じこもりの結果として自殺するというようなことはなくなるだろう。このような、一人でもその秘密にあずかり知る者のある閉じこもりというものは、絶対的な閉じこもりよりも、一音階だけ調子がゆるめられているのである。だからおそらく彼は自殺しないですむであろう。

けれども、自分で他人に心を打ち明けておきながら、打ち明けたそのことについて彼が絶望し、一人の関知者を得るよりもむしろ沈黙を守り抜いたほうがどれだけよかったかしれないと彼に思われることもありうるのである。そのような閉じこもった人が、腹心の者を得たばかりに、絶望におとしいれられたというような実例は、世間にはいくらもある。その場合でもやはり結果は自殺となりうるのである。

創作のうえでなら「その人物が、たとえば、国王あるいは皇帝であると、創作上の想定をしてみると」、彼が腹心を殺害せしめるというふうに破局が構成されることもできるであろう。ここに一人の悪魔的な暴君を思い浮かべることができよう、彼は自分の悩みをだれかに語りたいという衝動を感ずる。そしてその結果、一人また一人と、多くの人間を消耗していく、彼の腹心となることは死をまぬかれぬことだからである。つまり、暴君が心を打ち明けるやいなや、打ち明けられた腹心は殺されてしまうだろうからである。腹心をもたずにはいられず、しかも腹心をもつこともできないという、悪魔的な人間のうちにひそむこのような苦悩にみちた自己矛盾を、このような仕方で解決して描写することは、詩人に課せられた仕事であろう。

β　絶望して、自己自身であろうと欲する絶望、反抗

αの項で述べたものが女性の絶望と呼ばれうることが明らかにされたが、この絶望は男性の絶望と名づけられることができる。したがって、この絶望も、さきに述べたものとの関係からみて、精神の規定のもとに見られた絶望である。そして事実また、男性こそが精神の規定に属しているのであって、これにたいして女性は一段と低い総合なのである。

αの2の項で述べられた絶望は、自分の弱さについての絶望であった、すなわち、絶望者が自己自身であろうと欲しないのである。ところが、弁証法的に一歩を進めて、このような絶望者が、なぜ自分は自己自身であろうと欲しないのかというその理由を意識するにいたるならば、事態は逆転して、反抗があらわれる。というのは、このときこそ絶望者が絶望して自己自身であろうと欲するのだからである。

最初に、地上的なもの、または地上的なあるものについての絶望があり、次に、永遠なものにたいする、自己自身についての絶望がくる。それから、反抗があらわれるのであるが、これはもともと永遠なものの力による絶望であり、絶望して自己自身であろうと欲して、自己のうちにある永遠なものを絶望的に濫用《らんよう》することである。しかし、反抗が永遠なものの力による絶望であればこそ、反抗はある意味で真理のすぐ近くにあるのであるが、しかしまた、真理のすぐ近くにあるからこそ、反抗は真理から無限に遠く隔たっているのである。信仰への通路である絶望もまた永遠なものの力によるものであって、そこでは自己は、永遠なものの力によって、自己自身を得るために自己自身を失う勇気をもつのであるが、それとは反対に、反抗にあっては、自己は自己自身を失うことから始めようとはしないで、自己自身であろうと欲するのである。

さて、この形態の絶望には、自己についての意識の上昇があり、したがって、絶望が何であるかについての意識も、自己自身の状態が絶望であることについての意識も、いっそう大きくなっている。ここでは、絶望はひとつの行為として自己を意識している。すなわち、絶望は、外部の圧迫による受難として外からくるのではなく、直接に自己からくるのである。このようにして、反抗は、自己の弱さについての絶望に比べると、やはり新しい性質のものである。

絶望して自己自身であろうと欲するためには、無限な自己というものの意識がなければならない。しかるに、この無限な自己とは、もともと、自己の最も抽象的な形態、最も抽象的な可能性にすぎない。しかも彼が絶望してそれであろうと欲するものは、まさにこの自己なのであり、それだから彼は自己を、自己を措定した力にたいするあらゆる関係から引き離そうとしたり、あるいは、そのような力が現に存在しているという観念から自己を引き離そうとしたりするのである。この無限な形態の力によって、自己は絶望的に自己自身を意のままに処理しようとし、あるいは、自己自身を創造し、自分の自己を彼がありたいと欲するその自己に作りあげ、自分の具体的な自己のうちにもっていたいものとそうでないものとを自分で決定しようとする。

もちろん、彼の具体的な自己あるいは彼の具体性は、必然性と限界とをもっており、具体的な一定の事情のもとにあって、一定の能力、素質などを備えた、まったく特定のものである。ところが彼は、無限な形式すなわち否定的な自己の力を借りて、まずこの全体を改造し、彼の欲するような自己、つまり否定的な自己という無限な形態の力によって生み出された自己を作り出そうと企てる——このようにして、彼は自己自身であろうと欲するのである。すなわち、彼はほかの人たちよりも少しばかり早く始めようとするのである、はじめに際して、はじめと同時に始めるのではなく、「元始に《はじめ》」[65]始めようとするのである。彼は自分の自己を身に着けようとはしない、彼に与えられた自己のうちに自己の使命を見ようとはしない、彼は無限な形態であることの助けを借りて自分で自己を構成しようとするのである。

この種の絶望に共通な名前をつけたければ、ストイシズム[66]と呼んでもよいであろう、ただし、かのストアという一学派のことだけを考えてはいけない。また、この種の絶望を詳しく説明するためには、行動的な自己と受動的な自己とを区別し、行動的である場合には自己は自己自身とどう関係し、受動的である場合には自己は受動のなかで自己自身とどう関係するかを示し、絶望して自己自身であろうと欲するという定式がつねに不変であることを示すのが、いちばんいいであろう。

絶望せる自己が行動的な自己である場合には、たとえそれがなにを企てようと、どれほど大きいことを、どれほど驚嘆すべきことを、どれほど根気よく企てようとも、自己は本来つねにただ実験的にのみ自己自身に関係しているのである。

自己は自分を支配する力を認めない、それゆえに、その自己には、結局、真剣さが欠けている。ただ、自己が自分の実験に最大の注意を向ける場合に、いかにも真剣なような外観をよそおいうるだけのことである。しかしそれは偽りの真剣さでしかない。プロメテウスが神々から火を盗んだのと同じように――それは、神は人を見ていたもうという、真剣さそのものである思想を、神から盗むことである。絶望せる自己は、神が人を見ていたもうということのかわりに、自分自身を見ていることで満足し、それによって自己は自分のいろいろな企てに無限の関心と意義を与えるものと思っているのであるが、実はそれこそ、彼の企てを実験たらしめるものにほかならないのである。

なぜかというに、たとえこの自己が実験された神になるほどまでに自己が絶望におちいることはないとしても、派生的な自己である以上、自己は自己自身を見ることによって自己自身より以上のものを自己自身に与えることはとうていできはしないからである。自己は始めから終わりまでどこまでも自己なのであって、自己を二重化してみたところで、自己より以上にも以下にもなりはしない。

この意味において、この自己は、自己自身であろうと欲する絶望的な努力をしながら、かえって正反対のものに向かって努力しているのであって、それは実のところ自己とはならないのである。この自己の行動範囲である全弁証法のなかには、確固たるなにものもない、自己のあるところのもの、それはいかなる瞬間にも、すなわち永遠に、確固としてはいないのである。

自己の否定的な形態は、繋《つな》ぐ力として働くと同様に、また解く力（マタイ一六・一九）としても働く。この自己はまったく思いのままにいつなんどきにでもはじめから始めることができる。そしてひとつの思想がどれほど長く追究されるにしても、その行動の全体は仮設の埒内《らちない》を出ることがない。この自己はだんだんと自己自身になってくることができるどころか、自己が仮設的な自己であることが、だんだんと明らかになってくるだけのことである。この自己は自己自身の主人であり、いわば絶対的に、自己自身の主人である、そしてこのことこそ絶望にほかならないのであるが、それはまた、自己が自分の快楽、自分の享楽とみなしているものでもある。

けれども、もっとよく注意してみると、この絶対的な支配者は、国土をもたぬ国王であることがすぐにわかる。彼は実はなにひとつ統治してはいないのである。彼の地位、彼の支配は、いかなる瞬間にも反乱が合法的であるという弁証法に支配されている。つまり、それは結局自己自身の恣意《しい》にかかっているからである。

このようにして、絶望せる自己はたえずただ空中楼閣を築くのみであり、たえずいたずらに空中に剣を振り回す（第一コリント九・二六）ばかりである。すべてそのような実験の見事さは、見た目にすばらしい。一瞬、それらは東洋の詩のように人を魅惑する、そのような自制、そのような毅然《きぜん》たる態度、そのような不動心(67)などは、ほとんどこの世のものとも信じられぬほどである。まったくそのとおりなのだ。それなのに、それら全体の基礎になっているものはひとしく無なのである。

自己は絶望して、自分を自己自身となし、自己自身を展開し、自己自身であるという満足を満喫しようと欲する。自己は、自己自身の理解のほどを示すこのような詩的な、卓越した構想を誇りたいと思う。けれども、自己が自己をいかに理解しているかは、結局のところ、どこまでも謎《なぞ》なのである。自己が殿堂の構築を完成したかと見えるまさにその瞬間に、自己は気ままに全体を無に解消することができるのである。

絶望せる自己が受動的な自己である場合にも、絶望はやはり、絶望して自己自身であろうと欲することである。絶望して自己自身であろうと欲するこのような実験的な自己は、自分の具体的な自己のなかであらかじめ方向を見定めようとしているあいだに、おそらく、なんらかの困難に、キリスト者なら十字架と呼ぶようなものに、とにかくなんであれ根本的な障害に、ぶっつかるであろう。自己の無限な形態である否定的な自己は、おそらくまず、そのような障害を簡単にかたづけて、まるでそんなものは現に存在しなかったかのように、自分はそんなものをまるで知らないかのように、よそおおうとすることであろう。

しかし、そうはいかない、彼の実験がいかに巧みでも、そこまでは達しない。抽象化にかけての彼の技量もそこまでは達しない。無限の、否定的な自己は、プロメテウスのように、この苦役に釘《くぎ》づけにされているのを感ずる。ここに自己が受動的な自己であるゆえんがある。それなら、絶望して自己自身であろうと欲するこの絶望は、どんな現われ方をするであろうか。

さきに、地上的なもの、あるいは地上的なあるものについて絶望するという、絶望の形態について述べられ、その意味は結局、永遠なものにたいして絶望することであることが明らかにされたのを思い起こしていただきたい。すなわち、その絶望は、永遠なものによって慰められたり癒されたりすることを欲せず、永遠なものがなんの慰めともなりえないほど地上的なものを高く評価していることであった。

しかし、地上的な艱難《かんなん》、現世的な十字架が取り除かれうるという可能性を期待しようとしないのも、また、絶望のひとつの形態である。いまここに絶望して自己自身であろうと欲する絶望者というのは、それを欲しない絶望者のことなのである。彼はこの肉体の刺《とげ》（第一コリント一二・七）〔それが実際にそうであるにせよ、彼の情念[3]が彼にそう思わせているにせよ〕が、抜き取れないほど深く刺さっているものと固く信じているので、彼はそれをいわば永遠にわが身に引き受けようと欲するのである。

彼はこの刺につまずく、あるいはもっと正確に言えば、彼はこの刺を機縁にして全人世につまずく。そこで彼はそれにもかかわらず自己自身であろうと欲する。刺にもかかわらず、刺のない自己自身であろう〔これはもちろん、刺を抜き取ることを意味するであろうが、それは彼にはできない、あるいは、それは諦《あきら》めの方向への運動となるであろう〕とは欲しない。いな、彼は刺にもかかわらず、全人世に反抗して、刺を備えた自己自身であろうと欲し、自分の苦悩を誇るばかりにしながら、刺をになっていこうと欲するのである。

なぜかというに、救済の可能性を期待すること、とりわけ、神にとっては一切が可能であるという背理なものの力によってそれを期待すること、これは断じて彼の欲しないところだからである。だれか他人に助けを求めるなどということは、断じて、どんなことがあろうとも、彼の欲しないところである。助けを求めるくらいなら、むしろ彼は、あらゆる地獄の苦しみをなめても、甘んじて、自己自身であろうと欲するのである。

それだから、「悩める者は、助けてくれるものがあるなら、もちろん、助けてもらいたいと思うものだ」と言われるのは、けっしてまったく真実であるとは言われない。けっしてそんなものではない、といって、その反対のことが必ずしもこの場合のように絶望的であるとは言えない。

事実はこうなのである、悩める者は、救ってもらえるならこういうふうに救ってもらいたいと思ういくつかの救われ方をもっているもので、そういう望みどおりの仕方で救われるのであれば、むろん、彼は喜んで救ってもらいたいのである。ところが、救われねばならないということがいっそう深い意味で真剣な問題となる場合、特に、その救いがより高いもの、あるいは最高のものによらねばならぬ場合――どのような救われ方であろうとも救いを無条件に受け入れなければならず、一切が可能な「救済者」の手のなかで無にひとしいものとなり、あるいは、他人の前にひたすら身を屈し、救いを求める以上は自己自身であることを断念しなければならないというのは、これは屈辱であって、なるほど、いまの自分には苦悩が多く、その悩みはいつまでもつづき、苦痛に満ちてさえいるが、それでも自己はかの救いを求めるまでにその苦悩に悩んではおらず、したがって、自己自身であることをやめないですむものなら、結局はむしろその苦悩を選ぶのである。

ところが、絶望して自己自身であろうと欲するこのような苦悩者のうちに、意識が増せば増すほど、絶望の度も強くなって、それは悪魔的なもの[68]となる。悪魔的なものは普通次のようにして起こるのである。

絶望して自己自身であろうと欲する自己が、自分の具体的自己から切り離すこともできず取り去ることさえもできない、なんらかの責め苦のなかで悩んでいる、ほかならぬこの悩みへ、彼は自分の全情熱を投げかける、すると、この情熱がついに悪魔的な狂暴となるのである。そうなってからでは、たとえ天にいます神やすべての天使たちが彼をその状態から救い出すために助けの手を差し伸べようとも、彼はもはや断じて肯《がえ》んじはしない、もう手おくれなのだ。それ以前だったら、彼はこの苦しみからのがれるためには、喜んであらゆるものを捧げたことであろう。彼は待たされたのである、いまとなってはもう間にあわないのだ、いまでは、いまでは、彼はむしろあらゆるものに向かって荒れくるいたいのだ。彼は全世界から、全人世から不当な扱いを受けた者でありたいのである。彼には苦しみを自分の手もとにもっていてだれにも奪われることのないように心がけることこそ重大なのである——だって、そうでなければ、彼は自分の正しいことを証明することも、自分自身に納得させることもできないわけではないか。

このことがついにはかたく彼の脳裏にこびりついてしまうので、彼はまったく独自な理由から永遠をこわがるにいたる。つまり、永遠が、他の人々にたいする彼の悪魔的な意味での無限の優越から、彼が現にあるような彼であろうとする悪魔的な意味での権利から、彼を切り離しはしないかと恐れるのである――自己自身であろうと彼は欲するのである。彼は自己の無限の抽象化をもって始めた、しかるにいまやついに、この意味で永遠となることが不可能であるまでに具体的となった、それにもかかわらず、彼は絶望的に自己自身であろうと欲するのだ。ああ、なんという悪魔的な狂気であろう！　もしかすると、永遠が彼の悲惨を彼から奪い取ろうと思いつくかもしれないと考えて、暴れくるうとは。

この種の絶望は世間ではめったに見られない。そういう人物は、実はただ詩人の作品にしか登場しない、すなわちつねに自分の創作の人物に、純粋にギリシア的な意味における「悪魔的な」理想性(69)を賦与するほんとうの詩人の作品に登場するばかりである。けれども、このような絶望は、現実のなかでも出会われないわけではない。ではその場合、このような絶望に対応する外面はいかなるものであろうか。

もちろん、対応するものなどありはしない。そもそも、対応する外面、つまり閉じこもりに対応する外面などというものがあるとしたら、それは自己矛盾であろう。だって、もし対応するものがあれば、それは顕《あら》わなものであるはずではないか。むしろここでは、外面はまったくどうでもかまわぬものである。ここでおもに注目されねばならないのは、閉じこもっていること、あるいは、しっかりと錠のかかった内面性と呼んでもよいようなものだからである。

　最も低い形態の絶望にあっては、もともと内面性は存在しなかったし、ともかくそう言えるほどのものはなにも存在しなかったので、そういう最低の形態の絶望を叙述するには、そういう絶望者の外面を描写するか、あるいはせめてそれについていくらか述べるほかなかった。しかし、絶望が精神的になればなるほど、内面性が閉じこもりの状態として自分だけの独自の世界となればなるほど、絶望が身を隠す外面は、ますますどうでもいいものとなっていく。いやむしろ、絶望が精神的となればなるほど、それだけ絶望そのものは、悪魔的な抜け目なさで、絶望を閉じこもりの状態に閉じこめておこうと、ますます心をくばるにいたり、したがって、ますます外面のことに無関心をよそおい、外面的なことをできるだけつまらない、どうでもよいことにしようと気を使うにいたるのである。迷信物語[70]のなかで妖魔《ようま》がだれにも見えない割れ目を通って姿を消してしまうように、絶望でも同じことで、絶望が精神的になればなるほど、その背後に絶望をさがそうなどとは普通ならだれも思いつくことがないような外面のなかに住むことが、ますます重要になってくるのである。

　こうして隠れていることは、精神的なことにほかならず、いわば現実の背後にひとつの閉じこめられた部屋を、人を閉め出して自分ひとりだけでいられる世界を、絶望した自己が自己自身であろうと欲することに休みなくタンタロスみたいに[71]いそしんでいられるようなひとつの世界を、確保するための安全策のひとつなのである。

わたしたちは、絶望して自己自身であろうと欲しない、という絶望の最も低い形態から始めた〔α1〕。悪魔的な絶望は、絶望して自己自身であろうと欲する、という絶望のうちで最もその度を強めた形態のものである。この絶望は、ストア哲学者流に[72]自分自身に惚《ほ》れ込んだり、自己を神格化したりして、自己自身であろうと欲するのでもない。それは、むろん的はずれではあるが、しかしやはり、ある意味では自己の完全性を目ざして自己自身であろうとするストア的な絶望とは違う。そうではなくて、この絶望は、人世を憎悪しつつ自己自身であろうと欲するのであり、自分の惨めさのままに自己自身であろうと欲するのである。

この絶望は、反抗して、あるいは反抗的に、自己自身であろうと欲するのでもなく、反抗のために自己自身であろうと欲するのである。それは自分の自己を、それを措定した力から反抗して引き離そうと欲するのでもない。それは反抗のためにその力に迫り、その力に挑戦し、悪意をもってその力にしがみついていようと欲するのである——言うまでもないことだが、悪意ある抗議というものは、なによりもまず、その抗議の向けられる相手をしっかりつかまえておくことに留意しなければならぬのである。

この絶望は、全人世にたいして反逆しながら、全人世にたいする反証を、全人世の善意に反対する反証を、握っているつもりでいる。絶望者は自分自身がその反証であると思っており、かつ、彼はそうありたいと欲しているのである。それだから、彼は自己自身であろうと欲し、自分の苦悩をひっさげて全人世に抗議するために、苦悩に苦しむ自己自身であろうと欲するのである。

弱さの絶望者は、永遠が自分にとってどのような慰めをもっているかについて、まるで耳をかそうとしないが、このような絶望者も、それに耳をかたむけようとしない。しかしその理由は違っている。後者は、全人世にたいする抗議なのであるから、そのような慰めは、まさに彼の破滅となるだろうからなのである。

比喩《ひゆ》的に言えば、それはある著作家がうっかり書きそこないをし、その書きそこないが自分を書きそこないとして意識するにいたった場合のようなものである——けれども、実を言えば、それはおそらく誤りなのではなくて、はるかに高い意味では、全体の叙述の本質的な一部をなすものであったかもしれないのである——そこで、この書きそこないは、著者に反逆を企て、著者にたいする憎しみから訂正をこばみ、狂気のような反抗をしながら著者に向かってこう言うようなものである。いや、おれは消してもらいたくない、おれはおまえを反証する証人として、おまえが平凡な作家であるということの証人として、ここに立っていたいのだ、と。

〔1〕もし心理学的な目をもって現実を見まわすならば、このことが、考え方のうえで正しく、したがってまた現実に当てはまるはずであるように、事実また現実に当てはまっており、またこの分類が絶望の全現実を包括しているということを確信する機会を、人はときおりもつことであろう。思うに、子供については、事実絶望ということは言われない、ただ神経質ということが言えるだけである。それはつまり、子供では永遠なものが可能的に与えられていると前提できるだけのことであって、大人にたいしては当然に要求されうることなのだが、子供にたいしては、永遠なものをもつべきであると要求できる権利をだれももっていないからである。けれどもわたしは、男性的な絶望の諸形態が女性のもとにおいても見られうるし、逆にまた、女性的な絶望の諸形態が男性のもとにおいても見られうることを、けっして否定しようとするものではない。しかしそれは例外なのである。言うまでもないことであるが、典型的なものは事実ごくまれにしか存在しないし、男性の絶望と女性の絶望とのあいだのこの区別にしても、それが完全に真理だと言えるのは純粋に典型的な場合だけである。女性は、男性に比べてどれほど多くやさしくこまかい感情をもっていようとも、利己的に発達した自己の観念も、決定的な意味での知性ももってはいない。むしろ、女性の本質は従順、献身であり、もし女性が献身的でないなら、それは非女性的なのである。実に不思議なことであるが、女性ほどそっけなくとりすましたり〔このことばはまさに女性のために作り出されたものにほかならない〕、ほとんど残酷なまでに気むずかしいものはない、それでもやはり女性の本質は献身なのである。しかも〔実に不思議なことに〕こうしたことすべてが、実は、女性の本質が献身であることの表現なのである。つまり、女性がまったき女性的献身をその本質としていればこそ、自然は女性にたいして好意を示して、そのこまやかさに比べるといかなるものも、最もよく発達した男性のすぐれた反省でさえもものの数でない

ような、一種の本能を賦与しているのである。この女性の献身、この、ギリシア的な言い方をすれば、神からの賜物にして財宝は、むやみに投げ捨てられてすまされるにはあまりに大きな財産であり、しかも、どれほど目のきく人間的反省も、それをそれにふさわしい相手に片づけてやることができるほど鋭い目をもつことはできない。それだから、自然が女性の世話を引き受けたのである。女性は本能によって、目を閉じたままで、どれほど目のきく反省よりもより明瞭に見抜く、自分が何に讃嘆すべきか、何に自分の身を献《ささ》ぐべきかを本能的に見抜くのである。献身は女性のもつ唯一のものである。それだから自然が女性の身を献身の保護の任にあたったのである。女性らしさがある変化ののちにはじめて生じてくるのも、そのためである。どこまでもそっけなくとりすましていたのが女性的な献身に浄化されることによって、女性らしさが生じてくるのである。ところで、献身が女性の本質であるということは、絶望のうちにもまたあらわれて、それがまた絶望の様相ともなる。献身において女性は自己自身を失っているのであるが、かくしてのみ女性は幸福なのであり、かくしてのみ女性は自己自身であるのである。献身なしに、すなわち自分の自己を献げることなしに、幸福であるような女性は、たとえその他の何を献げていようとも、まったく非女性的である。男性にしても献身しはする、そして献身しないような男性はくだらぬ男である。しかし男性の自己は献身ではない〔自己が献身であるということが女性に本質的な献身の表現なのである〕。また男性は、女性が別の意味でそれをするように、献身によって自分の自己を獲得するのでもなく、男性は自己自身をもっているのである。男性は献身しはするが、しかしながら男性の自己は、献身していることの冷静な意識として、あくまでもあとに残されている。これに反して女性は、純粋に女性的に、自分が身を献げるもののなかへ、自分を投げ込み、自分の自己を投げ込んでしまうのである。そこでいま、女性が献身する当のものが女性から取り去られるならば、女性の自己もまた失われるのであり、そしてこれが、自己自身であろうと欲しないという女性の絶望なのである。——男性はそのようなふうには献身しない。しかし男性的なものも、絶望して自己自身であろうと欲するという、絶望の別の形態をとって表われるのである。

これだけのことを、男性の絶望と女性の絶望とのあいだの関係について、言っておく。けれども、神への献身について、あるいは神との関係について、ここに言及されていないことを心にとどめていただきたい。これは後の章ではじめて取り扱われる。神との関係においては、男と女といったような区別は消滅するが、そこでは、献身が自己であること、また献身によって自己が獲得されるということが、男性にも女性にも当てはまる。実際には、多くの場合、女性はただ男性を通じてのみ神に関係するのではあるが、そのことは男性にも女性にも同じように当てはまるのである。

〔2〕それだから、正しいことばの使い方としては、地上的なものについて〔機縁〕絶望する、永遠なものにたいして絶望すると言い、しかし自己自身の場合には、自己自身について絶望する、と言うべきである。なぜかというに、それについて絶望されるものは実に多種多様でありうるが、自己自身について絶望するということもまた、その概念のうえから言って、つねに永遠なものにたいする絶望である絶望の機縁を表わす別の表現だからである。人は自分を絶望におとしいれるものについて絶望する。すなわち、自分の不幸とか、地上的なものとか、自分の財産の喪失とかなどの場合には、それらについて絶望する。しかし、正しい意味で自分を絶望から解放してくれるものの場合には、すなわち、永遠なもの、自己の救い、自己自身の力などの場合には、それにたいして絶望するのである。自己の場合には、自己自身について絶望するとも、自己自身にたいして絶望するとも、両方の言い方ができるが、それは、自己が二重に弁証法的だからである。これは曖昧《あいまい》な点であるが、この曖昧さは、ことに、

比較的低い形態の絶望すべてのうちに、そしてほとんどあらゆる絶望者のうちに見られるもので、したがって、絶望者は、自分が何について絶望しているのかは実に情熱的にかつ明瞭に見もし知ってもいるが、自分が何にたいして絶望しているかは、気づかずにいることになるのである。救済の条件はつねにこの転廻(73)なのである。だから純粋に哲学的に言えば、自分が何にたいして絶望しているかについて完全な意識をもって人が絶望していることができるものかどうかということが、微妙な問題となろう。

〔3〕ついでながら、ここで注意を促しておこうと思うが、このような見地から見れば、世間で諦めという名前で飾り立てられているものの多くは、一種の絶望であることがわかるだろう。すなわちそれは、絶望して自分の抽象的な自己であろうと欲し、絶望して永遠なものに満足し、それによって、地上的、現世的な苦難に反抗したり、それを無視したりすることができるようになろうとする絶望である。

諦めの弁証法はもともと次のごときものなのである。自分の永遠の自己であろうと欲するが、したがって自己がそれに悩んでいるある特定のものに関しては自己自身であることを欲せず、そのようなものは永遠の世界においては消えてなくなるにちがいないと考えてみずから慰め、それだからまた、自分が現世においてそれをわが身に引き受けないのは当然なことだと考えるのである。自己は、自分がそれに悩まされているにもかかわらず、それがともに自己に属していることをあくまでも承認しようとしない、すなわち、敬虔《けいけん》にそれのもとにへりくだろうとはけっしてしないのである。

したがって絶望として見られた諦めは、絶望して自己自身であろうと欲しない絶望とは本質的に異なっている。諦めは、絶望して自己自身であろうと欲するのだからである。ただしただひとつのことだけは例外で、これについては、諦めは絶望して自己自身であろうと欲しないのである。

(1) ひとつの関係が生ずるためには、少なくともふたつの関係項がなければならない（すぐつづいてあげられている「有限性と無限性」「時間的なものと永遠なもの」などがそれである）。相《あい》矛盾するふたつの関係項それぞれの占める比重の異なりに応じて、成り立つ関係が違ってきて、当然、両者の均衡のとれている場合と不均衡ないろいろな場合とができてくる。関係はこういうふたつの可能性をもっているのであって、そこからふたつの自己のあり方、つまり、「絶望してそうありたいと思う自己」（非本来的な自己）と「絶望してそうありたくないと思う自己」（本来的な自己）とが生ずるのである。しかし、この関係は固定したものでなく、動的なものであり、かつ、どこまでも主体的なもので、人間の「態度」ないし「行為」である。つまり「関係」とか「関係する」とかと言われているのは、実は「人間の全人格的な行動ないし態度」のことであって、だから「関係がそれ自身に関係する」ということは、「自己反省」「自己意識」であり、「内面的な行為」なのである。言いかえると、それは人間の「意志」にかかわることであり、均衡のとれた関係にある自己本然の状態を選びとろうと決意することである。簡単に言えば、それは「真の自己になる」ことで、それが、ここで一見はなはだ奇異な命題で表現されているのは、人間が、ふたつの関係項から成り立つ関係として、均衡を失する場合、さまざまな形の絶望の状態におちいるからであって、そこから「絶望」という現象の諸形態の分析がおこなわれるからなのである。

(2) ふたつの関係項を統一すべき第三者がまだ考えられておらず、したがって、その総合がどうして生ずるかについて述べられていないからである。

(3) ふたつの関係項が第一義的である場合、両者の関係は外的でしかなく、この意味で両者の統一は消極的でしかないという意味。
（4）人間を、心と身との相互作用としての精神活動と規定して考えてみた場合という意味。
（5）この場合の第三者は、ふたつの関係項の肯定の上に主張される精神であるとともに、これを措定したもの（神）に関係していて、措定された、すなわち積極的な関係であるからである。
（6）神のこと。
（7）「それ自身に関係する関係」のことで、それを措定した他者（神）にたいする関係とは一応区別して独立に考えられるからである。しかし、自己にたいする関係はやがて神にたいする関係でもあるから、前者における不均衡は後者の関係のうちに果てしなく反映することになる、というのである。
（8）『哲学的断片』の著者ヨハンネス・クリマクスをさしている。
（9）「満たされた可能性」というのは、「可能性が現実化された態」のこと。「現勢的な可能性」というのは、「潜在力であった可能性が現実的な力となって働いている態」という意味。
（10）この表現からすぐ考えられるような「死を死んで、生きかえる」という意味ではなく、「死を体験する」意味で用いられている。
（11）デンマークの詩人J・エヴァル（一七四三〜八一）の詩『自殺のいましめ』からの引用。
（12）イタリアの政治家チェーザレ・ボルジャがモットーにしたと言われることば。
（13）プラトン『国家』六〇八d〜六一一a参照。
（14）原語は「人の世に生きる」ことを意味する語なので、「人生」と区別して、「人世」「人の世」などと訳した。
（15）病人が生きるか死ぬかの分かれ目にあるような場合の「危機」である。

(16)「反省されていない」こと、言いかえると、反対ないし矛盾の契機を示していないこと、つまり、一面的に生であって、死という契機をあらわしていないことである。
(17)「矛盾を含んでいる」ということ、つまり、病気になってはじめて、一面的に生であったものが、死という契機を示してくることで、そこではじめて「生か死か」の危機が語られることになるというのである。
(18)人間と神とは、神にとってはあらゆることが可能であり、人間はまったく無力であるという自覚のうえに対応しうるのであって、人間の自己が「無」であるという反省は、やがて人間を措定した神の「無限性」の反省でもあることを言っている。
(19)ここにいう「自由」とは、「それ自身に関係する関係」を実現した状態、すなわち、本来の自己の実現のことである。
(20)ここで「具体的になる」というのは、関係そのもの、すなわち、本来的な自己にたいして決意する、という意味。
(21)アリストテレスが運動の概念を説明するのに用いたギリシア語の術語が用いられ、彼の場合と同じく、「可能性」は「現実性」にたいするものとして用いられ、生成は「可能性から現実性への移行」と考えられている。
(22)「生き方」と訳した原語はExistentsで、普通「実存」と訳される語であるが、この訳語は人間の一定の特殊な生き方をあらわす場合にのみ用いられる。
(23)自己自身について明瞭な意識をもって、というほどの意。
(24)「老フィヒテ」とあるのは、むすこのエマヌエル・ヘルマン・フィヒテにたいしてヨハン・ゴットリープ・フィヒテ（一七六二〜一八一四）をさして言ったもので、フィヒテが『全知識学の基礎』で、カントの構想力の論理を発展させて、生産的な構想力（つまり、想像）を、「非我」すなわち外界の観念、したがってまた、思惟の必然的な形式すなわち範疇の本来の起原と見ているのをさす。

(25) ロシアのホルン吹奏楽は、六十人の吹奏者から成り、みんなが一定の音しか発しないホルンを吹いた。だから、めいめいの吹奏者が、その同じ音で、一定の箇所を吹奏しなければならなかったという。

(26)「抽象的になる」というのは、「本来の自己たろうと決意しない」ことで、さきの「具体的になる」と反対の意味である。

(27) 目先の些細《ささい》なことでも、空想がそれをなにか偉大なことのように思い込ませると、意志はだんだん無限化されていって、それに夢中になり、それにとらわれてしまう。そのとき意志は自己の最も近くにいるわけであるが、その自己は目先のことに食いついた、つまり非本来的な自己なのであって、実は本来的な自己から最も遠く離れ、自己自身を見失った姿にほかならない、と言っているのである。

(28) マタイ一六・二六、「人、全世界をもうくとも、おのが生命《いのち》を損せば、なんの益あらん」を参照。

(29)「アペイロン」は「限りのないもの」「限られていないもの」、「ペラス」は「限るもの」「限り」を意味するギリシア語。おそらく、プラトンが『ピレボス』二五〜二六で、この両者の混合によって生成が生ずることを述べているのを念頭において挿入されているのであろう。

(30) ここの「必然」および「可能」という特殊な用法に注意されたい。「自己はそのあるところの自己自身になるべきものである」が、この「あるところの自己」とその「なるべき自己」とが、ここで必然性および可能性の語であらわされているのであって、キルケゴール独自の実存弁証法的な概念である。

（31）生成は「可能性から現実性への移行」であると言われることを、つまり可能性の場から現実性へ移ることを言っているのであろう。
（32）生成の運動が、必然性の場所における運動であることを、すなわち、自己自身になるという運動が、「あるところの自己」という必然的な自己ないし自己の必然性の場においておこなわれる、という意味であろう。
（33）ヘーゲル『大論理学』第二巻第三編第二章Bに説くところをさしたものであろう。
（34）シェイクスピアをさす。
（35）奇跡的に救われたあとで、不可能だと思っていたのに救われたことを認めようとしない、という意味であろう。
（36）小アジアのプリュギアの王ミダスについて伝わる伝説。
（37）quantum satis. およそ経験することのできるぎりぎりの範囲の量のこと。
（38）悪魔は堕落した天使で、精神だけのものたちのひとつとみなされるべきことは、すでに教父たちの見解であったし、一二一五年のラテラン会議以来、教義と認められている。
（39）スピノザ『倫理学』第二部定理四三備考による表現。真理は自分が真理であることを自分で主張する（これがつまり独善）ことによって、同時に、自分と反対のものが真理でないことを、すなわち虚偽であることを、明らかにするという意味。
（40）ヘーゲルとその哲学体系を諷している。
（41）第四章一節「無精神の不安」を参照。
（42）グリム兄弟の訳したクローカーの『アイルランドの妖精物語』の独訳本八三ページに記されている

伝説。

(43) アウグスティヌスやラクタンティウスをさす。たとえば、前者の『神の国』第一九巻二五章、後者の『神学教程』第六巻第九章を参照。

(44) セネカなどのストア哲学者たちが死を讃美したのをさしている。

(45) セネカをさしている。

(46) **Hysteron-Proteron** という論理学上の用語。

(47) 注(41)に記した箇所の叙述をさしている。

(48) 第二編第一章「自己意識の諸段階」をさす。

(49) 原語はドイツ語の **Leiden** と同じ語で、「受動」とともに「苦悩」をも意味する。

(50) 注(4)と同じ語で同じように、心と身との相互作用から生ずる「心的活動」の意。

(51)「ト・ヘテロン」というギリシア語が付記されている。

(52)「わたしにちょうだい」というふうに「わたし」の与格によって欲求を表現し、「わたしはほしい」というふうに「わたし」の主格を用いないということ、すなわち、主体的な自覚をもって欲求しないという意味。

(53) 快も不快も「私に快い」「私には快くない」というふうに、物が主となって「私」が与格であらわされ、この感情が受け身であることを言っているのである。

(54)「幸、不幸」と訳したものは、むしろ「幸運、不運」と言うべきもので、「運命」と同じく、自分が招くというよりも、外からふりかかってくるものだからである。

(55) **quid nimis.** 文字どおりには、「なぜこんな分に過ぎることが起こったのだろう」で、思いがけない過分な幸運がおとずれると、かえって「これでいいのかしら」という疑念が生じ、この疑念が起こって反省が加わると、その反省が直接性を絶望におとしいれてしまうという意味。

(56) モールス（ユトランド東部の半島名）の住民の素朴な単純さは、ほとんど愚鈍な人間の代名詞となっており、古くからいろいろな物語が伝えられているが、この話もそのひとつである。

(57)「自己自身のもとへくる」という表現は「自己の外に出」、「自己を忘れ」ていた者が「自己（われ）に帰る」こと、つまり「正気にかえる」という意味を含んでいることを言っているのである。

(58) フォイエルバッハが、一八三〇年、匿名で出版した『死と不死についての思想』がきっかけになって、当時、霊魂不滅の問題がやかましく論議されたのを諷している。

(59) ゲーテ『ファウスト』第一部一八三三。メフィストフェレスと契約を結んでからのファウストが書斎で躊躇《ちゆうちよ》しているのを、さあ世間へ出かけようといって、メフィストがうながすことばの一句。

(60) **fuimus.** ウェルギリウス『アエネイス』二・三二五の **fuimus Troes.**「われらトロイア人の光栄、すでにいまやなし」に由来し、過去の栄えを追憶する慣用語となったもの。

(61) 未来に絶望する青年は、いわば未来のうちに現在しているのであり、過去に絶望する老人は、いわば過去のうちに現在しているのである、という意味。

(62) 十九世紀の四〇年代のコペンハーゲンには、たくさんの社交団体があって、繁栄をきわめていたという。

(63) ジンテニス（一七五〇〜一八二〇）の祈禱書の表題『永遠のために生きられた時』をさしている。

(64) シェイクスピア『リチャード三世』第四幕第四場で、醜いひき蛙と母に呪われて、リチャード三世が「ラッパを吹け、ラッパを！　太鼓を打て、太鼓を鳴らせ！」と楽隊に命じたのをさしている。

(65) 創世記一・一「はじめに神は天と地とを創造された」における「はじめに」を用いて、神によって与えられたものを人間が受け取るのではなく、神が天地を創造されたように、自分で自己を創造しようとするのを諷しているのである。

(66) ヘーゲルが『精神現象学』で、自己意識の抽象的な普遍性の段階をこの名で呼んだのにならって用いられたもの。

(67) ストアの哲学者、たとえばエピクロスが徳の理想と考えたもの。

(68) 「閉じこめられた情熱」を「悪魔的なもの」と解するのは、キルケゴールの独自な見解であるが、この重要な概念については『不安の概念』の第四章二節「善にたいする不安」を参照。

(69) 「悪魔的なもの」det Daemoniske はギリシア語のダイモンに由来する語で、ダイモンは神と人間との中間的な、超人間的な存在と考えられた。だから現実の世界に見られるものでなく、ひとつの理想として、これを詩人が創作の人物に託して表現したことを言っているのである。

(70) ムゼーウス（一七三五〜八七）が『ドイツ民話』で山の精について伝えている伝説をさす。

(71) タンタロスは、神々の秘密を人間にもらしたため永劫《えいごう》の罰を受け、水のなかに首までつかっているのに、渇して水を飲もうとすると水がなくなり、飢えて頭上の果実をとろうとすると枝がしりぞいて、いつも飢渇に苦しめられたという。このギリシア神話によって、神にたいする「反抗」と、そこから生ずる終わることのない苦しい骨折りのことを言ったものであろう。

(72) ストア哲学者たちが、瞑想にふけり、静かにひとりで自己を内省することを、人間の最も人間らしい生き方と考えたことをさしている。

(73) 原語 Omvendelse は、「向きを変える」ということであるが、ヘブライ語 schûb（動詞形）、ギリシ

ア語 *μετάνοια* に対応することばで、普通「回心」の意味に用いられる。永遠者にたいする絶望を意識することは、やがて永遠者を意識することであって、それだからそこに救済の条件があり、それがなお絶望でありうるかどうかが問題だ、と言っているのである。

第二編　絶望は罪である

A　絶望は罪である

罪とは、神の前で、あるいは神の観念をいだきながら、絶望して自己自身であろうと欲しないこと、もしくは、絶望して自己自身であろうと欲することである。それゆえに、罪は強められた弱さ、もしくは強められた反抗である、つまり、罪は絶望の度の強まりなのである。重点は、神の前で、あるいは、神の観念がいだかれている、というところにおかれている。罪を弁証法的に、倫理的に、宗教的に、法律家のいわゆる「情状加重の[1]」絶望たらしめるものが、神の観念なのである。

この第二編、少なくともこのAの項には、心理学的な記述を試みる余地もなければ、またここはそれをするにふさわしい場所でもないけれども、しかしここに、絶望と罪とのあいだの最も弁証法的な境界領域として、宗教的なものの方向を目ざす詩人としての生き方とでも呼ばれるものを挙げておかないわけにはいかない。

それはすなわち、諦《あきら》めの絶望とある共通点をもってはいるが、ただ神の観念がいだかれている点でそれとは異なる生き方である。そのような詩人の生き方は、これらの範疇《はんちゅう》の結合と位置からも推測されるように、最も優越な意味における詩人としての生き方であろう。キリスト教的に見ると〔美学がなんと言おうとも〕、詩人の生き方はいずれも罪である。存在するかわりに詩作し、想像によって善と真とにかかわるばかりで、善や真であろうとしない、すなわち、生き方として善や真であろうと努力しない、という罪なのである。

わたしたちがここで問題にする詩人の生き方は、それが神の観念を身につけているという点で、あるいは、神の前にあるという点で、絶望とは異なっている。しかし、詩人としての生き方はおそろしく弁証法的で、自分が罪であることの意識をどれほど漠然としかもっていないかということについて、測り知れぬ弁証法的な混乱のうちにあるのである。

このような詩人は非常に深い宗教的要求をもちうるし、彼の絶望のなかには、神の観念が含まれている。彼は何物にもまして神を愛している、神は彼にとって彼のひそかな苦悩の唯一の慰めである、それなのに、彼は苦悩を愛し、彼は苦悩を捨てようとはしない。彼は神の前で自己自身でありたいと思う。けれども、自己が悩みとするその一定点に関してはそうでなく、そこでは彼は絶望して自己自身であろうと欲しないのである。彼は永遠がその悩みの点を取り除いてくれるであろうことを期待していて、この現世において、どれほどそれに悩んでいようとも、それをわが身に引き受けようと決心することができず、信仰をもってそのもとにへりくだることができない。しかもそれにもかかわらず、彼は依然として神とのかかわりをもちつづける、そしてそれが彼の唯一の祝福なのである。

神をもたずにいなければならないとしたら、これほど彼にとっておそるべきことはないであろう、「そうなれば、絶望するほかあるまい」。それだのに彼は実はあえて、おそらく無意識的にではあろうが、神をあるがままの神とは少しばかり違ったふうに、子供の——これだけはという願いごとを、なんでもかんでもかなえてやる甘い父親のようなものとして、創作するのである。

恋において不幸になり、そのために詩人になった者が恋の幸福を優にやさしく讃美するように、彼は宗教性の詩人となる。彼は宗教心において不幸になった、彼は、この苦悩を捨てるよう自分に要求されていることを、すなわち、信仰をもってその苦悩のもとにへりくだり、その苦悩を自己に属するものの一部としてわが身に引き受けるよう要求されていることを漠然と理解している——つまり、彼はその苦悩を自分から遠ざけようと欲しながら、それによってかえって苦悩をしっかと握って放さないのである。

もちろん彼にしてみれば、〔絶望者のことばがどれでもそうであるように、このことばも、その裏が正しいのであって、したがって、裏返して理解されなければならない〕それによってできるだけ自分を苦悩から引き離し、およそ人間に可能なかぎり苦悩を投げ捨てているつもりなのだ。しかし、信仰をもって苦悩をわが身に引き受けること、それは、彼にはできない、つまり、結局は、彼はそれを欲しないのである、あるいは、ここで彼の自己が朦朧《もうろう》としてしまうのである。

けれども、かの詩人の恋愛の描写と同じように、この詩人の宗教的なものの描写には、既婚者や聖職者の描写には見られない魅力があり、叙情詩的な感動がある。彼の語るところも虚偽ではない、けっして虚偽ではない、彼の描写するものは、彼のより幸福な、彼のよりよき我にほかならない。彼は宗教的なものに関しては、不幸な恋人である。すなわち、彼は厳密な意味では信仰者でない、彼は信仰に先立つもの、すなわち、絶望をもっているばかりであり、絶望のうちにあって宗教的なものへの燃えるような渇望をいだいているばかりである。

彼の葛藤《かっとう》はもともと次のようなものなのだ、自分は召された者なのであろうか、肉中の刺《とげ》は自分がなにか異常なことに用いられるべきものであるということのしるしなのであろうか、自分が異常なものになったということは、神の前で至当なことなのであろうか？　それとも、肉中の刺は、自分を謙虚にさせ、普遍人間的なものを達成させようとして、自分に与えられたものなのであろうか？

こういう議論は、もうたくさんだろう。わたしは真理のもつ語勢をもって言えるのだ、いったいわたしはだれに向かって語っているのか、と。こういう心理学的研究を何乗してみたところで、そんなものにだれがかまってくれるだろう。牧師の描く安っぽい版画のほうがずっとわかりがいいだろう。これなら、だれもかれもに、たいていの人に、似ているような錯覚を起こさせる、だが、精神的な意味では何物にも似てはいないのである。

第一章　自己意識の諸段階〔神の前に、という規定〕

前編において、自己意識の段階が次々と上昇していくことが指摘された。最初には、永遠な自己をもっていることについての無知〔C、B、a〕、次に、確かに永遠なものがひそんでいる自己をもっていることについての知識〔C、B、b〕、およびこの知識の内部で〔α、1、2、β〕さらに諸段階が指摘された。この考察全体が今度は新たに弁証法的に転回されなければならない。それはこういうわけである。

わたしたちがこれまで問題にしてきた自己意識の段階は、人間的な自己、もしくは、人間を尺度とする自己、という規定の埒内《らちない》にある。しかし、自己は、それが神に面する自己であることによって、新しい性質と資格を得るのである。この自己は、もはや単なる人間的な自己ではなくて、誤解しないでほしいが、わたしが神学的な自己、神に直面する自己と呼びたいと思うものである。

自己が現に神の前にあることを意識するにいたるならば、神を尺度とする人間的な自己となるならば、自己は、なんという無限な実在性を獲得することであろう！　牝牛《めうし》に面して自己であるような牧人「そういうことがありうるとして」は、はなはだ卑しい自己である、奴隷に面して自己であるような主人も、同様であって、それはもともと自己ではないのである——どちらの場合にも、尺度が欠けているからである。これまで単に、両親を尺度としていたにすぎなかった子供は、大人《おとな》になって国家を尺度とすることによって、自己となる。しかし、神を尺度とするにいたるならば、なんという無限のアクセントが自己の上におかれることであろう！

自己を量る尺度は、つねに、自己がそれに面して自己であるその当のものである、そしてこれがまた、「尺度」が何であるかの定義でもある。同質の量だけが加算できるように、あらゆる事物は、それが量られる尺度になるものと同質である。そして質的にその尺度であるものは、倫理的にはその目標なのである。そして尺度と目標とは、質的には事物の本質と同じである。ただし、自由の世界に関しては例外がある。ここでは人間が自分の目標であり尺度であるものと質的に異なっている場合があるが、その場合、この質的堕落の責任はその人自身にあるにちがいない。だから、目標と尺度とはどこまでも目標であり尺度であって、それが裁き手となって、人間が彼の目標であり尺度であるものと同じでないことを暴露するのである。

罪をおそるべきものたらしめるのは、罪が神の前にあるということである——これはきわめて正しい思想であって、比較的古い時代の教義学[2]はしばしばそこへ帰っていったものである。ところが、のちの教義学[3]は、この思想にたいする理解と感覚を欠いていたために、しばしばこれを非難したのであった。またこの思想はときには逆用されもしたけれども、それはあくまでもきわめて正しい思想であった。

その後、この思想にもとづいて、人は地獄の刑罰の永劫《えいごう》性を証明した。もっと時代がくだると、人は利口になって、こう言った、罪は罪である、罪はそれが神にたいしてあるとか神の前にあるとかといって、いっそう大きくなるものではない、と。奇妙なことだ！　法律家でさえ情状加重犯ということを問題にするではないか。法律家でさえ、ある犯罪が、たとえば、官吏にたいしてなされたものであるか、私人にたいしてなされたものであるかを区別し、刑罰を加えるのにも、父親殺しと普通の殺人とのあいだに区別を立てるではないか。

確かに、その点では、神にたいする罪であるということは、罪の度を無限に強める、とした古い時代の教義学が正しかったのである。誤りは、神がなにか外的なものとみなされたところに、神にたいする罪がただときどき犯されるにすぎないかのように思われたところにあったのである。しかし神は、警察官と同じような意味で外的なものではない。ここで注意しなければならないことは、自己が神の観念を有しながら、しかも神が欲したもうようには欲せず、したがって神に不従順であるということである。また、ただときどき神の前で罪が犯されるというのでもない。なぜかというに、あらゆる罪が神の前で犯されるのだからである。あるいはもっと正しい言い方をすれば、本来の意味で人間の負い目を罪たらしめるものは、負い目ある者が現に神の前にあるという意識をもっていたということなのである。

絶望の度は自己意識に比例して強まる。そして自己の度は、自己を量る尺度に応じて強まり、神が尺度となる場合には、無限に強められる。神の観念が増すにつれて、それだけ自己も増し、自己が増すにつれて、それだけ神の観念も増す。

自己が、この一定の単独な自己として、現に神の前にあることを意識するとき、そのときはじめて、自己は無限の自己である。そこで、このような自己が神の前で罪を犯すのである。それゆえに、異教界の主我心は、たとえそれについてどのようなことが言われようとも、キリスト教界に見られるかぎりの主我心ほどその度を強められてはいない。それは、異教徒が神に面する自分の自己をもっていなかったからである。

異教徒や自然のままの人間は、ただ人間的な自己を尺度としてもっているにすぎない。それだから、いっそう高い観点から見て、異教界が罪のうちにあると見られるのは、おそらく正しいであろう。しかし、実を言えば、異教界の罪は、神についての、現に神の前にいるということについての、絶望的な無知だったのである。その罪は、「神なくして世にある」（エペソ二・一二）ことなのである。

それゆえに、他の面から見れば、異教徒は、最も厳密な意味では、罪を犯さなかったということも真なのである。なぜかというに、異教徒は神の前で罪を犯したのではなかったし、すべての罪は神の前で犯されるものだからである。さらにまた、異教徒が、多くの場合、りっぱに世を渡りえたということも、ある意味でまったく確かなことである。それは、異教徒のペラギウス派的な軽薄な考え方が彼を救ってくれたからにほかならない。しかし、それだから、異教徒の罪は別のところに、つまり、このようなペラギウス派的な軽薄な考え方にある。

ところが他面においてまた、人間が厳格なキリスト教的教育を受けたばかりに、ある意味で罪におちた場合が多かったということも、まったく確かなことである。それは、キリスト教の考え方全体が、彼にとって、特に彼の生涯のまだ若い時代にあっては、厳粛にすぎたからである。しかしその場合でも、また別の意味では、罪が何であるかについての、このいっそう深い考え方が、彼にとって救いともなるのである。

罪とは、神の前で絶望して自己自身であろうと欲しないこと、あるいは、神の前で絶望して自己自身であろうと欲すること、である。しかし、この定義は、ほかの点では確かに幾多の長所をもっていると認められるにしても〔なかでも、いちばん重要な長所は、それが聖書にかなった唯一の定義だということである、というのは、聖書は常に罪を不従順として定義しているからである〕、それはあまりに精神的にすぎはしないであろうか？　この疑問にたいしては、なによりもまず、こう答えられなければならない。罪の定義があまりに精神的でありすぎるということはありえない〔ただし、それが精神的でありすぎて、罪を排除してしまうというのであれば、話は別である〕、と。というのは、罪とはまさに精神の規定にほかならないからである。

それなら、いったいなぜ、あの定義が精神的にすぎるというのであろうか？　この定義が、殺人、盗み、姦淫《かんいん》などを問題にしていないからなのであろうか？　しかし、この定義はそれらのことをも問題にしているのではあるまいか？　それらもまた、神にさからう我意、神の命令に反抗する不従順ではないか？　ところが逆に、罪がうんぬんされるにあたってそのような罪だけが問題にされると、そういう事柄は万事、人間的に言えば、ある程度まで都合よくいっておりながら、しかも生活全体が罪であることがありうる、ということが、ともすると忘れられがちである。この罪はよく知られている種類の罪、すなわち、人間の自己というものが、その最も内密な願いや思いひとつひとつに関しても、この自己にたいして神が何を欲したもうかを示すきわめてささやかな神の目くばせのひとつひとつを敏《さと》い耳でとらえて、いつでもそれに従おうとする身構えに関しても、いかに限りなく深い意味で神に従順であるように義務づけられているかということを、精神をもたぬためか傲慢《ごうまん》不遜《ふそん》なためか、いつまでも知らぬままでいる罪、あるいは、それを知らずにいようとする我意という、あの輝かしい悪徳[6]である。

肉体の罪は卑しい自己の我意である。しかし、ひとりの悪魔が別の悪魔の助力によって放逐され（マタイ一二・二四）、しかもあとの悪魔のほうが前の悪魔よりもいっそうたちが悪いということも、しばしばあることである。実際、世のなかというものは、まさにそうしたものなのだ。まず、人間は脆《もろ》さや弱さから罪を犯す、次には——もちろん、人間が神のもとへ避難することを知り、一切の罪から救ってくれる信仰にまで助け導かれるということもあるが、いまここではそれには触れない——人間は自分の弱さに絶望して、絶望的に自分の弱さを一種の合法的な正義に祭りあげるパリサイ人《びと》となるか、それとも、彼は絶望してふたたび罪のなかへ飛び込むか、するのである。

　それゆえに、さきの定義は、確かに、あらゆる考えられうる現実的な罪の形態を包括している。しかしまた、この定義が、罪は絶望であり〔なぜなら、罪は肉と血の狂暴ではなく、精神がそれに同意することであるから〕、かつ神の前にあるという決定的な点を強調しているのも、確かに正当である。それは、定義として、代数のようなものである。もしわたしがいろいろな罪についていちいち詳しく記述してかかろうとしても、それはこの小著では所を得ないことであろうし、のみならず、そういう試みは失敗に終わるにちがいないであろう。

　主要な点は、定義が網のように一切の形態を包括している、ということだけなのである。そして、この定義がそのとおりのものであるということは、その反対のもの、すなわち信仰の定義を立ててこれを吟味してみれば、すぐわかることである。その信仰こそ、わたしがこの書物全体において、あたかも航路標識を目ざすように、それを目ざして舵《かじ》をとっているものなのである。信仰とは、自己が、自己自身であり、また自己自身であろうと欲するにあたって、神のうちに透明に基礎をおいている、ということである。

しかし、罪の反対がけっして徳ではないということは、実にしばしば見のがされてきた。そのような見方はかなり異教的な考え方であって、単なる人間的な尺度で甘んじ、罪が何であるかを、あらゆる罪が神の前にあるということを、けっして知らないものである。そうではなくて、罪の反対は信仰なのである。それゆえに、ローマ書第十四章二十三節には、すべて信仰によらないことは罪である、と言われている。そして、罪の反対が徳ではなくて信仰であるということは、キリスト教全体にとって最も決定的な規定のひとつなのである。

付論　罪の定義がつまずきの可能性を蔵しているということ、つまずきについての一般的な注意

罪――信仰、この対立はキリスト教的なものであり、それはキリスト教的に、あらゆる倫理的な概念規定を改造し、これを一段と深めるものである。この対立の根底には、神の前に、[7]という決定的にキリスト教的なものが横たわっており、この規定がさらに、背理、逆説、つまずきの可能性、というキリスト教的なものの決定的な標識を含んでいる。そしてこの標識が、キリスト教

的なもののあらゆる規定において指摘されることは、最も重大なことである、なぜなら、つまずきということこそ、思弁[8]にたいするキリスト教的なものの防壁だからである。

それではいま、つまずきの可能性はどこにあるのであろうか。それは、人間が、単独な人間として、現に神に面している、という実在性をもつべきであるということであり、したがってまた、そこから帰結することであるが、人間の罪は神にかかわるべきであるということである。神の前にある単独の人間というこのことは、思弁のけっして思いつかないことである。思弁はただ個々の人間を空想的に、類において一般化するばかりである。

ある不信仰なキリスト教が、罪は罪である、それが神に面してであろうとあるまいと、それはどうでもよいことだ、などということを考え出したのは、まさにそのためであった。つまり、彼らは神の前に、という規定を払いのけようと欲したのである。そしてそのために、いっそう高い知恵をでっちあげたのであるが、ところが、実に奇妙なことに、それは、もちろん普通より高い知恵と言われるものの例にもれず、あの古代の異教より以上のものでも以下のものでもなかったのである。

人がキリスト教につまずくのは、キリスト教があまりに暗く陰鬱《いんうつ》であるからだとか、あまりに厳格だからだとか、そういうことが、こんにち、実にしばしば言われている。そこで、そもそもなぜ人間がキリスト教につまずくのか、その理由をいちおう説明しておくのが、おそらく最もふさわしいことであろう。

その理由というのは、キリスト教があまりに高いということである、キリスト教の目標が人間の目標でないということである、キリスト教が人間を、人間の頭では理解することができないような並みはずれたものにしようとするということである。

このことは、つまずきが何であるかについて、まったく簡単な心理学的な説明を加えてみても、判明することであろうし、その説明によって同時に、人がキリスト教を弁護しようとしてつまずきを取り去ったのが、いかに限りなく愚かなやり口であったかが、明らかとなるであろう。それは、愚かにもまた厚顔にも、キリスト自身の教訓を無視したものである、キリストはしばしば、また深く心を痛めながら、つまずくことのないようにと戒めておられる。すなわち、つまずきの可能性がそこにあり、またそこにあるべきだということを、キリスト自身が示唆《しさ》しておられるのである。思うに、もしつまずきの可能性がそこにあるべきでなく、それがキリスト教的なものの永遠に本質的な一要素をなすものでないとすれば、キリストがそれを取り除きたもうことなしに、心を痛めながらつまずくことのないようにと戒めたもうということは、キリストとしては、実に人間的なナンセンスでしかないであろう。

いまここに一人の貧しい日稼ぎ労働者と、これまでに例を見ないほどの強い権力をもった帝王とがいるとしよう。この無類の権力をもった帝王が、突然、この日稼ぎ労働者のところへ使者をつかわそうと思いついたとする。ところが、日稼ぎ人夫のほうでは、帝王が自分の存在を知っていようなどとは夢にも思ったことがなく、それこそ「人の心に思い浮かびもしなかったこと」(第一コリント二・九)であった。だから、もしただの一度でも帝王を仰ぎ見ることが許されでもすれば、彼は無上の果報者だと喜び、それを生涯の最大の事件として子々孫々に語り伝えることであろう。

さて、この日稼ぎ労働者のところへ帝王が使者をつかわして、帝王が彼を婿《むこ》にほしいと思っているということを、彼に知らせたとする。すると、いったい、どういうことになるであろうか？日稼ぎ労働者は、人間らしく、いささか、あるいはおおいに、戸惑いし、困ったような恥ずかしいような思いをすることだろう。それは、人間的には、きわめて奇妙なこと、狂気の沙汰《さた》のように彼には思われ〔実際また、それが人間的なことなのである〕、とても他人に話せることではないように思われることだろう。というのは、向かいや隣の人たちがすぐに思いつくような解釈が、すでに彼の心のすみに頭をもたげているからである。つまり、帝王は自分をなぶり者にしようとしているのだ、だからその手にのったら、日稼ぎ労働者の自分は町じゅうのもの笑いになり、自分の肖像画が新聞にのり、自分と帝王の娘との結婚話が口さがない女どもの話題をにぎわすことだろう、といった解釈である。

けれども、帝王の婿になるといったような事件なら、むろんやがて表向きの事実となるにきまっているであろうし、そうなれば、そんなことを言い出す帝王がどこまで本気なのか、それとも、帝王はただこの哀れな男をからかって彼の一生を不幸にし、はては精神病院で生涯を終わらせようというつもりなのかどうか、というのは、いまの話のようなあまりにも「分に過ぎたこと」[9]というものは、実になんのわけもなくその反対に転化しがちなものだからであるが、それを日稼ぎ労働者は自分の五官で確かめることができるはずである。

示された好意が小さいものであれば、日稼ぎ労働者の頭にも納得できたことであろう。それなら、この小都市でも理解され、おおいに尊敬されている教養ある公衆からも、すべての小ざかしい女どもからも、要するに、人口にかけては確かにまったくの大都会であるが、並みはずれたことにたいする理解と感覚にかけては、非常に小さい小都市でしかないこの小都市に住む五十万の倍もの人間から、理解されたことであろう――だが、帝王の婿になるとあっては、むろん、これはあまりにも分に過ぎたことであろう。

ところがいま、外面的な事実ではなくて内面的な事実が問題になり、したがって、それが事実だからといって日稼ぎ労働者を確信させるというわけにはゆかず、信仰そのものが唯一の事実であり、したがって、一切が信仰にゆだねられている、つまり、それをあえて信ずるだけの謙虚な勇気を〔というのは、厚顔な勇気などというものは信仰の助けにはなりえないからである〕彼がもっているかどうかに一切がゆだねられていると仮定してみると、そのとき、この勇気をもっている日稼ぎ労働者がいったいどれだけいるだろうか？

しかし、この勇気をもたない者はつまずくであろうし、並みはずれたことは彼にはほとんど自分にあびせられる嘲笑《ちょうしょう》とも響くことであろう。そこで彼はおそらく正直に、そしてざっくばらんに、こう告白するだろう、そういうことは、わたしにはあまりに高尚すぎる、わたしには合点がゆかない、包まず言うなら、そんなことはわたしにはばかげたことに思えるのだ、と。

さてキリスト教はどうであろうか。キリスト教は教える、この単独な人間が、したがって、男であろうと、女であろうと、女中であろうと、大臣であろうと、商人であろうと、理髪師であろうと、学生であろうと、そのほかなんであろうと、とにかくなんであれ単独な人間めいめいが、この単独な人間が、現に神の前にある、と。

生涯にたった一度でも国王と話をしたことがあれば、おそらくそれを誇りにするであろうようなこの単独な人間でも、これこれの人物と心安い間柄だといってそれを少なからず得意がっているようなこの人間でも、この人間が現に神の前にあり、いつなんどきでも好きなときに神と語ることができ、確実に神に聞いてもらえるのである。要するに、この人間にごく心安く神といっしょに生きることが申し出られているのである！

それればかりではない、この人間のために、またこの人間のゆえに、神は世に来たり、人の子として生まれ、難を受け、死にたもうのである。そしてこの受難の神が、この神が、この人間に向かって、どうか救助の申し出を受け入れてくれるようにと、ほとんど乞いかつ嘆願しておられるのである。ほんとに、世にそのために正気を失うほどのものがあるとしたら、これこそそれであろう。あえてそれを信じるだけの謙虚な勇気をもたない者は、だれでもそれにつまずくのである。

しかし、なぜ彼はつまずくのであろうか？　それが彼にはあまりに高きにすぎるからである、彼の頭ではそれが納得できないからである、彼がそれに面して素直な気持になることができず、したがって、それを取り除き、それをなくし、それを狂気の沙汰にし、ナンセンスにしてしまわずにはいられないからである。それは彼を窒息させようとしているもののように思われるのである。

いったい、つまずきとは何であろうか？　つまずきとは不幸な驚嘆である。それゆえに、それは嫉妬《しっと》に似通っている、しかしそれは妬《ねた》む者自身に向かう嫉妬である、もっと厳密に言うなら、最も意地悪く自分自身に立ち向かう嫉妬である。自然のままの人間の狭量さは、神が彼に与えようと思われた並みはずれたことを受け入れることができない。そこで、彼はつまずくのである。

ところで、つまずきの度は、人間が驚嘆することにどれだけの情熱をもっているかにかかっている。想像力も情熱ももっておらず、したがってまた素質としてほんとうは驚嘆するに適しない散文的な人間でもつまずきはする。しかし彼らは、そんなことはわたしの頭ではわからない、そんなことはほっとけばいいと言うばかりである。これは懐疑家の態度である。しかし、人間が情熱と想像力とをもつことが多ければ多いほど、したがって、ある意味で、つまり可能性においてよく心にとめてほしいことだが、並みはずれたもののもとに謙虚にぬかずいて、信仰のできる状態に近づいていればいるほど、つまずきもそれだけ情熱的となり、ついには、それを根こそぎにし、無きものにし、泥まみれに踏みにじらないでは気がすまなくなる。

つまずきというものを理解することを学びたければ、人間の嫉妬心を研究するがいい。この研究は、特にわたしの課題としているもので、またわたしはこれまでに徹底的に研究しつくしたと自負している。嫉妬とは隠された驚嘆である。献身によって幸福になれないと感ずる驚嘆者は、その驚嘆の対象を妬むことを選ぶにいたるのである。そうなると、彼の語ることばも違ってくる。そこで、実は彼が驚嘆しているものが、なんでもないとか、ばかげた、くだらぬ、奇妙な、とっぴなことだとか言うのである。驚嘆は幸福な自己喪失であり、嫉妬は不幸な自己主張である。

つまずきもそれと同じである。人間と人間とのあいだの関係において、驚嘆——嫉妬、であるものが、神と人間とのあいだの関係では、礼拝——つまずき、だからである。あらゆる人間的知恵の「つづまるところ」は、「度を越すな」、過ぎたるは及ばざるがごとし、というあの「黄金の[10]」知恵である。というよりも、もっと正確に言うなら、おそらく、金めっきの知恵である。人と人とのあいだでは、これが知恵としてやりとりされ、驚嘆の念をもって尊敬され、その相場はけっして変動することがない。全人類がその価値を保証しているのである。

ところが、ときたま、天才があらわれて、ほんの少しばかり度を踏み越す、すると、彼は——

賢い人々によって——狂人にされてしまうのだ。しかし、キリスト教は、「度を越すな」というこの知恵を踏み越えて、背理のなかへ巨大な一歩を踏み入れる。キリスト教は——そしてつまずきは、そこに始まるのである。

もうおわかりであろうが、キリスト教を弁護するなどということは、実に並みはずれて〔せめて、なにか並みはずれたことを残しておきたいのだろう〕ばかげたことであり、いかに人間を知らないかを暴露するものであり、キリスト教的なものを結局は弁護によって救われるほかないといったような憐《あわ》れむべきものにしてしまって、たとえそれと知らずにいようとも、実はひそかにつまずきと馴《な》れ合いになろうとするものである。それだから、キリスト教界においてキリスト教を弁護することを思いついた最初の男は、事実上ユダ第二号だ、と言ってまちがいない。彼もまた接吻《せっぷん》をもって裏切るもの⑪である、ただ彼の裏切りが愚かさの仕業《しわざ》だというだけの違いである。

なにかを弁護するということは、いつでも、そのものを悪く推薦することである。ある男が蔵にいっぱいの金貨をもっているとする、そして彼がその金貨を一枚また一枚と残らず貧者に施したい気になっているとする。——ところが、そのとき、彼が愚かにも、自分のこの慈善的な企てを弁護してかかり、三つの理由を挙げて自分の企ての正しいゆえんを証明するとする。そしたら、おそらく人々は、彼がはたして善行をなそうとしているのかどうかに疑念をさえいだくことになるだろう。

ところで、キリスト教であるが、むろん、キリスト教を弁護する者は、いまだかつてそれを信じたことのない者である。もし彼が信じているとしたら、そのとき、あるものは、信仰の感激である――弁護などではない、いな、その感激は攻撃であり勝利である、信ずる者は勝利者なのである。

キリスト教的なものとつまずきも同じことである。かくして、つまずきの可能性は、まったく正当にも、罪についてのキリスト教的定義とともに与えられているのである。それは、神の前に、ということである。自然のままの人間である異教徒にしても、罪が存在するということを、進んで承認する。しかし、本来の意味で罪を罪たらしめるはずのこの「神の前に」ということは、異教徒にとっては、あまりにも度を越えたことなのである。それは「ここに述べたのとは違った仕方においてではあるが」異教徒にとって、人間であるということを、あまりにも過大視することである。も少し小さいことなら、異教徒も喜んでそれに同意するだろう、――「しかし、過ぎたるは過ぎたるなり」なのだ。

第二章　罪のソクラテス的定義

罪は無知である。これが、周知のように、ソクラテス的な定義(12)であり、その定義は、すべてソクラテス的なものがそうであるように、つねに注目に値する見解である。しかしながら、このソクラテス的なものも、他の多くのソクラテス的なものと同じ運命をたどった。つまり、人はさらに先へ進もうという欲求を感ずるにいたったのである。いかに数知れぬ多くの人々が、ソクラテス的な無知を越えてさらにその先へ進もうという欲求を感じたことであろう――察するに、それは彼らが、無知のもとに立ちどまっていることは自分たちには不可能だ、と感じたからのことであろう。考えてみれば、わずか一ヵ月のあいだだけでも、一切についての無知を生き方のうえに表現することに堪えられるような人が、各世代にいったい何人いることであろうか。

それだから、わたしは、無知のもとに立ちどまることはできないというだけの理由で、ソクラテス的な定義をかたづけてしまおうなどとはけっして思わない。むしろわたしは、キリスト教的なものを念頭におきながら、ソクラテス的な定義を利用して、キリスト教的なものを鮮明に描き出したいと思う――そのわけは、ソクラテス的な定義こそ、まぎれもなくギリシア的なものだからであり、それ以外の定義で、最も厳密な意味で厳密にキリスト教的でないような定義はことごとく、つまり、あらゆる中途半端な定義は、いつものことながら、この罪の問題の場合にも、明らかに空虚なものにすぎないからである。

さて、ソクラテス的定義にまつわる難点は、この定義が、無知そのもの、その起原などがさらに立ち入っていかに理解されるべきであるかということを、無規定のままにしている点にある。

すなわち、たとえ罪が無知〔キリスト教なら、おそらくむしろ愚かさということであろうが〕であるにしても、そしてこれはある意味ではけっして否定されないことではあるが、その無知とは根源的な無知のことなのか、したがって、それは、真理についてこれまでなにも知ったことがないし、また知ることもできなかった人間の状態なのか、それとも、それは作り出された無知、あとから生じた無知なのか、といった難点である。

もしあとの場合であるとすれば、むろん罪は、もともと、無知とは別のあるもののなかにひそんでいるのでなければならない、罪は人間が自分の認識を曇らせるにいたったその活動のうちにひそんでいるのでなければならない。しかし、このことが認められたとしても、頑固ではなはだ執拗《しつよう》な難点がまたあらわれてくる。すなわち、人間は自分の認識を曇らしはじめたその瞬間に、はたしてそのことを明瞭《めいりよう》に意識しているものかどうか、という問題が起こるからである。もし人間がそのことを明瞭に意識していないとすれば、認識は、人間が曇らしはじめるまえに、すでにいくらか曇っていたわけである。これでは問題はただもとへもどるだけのことである。

これに反して、人間が認識を曇らしはじめたときにそのことを明瞭に意識しているとすれば、その場合には、罪は〔無知が結果であるかぎり、罪は無知ではあるけれども〕認識のうちにあるのではなく、意志のうちにあるのであり、そこで、認識と意志との相互の関係という問題が起こらざるをえないであろう。すべてこのようなこと〔人は幾日でもこの調子で問いつづけることができるだろう」には、もともと、ソクラテス的な定義はかかわりがないのである。

ソクラテスは、もちろん、倫理家であった〔これは古代がむろん無条件に彼に認めているところで、彼は倫理学の創始者なのである〕、第一級の倫理家であり、ふたりと出ない独特な倫理家であり、いつまでもそうである。ところが、そのソクラテスが無知をもって始めるのである。知的には、彼の目ざすものが無知、なにひとつ知らないということ、である。倫理的には、彼は無知ということをそれとはまったく違ったものと考えている、そしてそういう無知から始めるのである。

しかしそれにもかかわらず、ソクラテスは、当然のことながら、本質的には宗教的な倫理家ではない、ましてや教義家〔キリスト教的倫理家なら、そういうことになるだろうが〕ではない。それだから彼は、キリスト教がそこから取りかかるような研究には、もともと一歩も踏み込まない、罪が前提とされ、そしてキリスト教的には、原罪の教義において説明されるような先決問題には足を踏み入れない。もっとも、わたしたちにしても、この研究では、せいぜいその境界まで行き着くにすぎないのではあるが。

したがって、ソクラテスは実は罪の規定には達していないのである、これはもちろん、罪の定義にあっては、欠陥である。それはどうしてなのか？　もし罪が無知であるならば、罪は実は現に存在しないことになるからである。なぜかというに、罪は意識にほかならないからである。正しいことに無知であって、それがために不正をなすということが罪であるならば、その場合には、罪は現に存在しない。もしそれが罪であるならば、人が正しいことを知りながら不正なことをしたり、不正なことと知りながらその不正なことをする、というような場合は、もちろん起こらないと考えられるし、ソクラテスもまたそう考えたのである。したがって、ソクラテス的定義が正しいとすれば、罪はまったく存在しないことになる。

ところが、どうだろう、このことが、このことこそが、キリスト教的に見ると、まったくあたりまえのことであり、いっそう深い意味でまったく当然なことであり、キリスト教的な関心において「証明せられねばならなかったこと」なのである。キリスト教を最も決定的に異教から質的に区別させる概念こそ、罪であり、罪についての教説なのである。

それだから、キリスト教が、異教徒も自然のままの人間も罪が何であるかを知らないとみなすのも、まったく当然である。そればかりか、キリスト教は、罪が何であるかを明らかにするためには、神からの啓示がなければならない、と考える。すなわち、皮相な考察が考えているように、贖罪《しょくざい》の教説が異教とキリスト教とのあいだの質的な区別なのではない。そうではなくて、キリスト教が実際またおこなっているように、もっともっと深いところから、罪から、罪についての教説から始められねばならないのである。それだから、キリスト教が正しいとして承認せざるをえないような罪の定義を異教がもっているとしたら、それはキリスト教にたいするどれほど危険な抗議となることであろう。

それでは、罪を規定するにあたってソクラテスに欠けている規定とは、いかなる規定なのであろうか。それは、意志、反抗である。人がそれと知りながら善をなすことを怠ったり、それと知りながら、正しいことについての知識をもちながら、不正なことをなしたりしうるということを理解するにしては、ギリシア的な知性は、あまりに幸福であり、あまりに素朴であり、あまりに美的であり、あまりにアイロニカルであり、あまりに機知的であり――あまりに罪深かったのである。ギリシア精神は、知的な無上命令⑬をかかげるのである。

それにしても、ソクラテスの罪の規定のうちに含まれている真理はけっして見のがされてはならない。おそろしく大きくふくれあがって、しかも空虚で実りを結ばぬ知識のなかに迷い込んでしまい、いまこそ確かに、ソクラテスの時代とまったく同様に、いや、それ以上に、人々に少しばかりソクラテス流にひもじい思いをさせてやることが必要になっているといったような、今日のような時代には、それをしっかりと心に刻みつけることが、おそらく必要であろう。

最高のものを理解したとか把握したとか人々が断言するのを聞くごとに、また多くの人々が最高のものを、「抽象的に」ある意味ではまったく正しく、理解し叙述するその手ぎわの鮮やかさを見るにつけても、笑いたくもなり泣きたくもなる――そうしたすべての知識や理解が人々の生活の上になんらの力を及ぼさず、彼らの生活が彼らの理解したところを少しも表わさぬどころか、むしろその正反対であるのを見るにつけても、泣いていいのか笑っていいのかわからなくなるのである。

この悲しむべくもまた笑うべき矛盾をながめては、思わずこう叫び出してしまう。だが、いったい全体、彼らがそれを理解しているなんてことがありうるだろうか、はたして彼らはほんとうにそれを理解しているのだろうか？　と。すると、あの昔の皮肉屋《アイロニスト》の倫理家⑭はこう答える。おお、友よ、そんなことを信じてはいけない。彼らはそれを理解してなんかいはしない。だって、もし彼らがそれをほんとうに理解しているのだったら、彼らの生活がそれを表わしているはずだし、自分の理解したことを彼らは実行したはずだからだ、と。

してみると、ひとしく理解するといっても、理解の仕方が違うのではないだろうか？　まったくそのとおりである。そして、このことを理解した者は、――といっても、最初の種類の理解を言うのでないことを断わっておくが、彼は「それだけで」、アイロニーのあらゆる秘密に通じたと言っていい。アイロニーが問題にするのは、実はこの矛盾なのである。

ある人間が実際に、あることについて無知であるということを滑稽《こっけい》だと思うのは、きわめて低級な滑稽であって、アイロニーの名に値しない。地球は静止していると思っている人々があったとしても、彼らがそれ以上のことを知らないのであったら、もともとそこには、いっそう深い意味で滑稽だと言われるようなものはなにもありはしない。おそらく、わたしたちの時代だって、物理学の知識のもっと進んだ時代から見たら、やはり同じようなことになるであろう。この場合の矛盾は、いっそう深い比較点を欠いているふたつの異なる時代のあいだにあるのであって、そのような矛盾は本質的なものではなく、したがってまた、本質的に滑稽でもない。

ところが、ひとりの人間が立ちあがって口では正しいことを言い――したがって、それを理解しているはずなのに、さて行動しなければならぬとなると、不正なことをしてしまう――したがって、彼がそれを理解していなかったことがばれるとすれば、もちろん、これは無限に滑稽である。

ある人間が、静かにすわって、難行苦行の物語や、真理のために生命をささげる崇高な心の物語を読んだり聞いたりして、涙を流さんばかりに感動し、そのために汗ばかりか涙までがたらたらと流れ落ちているかと思うと――次の瞬間には、まだ目の涙も乾かぬうちに、ワン・ツー・スリーと、⑮あっという間にたちまち一転して、額に汗し、その乏しい才能をふりしぼって、虚偽に勝利を得させるためにおおわらわになるとしたら、それこそ無限に滑稽である。

ある演説家が、声にも身ぶりにも真理をこめて、自分でも深く感激し人をも深く感激させながら、いかにも感動的に真理を説き、泰然たる態度、大胆不敵なまなざし、驚くばかり確かな足取りで、一切の悪、一切の地獄の力に立ち向かうかと思うと、ほとんどその同じ瞬間に、引き裾《すそ》の衣服を着たままで、ごく些細《ささい》な困難にも臆《おく》し恐れて、こそこそと逃げ出すようなことがあるとしたら、それこそ無限に滑稽である。

だれかが、世間というものがいかにくだらぬ哀れなものであるか、などというようなことについて一切の真理を理解しておりながら、しかも自分が理解したものを再認することができないとしたら、つまり、理解するとほとんど同じ瞬間に、自分自身がその同じくだらぬ哀れな世間にはいって人々のあいだに伍《ご》し、世間から名誉を受けたり世間から尊敬されたりする、すなわち、世間を是認するとしたら、それこそ無限に滑稽である。

また、キリストがいかに卑しい下僕《しもべ》の姿をして歩きまわり、いかに貧しく、いかにさげすまれ、いかにののしられ、聖書のことばによれば（ルカ一八・三二、マルコ一〇・三四）いかに唾《つばき》をかけられたかを、ことごとく完全に理解したと断言する人[16]に出会った場合、その同じ人が、世間的な意味で居心地のよいところへ用心ぶかく逃げこんで、そこで至極のんびりした暮らしをしているのをわたしが見た場合、そしてその人が、右か左かからちょっとした思わしからぬ風当たりでもあると、まるで生命《いのち》にでもかかわるかのように、それを避けようとしてびくびくしており、さらに、自分は万人から、万人から無条件に尊敬され信頼されていると言って、それを幸福に思い、それに無上の幸福を感じ、大いに満足し——いや、おまけに、感激のあまりそれを神に感謝するまでに、喜びにあふれているのを見ると、わたしはしばしば心のなかでわたし自身に向かって言ったものだ。

「ソクラテスよ、ソクラテスよ、この人は自分では理解していると言うが、それをこの人が理解しているなんてことが、ありうるでしょうか」

わたしはそう言って、むろん、同時に、ソクラテスの言うとおりであってくれることを願ったのである。というのは、どうもわたしには、キリスト教があまりに厳格にすぎるように思われるし、そういう人までも偽善者にしてしまうのは、わたしの経験とも一致しないからである。

確かに、ソクラテスよ、あなたのお気持が、わたしにもわかります、あなたはそういう人間を道化者、一種の剽軽者《ひょうきんもの》にし、お笑いぐさにされます。わたしがそういう人間のために喜劇の食卓を用意してそのお給仕をしましても――要するにうまくやりさえすれば――あなたにも別にご異存はありますまい、いやむしろ、喝采《かっさい》してさえいただけるでしょう。

ソクラテスよ、ソクラテスよ、ソクラテスよ！　ほんとに、あなたの名はどうしても三度呼ばずにはいられない。もしそれがなにかの役に立つなら、十度呼んでも多すぎはしないであろう。世界はひとつの共和国を必要としている、と人は言う、新しい社会秩序と新しい宗教が必要だ、と人は言う。けれどもほかならぬこの厖大《ぼうだい》な知識によって混乱におちいっているこの世界が必要としているものは、どう考えても、ひとりのソクラテスであることに、だれひとり思いいたらないのである。

しかし、これは当然なことだ、もしだれかそれに思いいたる者があったら、ましてや、多くの人々がそれに思いいたっていたのなら、そしたら、ソクラテスはそれほど必要とはされないことであろう。迷っているときに最も必要となるものは、いつでも、いちばん思いつきにくいものなのだ――これは当然のことである、だって、そうでなかったら、それは迷いではないわけであろうから。

したがって、われわれの時代は、そのような皮肉な倫理的な矯正《きょうせい》を確かに必要としていると言っていいであろう、実を言えば、それはわれわれの時代が必要とする唯一のもの（ルカ一〇・三八～四二）であるかもしれない――というのは、それは明らかに、われわれの時代が最も思いつきにくいものだからである。わたしたちは、ソクラテスよりも先へ進むことではなく、同じく理解するといっても理解の仕方に違いがある、というソクラテス的なものに立ち帰ることだけが、きわめて必要なのである――しかし、その立ち帰るべきソクラテス的なものは結論なのではない。結論であれば、それは、理解のふたつの区別をなくしてしまって、結局、人間をこのうえなく深い悲惨におとしいれてしまうことになる。そうではなくて、日常生活の倫理観としてのソクラテス的なものに帰っていくことが必要なのである。

そこで、ソクラテス的な定義は次のようにして切り抜けていく。だれかが正しいことをしない場合には、彼はそれを理解してもいなかったのである。彼は理解したと思い込んでいるだけなのである。理解しているという彼の断言は、見当違いである。だれがなんと言おうと理解しているのだという断言を彼が繰り返せば繰り返すほど、できるだけ大きい回り道をして途方もなく遠くへ遠くへと遠ざかることになる。してみると、この定義は確かに正しいことになる。ある人が正しいことをすれば、むろん彼は罪を犯すのではない。彼が正しいことをしないならば、彼はそれを理解してもいなかったのである。もし彼がそれをほんとうに理解していたのであったら、それはただちに彼を動かしてそれをさせたであろうし、ただちに彼をその理解と一致させたことであろう。ゆえに罪は無知である。

それなら、難点はどこにひそんでいるのであろうか。それは、ソクラテス的なものが自分でも、ある程度までそれに気づいていて是正の手段を講じていることなのであるが、あることを理解したということからそれをおこなうということにいたる移行に関する弁証法的規定が欠けているという点にある。

この移行にあたって、キリスト教的なものが始まるのである。それからこの道を進んでいくうちに、キリスト教的なものは、罪が意志のうちにあることを示すところまで、すなわち、反抗の概念にまで、いたりつく。そして終わりをしっかりと締めくくるために、原罪の教義が付け加えられる——というのは、概念的に把握するという思弁の秘密は、終わりをしっかりと結び付けることをせずに、また糸に結び目をつくることもせずに、縫っていくことにほかならず、それゆえに思弁は、不思議なことに、どこまでもどこまでも縫いつづけていくことができる、つまり、どこまでも糸を針に通しつづけることができるからである。これに反して、キリスト教は逆説の助けを借りて終わりをしっかりと締めくくるのである。

個々の現実的な人間が問題にならない純粋な観念の世界においては、移行は必然的である〔体系[17]においては、事実また、一切のものが必然的に起こるのである〕、あるいは、そこでは理解することからおこなうことへの移行になんの困難もない。これがギリシア的立場である〔しかし、ソクラテス的なものではない、それにはソクラテスはあまりに倫理家なのである〕。

そしてこれとまったく同じことが、実は近世哲学全体の秘密なのである。なぜかというに、その秘密は、「わたしは考える、ゆえに、わたしはある[18]」、つまり、考えることが存在することである、というにあるからである〔これに反して、キリスト教的には、こう言われる、「あなたたちの信仰するとおり、あなたたちの身に成るように」（マタイ九・二九）、言いかえると、「あなたたちの信じるとおりに、あなたたちはある」「信じることが存在することである」〕。かくして、近世哲学は異教より以上でも以下でもないことがわかるであろう。

しかしこのことはまだ最悪のことではない、ソクラテスと同族であることは、つまらぬことではない。しかし、近世哲学におけるまったく非ソクラテス的な点は、そのようなものがキリスト教であると、みずからも思い、他人にもそう思い込ませていることである。

ところが、これに反して、個々の人間が問題となる現実の世界には、理解したということからおこなうということにいたるには、ほんのわずかばかりの移行がある。この移行は必ずしも、

「すみやかに」「いともすみやかに」、哲学的な言い表わし方がないので、ドイツ語で言わせてもらえば、「風のごとくすみやかに」おこなわれるものではない。反対に、ここにきわめて長い歴史が始まるのである。

精神生活には静止状態というものは存在しない（そもそも、状態というものすらなく、一切が活動なのである）。したがって、人間が正しいことを認識したその同じ瞬間にそれを実行しないならば——むろん、そのときにはまず最初に、認識が沸騰することをやめる。すると次に、意志が認識されたものにどう好意をよせるか、が問題になる。

意志は弁証法的なものであり、それにまた、人間のうちにある低級な性質をことごとく掌中に握っている。そこで、認識されたものがこの低級な性質の気にいらない場合、だからといって、意志が立ちあがって認識が理解したものと反対のことをおこなう、ということにはもちろんなりはしない。そういう激しい対立はごくまれにしか起こりはしない。むしろ意志はしばらくのあいだ成りゆきに任せる、そこでちょっと合い間ができる。つまり、明日まであ成りゆきを見ていよう、ということになる。そのうちに、認識はだんだんと曇りをおびてき、低級なものがしだいに勝ちを占めてくる。それはつまり、善は即座に、それが認識されたとき即座に、おこなわれねばならないものであるが（それだから、純粋な観念の世界では、思惟《しい》することから存在することへの移行があのように容易におこなわれる。そこではあらゆるものが即座に起こるのである）、低級な性質は長びかせることを得手としているからである。

そうしてだんだん延ばしていくのにたいして、意志は別に逆らいもしない、意志はほとんど見て見ぬふりをしている。こうして認識がしたたかに曇らされてしまうと、認識と意志とはお互いに以前よりもよりよく理解し合うことができ、ついには、両者が完全に一致する。というのは、いまや認識は意志の側へ移っていってしまって、意志の欲するところがまったく正しいのだと認めるにいたるからである。

たいていの人間はおそらくこんなふうに生きているのである。彼らの倫理的な、倫理的＝宗教的な認識は、彼らのうちにある低級な性質の好まないような決断や結論へ彼らを連れていこうとするので、彼らは徐々にそういう認識を曇らせることに努めるのである。そのかわりに、彼らは彼らの美的、形而上学的《けいじじょうがく》な認識を拡張していく、こういう認識は、倫理的に見れば、気晴らしにほかならない。

けれども、以上に述べたところだけでは、わたしたちはまだソクラテス的なもの以上には出ていない。なぜかというに、ソクラテスに言わせれば、そんなことになるのは、そのような人間が正しいことをけっして理解していなかったことを証明するものにほかならないからである。すなわち、ギリシア精神は、人は知識をもっておりながら不正をおこない、正しいことについての知識をもちながら不正をおこなうのだ、と言いきるだけの勇気をもっていないのである。そこで切り抜け策としてこう言うのである、人が不正をおこなうならば、その人は正しいことを理解していなかったのだ、と。

まったくそのとおりである、また、それ以上に進むことは人間にはできもしないのである。人間は、自分が罪のなかにいるのであるから、自分自身の力で、自分自身の口から、罪が何であるかを明言することはできない。人間が罪をどううんぬんしようとも、それらのことばはすべて、結局、罪の言いつくろいであり、弁解であり、罪深くも罪を軽減しようとするものである。それゆえにキリスト教はまた、それとは違った仕方で、すなわち、罪が何であるかを人間に解き明かすためには神からの啓示がなくてはならないということをもって、始めるのである。つまり、罪は、人間が正しいことを理解しなかったということにあるのではなく、人間がそれを理解しようと欲しないことに、人間がそれを欲しないことにある、と言うのである。

理解することができないということと、理解しようと欲しないということとの区別についてさえ、ソクラテスは、実を言えば、少しも説明してはいない。けれども、そのかわり、理解するということのふたつの区別を使い分けた点では、ソクラテスはあらゆるアイロニストたちの大先生である。ソクラテスは説明する、正しいことをおこなわない者は、それを理解してもいないのである、と。

しかし、キリスト教はもう少し根本へさかのぼって言う、それは彼が正しいことを理解しようと欲しないからであり、これはまた、彼が正しいことを欲しないからである、と。それにつづいて、キリスト教はこう教える、人間は、正しいことを理解しているにもかかわらず、不正なことをおこなうものである「これが本来の意味の反抗である」、あるいは、正しいことを理解しているにもかかわらず、それをおこなうことを怠るのである、と。簡単に言えば、罪についてのキリスト教の教えは、人間にたいするまったくの咎《とが》め立てであり、告訴また告訴であり、神が告発者としてあえて人間にたいして提起する告訴状なのである。

しかしながら、このようなキリスト教的なものを概念的に理解しうる人間がいるであろうか。けっしてありはしない。キリスト教的なものが実はまたそういうものなのである、それだから、つまずきともなるのである。キリスト教的なものは信じられねばならない。概念的に理解するとは、人間的なものに関する人間の能力である。しかし信ずるとは、神的なものにたいする人間の関係である。ではこの理解すべからざるものを、キリスト教はいかにして説明するのか？　まったく当然なことだが、同じように理解すべからざる仕方で、すなわち、それは啓示されているということによって、である。

したがって、キリスト教的に解すれば、罪は意志のうちにあるのであって、認識のうちにあるのではない。そしてこの意志の堕落は、個人の意識を越えている。それはまったく当然なことである、だって、もしそうでないとしたら、罪がいかにして始まったかという問題が、個人個人ごとに、起こされねばならなくなろうではないか。

かくしてここにはまたつまずきの標識がある。つまずきの可能性は、罪が何であり、罪がいかに深くささりこんでいるかを、人間に解き明かすためには、神からの啓示がなければならない、という点にある。自然のままの人間、異教徒は、たとえばこんなふうに考える。

「よろしい、わたしが天上と地上とにあるすべての物事を理解してはいないことを、わたしは認める。もし啓示というものがあるというなら、天上のことについてわれわれに解き明かしてもらいたいものだ。しかし、罪が何であるかを解き明かすために啓示がなければならないなどということは、実にばかげたつじつまの合わない話である。わたしは自分が完全な人間だなどとは言わない、完全などころじゃありゃしない。しかしわたしは、自分が完全などころでないことをちゃんと知っているのだ、それればかりか、わたしはむしろすすんで、わたしがどれほど完全さからほど遠く隔たっているかを、告白するつもりだ。これでも、わたしは罪が何であるかを知らないというのだろうか?」

だが、キリスト教は答える。そうだ。おまえが完全さからどれほど隔たっているかということ、また罪が何であるかということ、これこそおまえがいちばん知らずにいることなのだ、と。——見よ、この意味で、まさしく、キリスト教的にいって、罪は無知であり、罪が何であるかについての無知なのである。

前章において与えられた罪の定義は、それゆえに、さらに次のように補足されなければならない。罪とは、神からの啓示によって、罪が何であるかが解き明かされたのちに、神の前に絶望して自己自身であろうと欲しないこと、あるいは、絶望して自己自身であろうと欲することである。

第三章　罪は消極的なものではなくて、積極的なものであるということ

罪が消極的なものではなくて積極的なものであるということは、正統派の教義学が、一般に正教が、その擁護のためにたえず戦ってきたものであり、そしてそのために正教は、罪を単に消極的なもの、すなわち弱さ、感性、有限性、無知といったようなものにしてしまう罪の定義を、いずれも汎神論《はんしんろん》的なものとして退けてきたのである。(19) 正教は、ここが戦闘の場であることを、あるいは、前に述べたことを思い起こしてもらえば、ここで最後の締めくくりがなされねばならぬことを、ここで最後の抵抗をしなければならぬことを、きわめて的確に見抜いていた。正教は、もし罪が消極的なものとして規定されるならば、キリスト教全体がささえを失うことを、的確に見抜いていたのである。

それゆえに正教は、堕落した人間に罪が何であるかを教えるためには神の啓示がなければならないということを、そしてその告示は、教義なのであるから、まったく当然のことながら、信じ

られるほかないものだということを、きびしく教え込むのである。言うまでもなく、逆説、信仰、教義、この三つの規定は、同盟[20]を結んで団結し、あらゆる異教的な知恵にたいする最も安全なよりどころとなり、要塞《ようさい》となっているのである。

以上が正教の見方である。ところが、いわゆる思弁的教義学[21]は、もちろん哲学といかがわしい関係を結んでのことであるが、奇妙な誤解をして、罪は積極的なものであるというこの規定を概念的に把握することができるものと考えている。だが、もしそれができるとすれば、罪は消極的なものになる。

あらゆる概念的把握の秘密は、概念的に把握するということそのもののほうが、それが措定するあらゆる積極的なものよりも、一段と高いところにある、ということである。概念は積極的なものを措定する、しかしその積極的なものが概念的に把握されるということは、つまり、それが消極化されるということにほかならない。

思弁的教義学も、ある程度までこの点に気づいていたのではあるが、動揺の起こっている地点へ口先の保証という別働隊を送る〔これはむろん哲学的な学問にとってあまりふさわしいことではない〕よりほかに救助策を知らなかった。彼らは、罪が積極的なものであることを、一口ごとにおごそかさを加え、だんだんと誓いと呪《のろ》いの語気を強めながら、断言し、罪が単に消極的なものであるというのは汎神論であり、合理主義であり、その他何かしらであるが、いずれにしても、それは思弁的教義学が誓って否認し嫌悪するところのものであることを断言する——それから、彼らは、罪が積極的なものであることを概念的に把握することに移っていくのである。これでは罪はある程度まで積極的なものであるというにとどまり、ともかくも積極的なものが概念的に把握されうるかぎりにおいて、ということになる。

さらにこれと同じ思弁の二枚舌は、同じ事柄に関してではあるが、他の点においても見られる。罪の規定、すなわち、罪がいかに規定されるかは、悔い改めの規定にとって決定的なことである。ところで、否定の否定ということがきわめて思弁的なことなのであるから、なんのことはない、悔い改めは否定の否定でなければならない——したがって罪はもちろん否定であることとなる。(22)

ついでながら、いつか公平な思想家が出てきて明らかにしてもらいたいものだと思うのだが、論理と文法との最初の関係〔二重の否定は肯定である(23)〕や数学上のそれ(24)を思わせるこの純粋に論理的なものは、どこまで現実の世界、質の世界において妥当するものなのであろうか、一般に、質の弁証法はそれとは違ったものなのではあるまいか、「移行」はここではそれとは違った役割を演じているのではあるまいか。

「永遠の相のもとに(25)」「永遠の様相において」等々から見られると、もちろん、継起的なものはまったく存在しない、それゆえに、一切はあるのであって、そこには移行は存在しない。それゆえ、このような抽象的な媒体のなかでは、措定する(26)ことは、そのままただちに止揚することと同じことである。しかし、現実をこういうふうに考えるのは、ほとんど狂気の沙汰である。また、まったく「抽象的にならら」未完了態の次に完了態がくる、とも言える。しかし、それだからといって、現実の世界において、まだ完了していない仕事〔未完了態〕が完了されるということが、ひとりでに出てくるとか、ただちに出てくるとかと、推論する人があったら、おそらくその人は正気でないであろう。

いわゆる罪の積極性の場合もそれと同じことで、それが措定される媒体が純粋思惟であるとするのは、狂気の沙汰である。そういう媒体は、罪の積極性を真剣に問題にしうるには、あまりに軽薄にすぎるのである。

しかしながら、このようなことはすべて、いまのわたしの問題でない。わたしはどこまでも、罪は積極的なものであるというキリスト教的なものだけを固執する——といっても、それが概念的に把握されうるものだというのではなく、信じられるほかない逆説としてのことである。これは正しいことだとわたしは思う。概念的に把握しようとするあらゆる試みが自己矛盾であることを明らかにすることができさえすれば、問題はふさわしい方向をとり、キリスト教的なものは信仰に、人が信じようと欲するか欲しないかに、ゆだねられねばならないことが明らかになる。

あくまでも概念的に把握しなければ気がすまず、ただ概念的に把握できると称せられるものだけしかお気に召さないような人には、このことは非常にみすぼらしいことと思われるだろうことは、わたしにもよく概念的に把握できる〔これは概念的に把握できないほど神的なことではけっしてない〕。しかし、キリスト教全体が信じられるべきであって、概念的に把握されるべきでないということに、したがって、それが信じられるか、それとも、人がそれにつまずくかのいずれかであるということにかかっているとすれば、概念的に把握しようと欲するということが、それほど手柄になることであろうか？　概念的に把握されることを欲しないものを概念的に把握しようと欲することが、手柄になることであろうか、それはむしろ恥知らずなことか、分別のないことではないであろうか？

ある国王がまったくのお忍びでいたい、まったくただの人間のように取り扱ってもらいたいと思いついたとして、その場合にも、国王には国王にふさわしい忠誠を示すことが普通の人間にはりっぱなことと思われているからといって、そうするとしたら、それがはたして正しいことであろうか？　むしろそれこそ、国王の意志にそむいて自分自身と自分の考えを主張し、服従するかわりに、自分の欲するままのことをおこなうことではあるまいか？　それとも、国王がそんなふうに取り扱われたくないと思っているのに、そのような人間がいよいよ抜け目なく臣下としての敬意を示せば示すほど、つまり、そのような人間がいよいよ抜け目なく国王の意志に反して行動すればするほど、国王のお気に召すとでもいうのであろうか？

キリスト教的なものを概念的に把握することができると称する人を、ほかの人々が驚嘆し賞讃されるのは勝手である。ただわたしは、「ほかの人々」がこぞって概念的に把握することに没頭しておられるようなこういう思弁的な時代にあって、キリスト教的なものは概念的に把握されうるものでも概念的に把握されるべきものでもないということを告白するのは、まさに、おそらく少なからぬ自制を要求するひとつの倫理的な課題であると考えるものである。

しかしながら、これこそは、現代が、キリスト教界が、必要としているものにほかならない。すなわち、その必要なものは、キリスト教的なものに関する少しばかりのソクラテス的な無知である。しかし、よく注意してほしいが、それは少しばかりの「ソクラテス的な」無知なのである。ソクラテスの無知が一種の神への畏《おそ》れであり神に仕えることであったこと、ソクラテスの無知が、神を畏れることは知恵のはじめである（詩篇一一一・一〇）、というユダヤ的なものをギリシアふうに言い表わしたものであったこと、このことをかつて知ったことのある者、もしくは考えてみたことのある者が、いったいどれだけあるか知らないが、わたしたちはそれをけっして忘れないようにしたいものである。

ソクラテスはほかならぬ神にたいする畏敬《いけい》の念から無知であったのだということ、彼が、異教徒としてできるかぎりの力を尽くして、神と――そして人間とのあいだの境界線に立って、審判者となって見張りをし、神と人間とのあいだの質の差異という深淵《しんえん》がどこまでも存続するように、それによって神と人間とが「哲学的に」「詩的に」などの仕方で、ひとつになってしまうようなことのないように、見張っていたのであることを、わたしたちはけっして忘れないようにしたいものである。見よ、それゆえにソクラテスは無知の人であったのだ、そしてそれゆえに神はソクラテスを最大の知者(27)と認めたのである。

しかし、キリスト教は、一切のキリスト教的なものは信仰にたいしてのみ存在する、と教える。してみれば、ソクラテス的な、神を畏れる無知こそ、無知によって信仰を思弁から守るものにほかならないであろう、この無知が、神と――そして人間とのあいだの質の差異という深淵《しんえん》を、逆説と信仰のうちにおこなわれているように、どこまでも存続させて、神と人間とが、かつて異教において見られたよりももっと恐ろしい仕方で、「哲学的に」「詩的に」などの仕方で、――体系においてひとつになってしまうことのないように、見張りをするのである。

したがって、ここでは、ただひとつの側面から、罪が積極的なものであることを明らかにすることができるばかりである。前編において、絶望を叙述するにあたって、たえず上昇ということが指摘された。この上昇の表われは、一方では、自己意識の度が強まることであり、他方では、受動的な悩みから意識的な行動にまでその度が強まることであった。これらふたつの表われがまた共に、絶望が外からくるのではなく、内からくるものであることをあらわしている。そしてこの度合に応じて、絶望はまたしだいに積極的なものとなってくる。

しかしさきに述べた罪の定義によれば、罪には、神の観念によって無限にその度を強められた自己と、したがってまた、ひとつの行為としての罪についての最大限の意識とが必要である――これが、罪が積極的なものであることの表われであり、罪が神の前にあるということが、罪における積極的なものにほかならないのである。

ついでながら、罪が積極的なものであるという規定は、またまったく別の意味で、つまずきの可能性、逆説をうちに含んでいる。すなわち、その逆説は、贖罪《しょくざい》の教説からの帰結である。まずキリスト教が出てきて、人間の悟性ではけっして概念的に把握できないほどしっかりと罪を積極的なものとして措定する。それから、その同じキリスト教が、人間の悟性ではけっして概念的に把握できないような仕方で、この積極的なものを取り除くことを引き受けるのである。どんな逆説でも饒舌《じょうぜつ》で巧みに言い抜ける思弁は、両方の側を少しずつ切り取ってしまう。そこでことは容易に運ぶことになる。すなわち、思弁は罪をけっしてまったく積極的なものとはしない――それかといって、罪が完全に忘れられるべきものであることを、頭で理解することもできないのである。

しかし、そういうもろもろの逆説の最初の発明者であるキリスト教は、ここでもまた、およそ可能なかぎり逆説的である。キリスト教は、いわば自分自身に逆らおうと努めるのである。つまり、キリスト教は、もはやそれを取り除くことはまったく不可能になったと思われるほどしっかりと、罪を積極的なものとして措定しておきながら――ほかならぬそのキリスト教が、贖罪によって、あたかも海のなかで溺《おぼ》れ死にでもしたかのように、まったく跡かたもなく、罪をふたたびぬぐい去ろうとするのである。

Aの付論　しかしそれでは、罪はある意味できわめてまれなことになりはしないか？〔寓意〕

第一編において、絶望の度が強くなればなるほど、世間ではいよいよまれにしか見当たらなくなることを注意しておいた。ところがいま、罪とはさらに一段と質的に強まった絶望であるということになった。してみると、罪はまったくまれなことにならざるをえないのではあるまいか。実に奇妙な難点である！　キリスト教はすべてのものを罪のもとにおく。そして、わたしたちはキリスト教的なものをできるだけ厳密に叙述しようと努めてきた。ところがいまこういう奇妙な帰結が出てきてしまった、罪は異教のうちにはまったく見いだされず、ユダヤ教とキリスト教のうちにのみ見いだされ、しかもそこでもまだごくまれにしか見いだされないという奇妙な帰結が出てきたのである。

けれどもこのことは、ただひとつの意味においてだけのことではあるが、まさしくまったくそのとおりなのである。「神の啓示によって罪が何であるかについて解き明かされた後に、神の前で絶望して自己自身であろうと欲しないこと、あるいは、絶望して自己自身であろうと欲すること」、これが罪を犯すということである――そしてもちろん、人間はこの定義が自分にぴったり当てはまるほどまでに成長し、それほど自己自身に透明であるということは、まれである。しかしそこからどういう結論が出てくるであろうか？　まったく、この点に注意することが必要なのだ。というのは、ここに独自の弁証法的転回があるからである。

ひとりの人間が度の強い意味で絶望していないからといって、彼が絶望していないということにはもちろんならない。反対に、すでに示されたとおり、たいていの人間が、それどころか、ほとんどすべての人間が絶望しているのであって、ただその絶望の度が低いというだけのことである。もちろん、高い程度に絶望しているからといって、それが手柄になるわけのものでもない。美的な見地からすれば、それは優越点である、美的な見方はただ力だけに着目するからである。しかし、倫理的な見地からすれば、度の強い絶望は、度の低い絶望よりもはるかに救済から遠ざかっているのである。

罪についても同じことである。たいていの人間の生活は、弁証法的なものに無関心に営まれていて、善〔信仰〕から非常に遠くかけ離れており、あまりにも無精神的なので罪とも言えず、そればかりか、あまりにも無精神的なので絶望とさえも言えないほどである。

最も厳密な意味で罪人《つみびと》であるということは、むろん、けっして手柄になることではない。けれども、他面から見るならば、日常茶飯事に没頭し、「他の人々」の猿真似《さるまね》に明け暮れして、およそ生活だなどと呼ぶこともできないような生活、あまりにも精神を失っているので罪とも言えず、聖書に言う「口から吐き出される㉘」だけの値うちしかない生活、いったいそのような生活のどこに、本質的な罪の意識〔見よ、キリスト教がもとうとするのはこの意識にほかならないのである〕が見いだされうるであろうか。

　しかし、これで問題が片づいたわけではない、罪の弁証法がまた別の仕方で人をとらえるだけの話である。それにしても、固い地面がなくてただ湿地や沼地だけしかないために、テコ〔キリスト教の高揚力はテコの力のようなものである〕の備え付けようがないのと同じように、キリスト教がそれと関係に入りようが全然ないと思われるまでに、人間の生活が精神を失うにいたるというのは、いったいどうして起こることなのであろうか？　それは人間の身にふりかかってくることなのであろうか？　いや、そうではない、それは人間自身の責任なのだ。何ぴとも精神を失ったまま生まれてくるわけではない。そして、たとえいかに多くの人々が、死に際して、一生の唯一の収穫として精神喪失をたずさえていこうとも――それは人生の責任ではない。

　しかし、どうしても言わなければならないことだが、それもできるだけ率直に言わなければならないことだが、いわゆるキリスト教界なるものは〔そこではだれもが、何百万という人々が、無造作にキリスト者である。それだから、そこには、人間の頭の数と同じだけ、ちょうど同じ数だけ、キリスト者がいるわけである」、ただ単に、意味の通じない誤植やそそっかしい脱落や書き込みだらけの哀れなキリスト教版であるばかりでなく、キリスト教的なものの濫用《らんよう》、つまり、キリスト教の名をかたるものである。

小さい国では、おそらくどんな世代にも、詩人は三人とは生まれないだろう。ところが、牧師はありあまるほどいる、とても職につかせきれないほどたくさんいるのだ。詩人の場合には、天職《カル》をもっているかどうかが問題にされる。牧師になるには、大多数の人々の〔したがって、大多数のキリスト者の〕考えによれば、試験に通るだけでいいのである。けれども、けれども、ほんとうの牧師というものは、ほんとうの詩人よりももっとまれなものなのだ、それに、「天職《カル》」[29]ということばは、もともと、神的なものに属することばである。それだのに詩人たることについては、キリスト教界では、いまでも、それはたいしたことであり、それを職業《カル》とすることには大きな意味がある、という考えがいだかれている。これに反して、牧師たることは、多くの人々の〔したがって、多くのキリスト者の〕目から見れば、およそ人の心を引き立たせるような観念とは縁もゆかりもないこと、微塵《みじん》の神秘もないこと、「ざっくばらんに言って」ただの口過ぎの道なのである。「天職《カル》」とは公職を意味する、[30]だから公職を得るということが言われる、しかし、天職《カル》をもつ——実際、人が聖職《カル》をさずかる場合には、そうも言われるのである。

ああ、キリスト教界におけるこのことばの運命は、キリスト教的なもの全体をあらわす標語のようなものである。不幸は、キリスト教的なものが口に出して語られないということではない〔したがって、牧師の数が足りないということが不幸なのでもない〕。キリスト教的なものはおおいに語られはするのだが、それを聞いても、多くの人々は結局、なにひとつ考えることをしないのである〔それはちょうど、牧師さんだと聞いても、これらの多くの人々が、商人、弁護士、製本屋、獣医などといったような、ごく月並みな職名を聞いたときとちっとも変わったことを考えないのと同じことである〕、それだから、至高なことや至聖なこともなんらの感銘を与えず、ほかの多くの事柄と同じように、どうしたわけだか、風俗や習慣になってしまったものと同じように響き、同じように聞かれるのである。してみると、人々が――自分自身の態度を許しがたいものと考えるかわりに――キリスト教を弁護することが必要だと考えるにしても、なんの不思議があろう。

牧師たる者は、もちろん、信仰者でなくてはなるまい。では信仰者とは！　信仰者とは、もちろん、恋する者である。いやしかし、恋するすべての者のうちで最も熱烈に恋する者でも、信仰者に比べると、その感激の点では、実はほんの青二才でしかない。

いま、ひとりの恋する者を考えてみよう。彼は、くる日もくる日も、明けても暮れても、自分の恋を語ることができるだろう。だがしかし、恋していることは実にたいしたことであるということを、三つの理由を挙げて証明しようなどと、そんなことを彼が思いつけると君は思うだろうか、そんなことが彼に可能だと君は思うだろうか、そんなことは口にするのも彼にはいまわしい気がするだろうとは、君は思わないだろうか。

　牧師が、祈るのは有益であるということを、三つの理由から証明するとしたら、それとほぼ同じことである。これでは、祈りの値うちは、その信望をほんの少しでもつなぎとめるために三つの理由が必要であるまでに下落したことになる。あるいはまた、も少し滑稽なだけで結局は同じことだが、祈りはあらゆる悟性を超越する浄福であるということを、牧師が三つの理由を挙げて証明しようとするとしたら、これもまた同じことである。

　おお、たわいもないアンチクリマクス[31]よ、あるものが一切の悟性を超越しているということが、三つの――理由で証明されるとは。三つの理由、それは、もしそれがなにかの役に立つものだとしたら、一切の悟性を超越してはならず、むしろ逆に、この浄福がけっして一切の悟性を超越するものでないことを、悟性に悟らせねばならぬはずではないか。だって、「理由」とは、もちろん、悟性の領域内にあるものだからだ。むしろ、一切の悟性を超越するものにとっては――またそれを信ずる者にとっては、三つの理由などは三つの瓶《びん》もしくは三匹の鹿《しか》より以上の意味をもちはしないのだ！

　ところでさらにまた、恋する者が自分の恋を弁護しようなどと思いつくと、君は思うだろうか。つまり、自分の恋が自分にとって絶対的なもの、無条件に絶対的なものではなくて、むしろ自分の恋を、この恋にたいするいろいろな異論と同じに考えて、そのために弁護しなければならないなどということを、恋する者が承認すると君は思うだろうか。つまり、恋する者が、自分は恋しているのでないということを承認できたり、承認しようと欲したり、自分は恋しているのでないなどと言って、自分自身を裏切るようなことができたり、その気になったりすることがありうると、君は思うだろうか。もし恋する者に向かってそのような弁護をすることを申し出たりする人があったら、恋する者はその人を狂人だとみなすだろうとは、君は思わないだろうか。

またもし恋する者が、恋しているうえに、なお少しばかり観察者の素質をもっていたら、そのような申し出をする者は、いまだ恋の何であるかを少しも知らない者であるか、それとも、――恋を弁護させることによって――自分の恋を裏切り否認するように仕向けようとする者なのではあるまいか、という疑念を彼がいだくにちがいないとは、君は思わないだろうか。

ほんとうに恋している者が、三つの理由を挙げて証明したり弁護したりしようなどとけっして思いつくはずがないことくらい、わかりきったことではないか。なぜかというに、彼はすべての理由よりも、いかなる弁護よりも、より以上のものだからだ。つまり、彼は恋しているのだからだ。弁護などする者は、恋してはいないのである、ただ恋していると称しているだけのことである。不幸にも、それとも、幸いにも――愚かなことに、彼は恋していないことを自分自身でさらけ出しているだけのことである。

ところが、ちょうどそれと同じようなことが、キリスト教について——信仰厚い牧師たちによって、口にされているのである。つまり、彼らはキリスト教を「弁護する」か、それとも、キリスト教を「理由」に翻訳するかしているのである、それればかりか、同時におこがましくも、彼らはキリスト教を思弁によって「概念的に把握し」ようとしているのである。そしてそれが説教することと呼ばれて、そのように説教されたり、そのような説教を聞く人があったりすることが、それだけでなにかたいしたことだと、キリスト教界ではみなされているのである。またそれだからこそ、キリスト教界は〔これがその証拠なのであるが〕みずから称しているものであるどころか、たいていの人々の生活は、キリスト教的な見方からすると、あまりにも精神を失っているので、厳密にキリスト教的な意味では、罪と呼ばれることさえできないほどなのである。

B　罪の継続

罪の状態はそのおのおのが新しい罪である。あるいは、もっと正確に表現されねばならないし、また以下においてもっと正確に表現されるはずであるが、罪のうちにある状態は、新しい罪であり、罪そのものである。

このことは罪人《つみびと》にはおそらく誇張のように思われるかもしれない。彼はせいぜい、実際に新しい罪を犯すごとにそのおのおのを新しい罪として認めるばかりである。しかし、彼の勘定書をつくる永遠は、罪のうちにある状態を、新しい罪として記録するにちがいない。永遠はただふたつの欄しかもっていない、そして「すべて信仰によらないことは、罪である」(ローマ一四・二三)。悔い改められない罪は、そのおのおのが新しい罪であり、罪が悔い改められずにいる瞬間瞬間が、新しい罪である。

しかし、自己自身について連続した意識をもっている人間のいかにまれなことであろう！人々は、多くの場合、ただ瞬間的にのみ自己を意識し、重大な決断をするときに自己を意識するばかりであって、日常の生活はまるきりかえりみられないのである。彼らはかろうじて一週間に一度、[32]それも一時間だけ、精神であるだけのことである——精神であるあり方としてこれがかなり動物的なものであることは、言うまでもない。

けれども、永遠は本質的な連続性であり、この連続性を人間に要求する、あるいは、人間が自己を精神として意識し、そして信仰をもつべきことを要求する。ところが、それとは逆に、罪人はまったく罪の支配下にあるので、罪の全体的な規定のことなどまるきり知らず、自分が破滅の邪道をたどっていることに少しも気づかない。彼はただひとつひとつの新しい罪だけ[33]しか勘定に入れない、そして彼は、新しい罪を犯すごとに、いわば、一歩一歩と新たに破滅の道を進んでいくのであって、それに先立つ瞬間において、それに先立つすべての罪に推進されて破滅の道をたどっていたなどとは、少しも考えない。それほど罪は彼にとって自然なものとなっている、あるいは、罪は彼にとって第二の天性となっている、だから彼は、日常の生活をまったく不都合のないものと考え、新しい罪を犯して、いわば新たに破滅への一歩を進めるたびごとに、一瞬間だけ、はっと立ちどまるばかりである。彼は破滅の状態にあって目がくらんでいるので、自分の生活が、信仰において神の前にあることによって永遠なものの本質的な連続性をもつかわりに、罪の連続性をもっていることが、彼の目には見えないのである。

しかしながら、「罪の連続性」とはいうけれども、罪こそは、非連続的なものなのではないであろうか。見よ、ここにまたしても頭を出しているのは、罪は消極的なものにすぎないという、あの思想なのだ。すなわち、罪は、盗んだ品物には所有権が取得されえないように、けっして所有権の取得されないもの、つまり、消極的なもの、自己を構成しようと試みはするけれども、絶望的な反抗のうちにあって無力さのあらゆる悩みを悩むばかりで、結局、自己を構成することのできない無力な試みにすぎないという考えなのである。

なるほど、思弁的な立場からすれば、罪は消極的なものである。しかし、キリスト教の立場から言えば、もちろん罪は「このことは、いかなる人間も概念的に把握することのできない逆説なのだから、信じられるよりほかはない」積極的なものであり、たえず増大していく措定の連続性(34)

を自分自身のなかから展開していくのである。

この連続性の増大の法則は、また、負債ないし負量の増大の法則とは異なっている。というのは、負債というものは、弁済されないからといって増大するものではなく、新たな負債が加えられるごとに、増大するのであるが、罪は、人が罪から脱け出ていない瞬間ごとに増大するからである。罪人がただ新しい罪を犯すごとに罪を増大するにすぎないと考えるとしたら、それは正しいどころでなく、キリスト教的にみれば、そもそも罪のうちにある状態が、罪の増大であり、新しい罪なのである。

諺《ことわざ》にさえ、罪を犯すのは人間的だが、罪のうちにとどまるのは悪魔的だ、と言われている。[35]しかし、キリスト教的には、この諺は、もちろん、少し違ったふうに理解されなくてはならない。ただ新しい罪に注目するだけで、中間の部分、すなわち個々の罪と罪との中間にあるものを飛ばしてしまう、ただ飛び石づたいみたいな考察の仕方は、汽車はただ機関車がぽっぽっと蒸気を吐き出すたびごとに動くだけだと考えるのと同じように、皮相な見方である。そうではなく、注目しなければならぬ点は、実はそういう蒸気を吐いて、それにつれて前進するといったことではなく、蒸気を吐かせて機関車が進んでいくその平均した進行なのである。

罪の場合にしても同様である。罪のうちにある状態は、最も深い意味で罪であり、個々の罪は罪の継続ではなくて、罪の継続の表われなのである。個々の新しい罪においては、罪の進行がただ感覚的にいっそう認めやすくなるというだけのことである。

罪のうちにある状態は、個々の罪よりもいっそう悪い罪であり、罪そのものである。このように解するならば、罪のうちにある状態は罪の継続であり、新しい罪である、と言える。一般には、それとは違ったふうに理解されていて、ひとつの罪が新しい罪を生み出すというふうに解されている。しかしこれにははるかに深い根拠が、すなわち、罪のうちにある状態は新しい罪であるという根拠があるのである。

シェイクスピアはマクベスをして次のように語らせているが、さすがに人間心理に通じる巨匠のことばである。「罪から出た所業は、ただ罪によってのみ力と強さを増す」〔第三幕第二場〕。その意味するところは、罪はそれ自身の内部で一貫したものであり、悪がそれ自身のうちでこのように一貫したものであるがために、罪もまたある力をもっている、というのである。しかし、単に個々の罪だけにしか注目しないなら、けっしてこのような見方をするにはいたらないであろう。

たいていの人間は、言うまでもなく、自己についての意識をあまりにわずかしかもたないで生活しているので、一貫したものが何であるかについての観念をもつことができない。つまり、彼らは精神として実存していないのである。彼らの生活は、一種の子供らしい愛すべき素朴さのうちに送られるか、それとも、たわいもないおしゃべりに明け暮れるかであり、少しばかりの行動、あれやこれやのささやかな事件から成り立っている。彼らは、いまなにか善いことをしているかと思うと、もう次にはまちがったことをしでかす、そのようにしてまたはじめからやりなおすのである。いま、彼らは午後のあいだ絶望している、おそらく三週間のあいだも絶望している、しかしやがてまた、元気になり、それからまた、一日じゅう絶望する。

彼らはいわば人生という遊戯に加わって遊んでいるのである。しかし彼らは一切のものをただひとつのものに賭《か》けるというようなことは体験しないし、自己のうちにある無限に一貫したものに思いいたることがない。それだから、彼らのあいだでは、つねにただ個々の事柄、個々の善行、個々の罪だけしか、問題にならないのである。

精神の規定のもとにあるあらゆる実存は、たとえそれが自分一個の責任にかかることであるにしても、本質的に自分のうちに一貫したものをもっており、より高いあるもののうちに、少なくとも理念のうちに、一貫したものをもっている。しかしまた、このような人間は、一貫しないすべてのものを無限に恐れる、というのは、彼は、自分の生命としている全体から切り離されるかもしれないというありうべき結果について無限の観念をいだいているからである。どれほどわずかでも一貫しないものがあれば、それはおそるべき喪失である、彼は一貫したものを失うことになるからである。その同じ瞬間に、おそらく、魔法が解け、もろもろの力すべてを調和のうちに結びつけていた不思議な力がその力を失い、ばねはゆるみ、全体がおそらく混沌《こんとん》と化して、自己にとって痛ましいことに、もろもろの力が反乱を起こして互いに相戦《あい》うにいたり、かくて、もはや自己自身とのいかなる一致も、いかなる前進も、いかなる推進力もなくなってしまう。一貫していたときには、その鉄のような強さにもかかわらずきわめてしなやかであり、その力にもかかわらずきわめて柔軟であった巨大な機械が、いまではくるってしまったのである。そして機械が優秀であり雄大であっただけに、その混乱はいよいよおそるべきものとなる。

それだから、善の一貫性のうちに安らい、そこをおのが生活の場としている信仰者は、どれほどわずかな罪でも、これを無限に恐れるのである。それは、彼が無限に失わねばならなくなるからである。直接的な人々、子供らしい、もしくは子供じみた人々は、失うべき全体というものをもっていない。彼らは、つねにただ、個々のもののなかで、あるいは個々のものを、失ったり得たりするばかりである。

信仰者の場合と同じことが、その対立者である悪魔的な人間について、罪のそれ自身における一貫性という点で、言われうる。大酒家は酔いの中絶を恐れ、一日でもまったくしらふでいたらあらわれてくる無気力と、これが引き起こしかねないいろいろな結果とを恐れるのあまり、毎日毎日たえず酔いの状態でいようとするものであるが、悪魔的な人間もそれと同じである。

実際、もしだれかが善人を誘惑しようとして歩みより、罪をいろいろな魅惑的な姿で彼の目の前にかざしてみせるとしたら、善人はその人に向かって、「わたしを誘惑しないでくれ」と懇願するであろうが、それとまったく同じことを示す例が、悪魔的な者の場合にも見られるのである。悪魔的な者よりも善においてより強力なだれかが、善をその至幸な崇高な姿で彼の目の前にふりかざそうとするならば、悪魔的な者はその人に向かって懇願するだろう、涙を流して懇願するだろう、わたしに話しかけないでほしい、と、あるいは、彼の言い方を使えば、わたしを弱くしないでくれ、と。

悪魔的な者はそれ自身において一貫しており、悪の一貫性のうちにあるからこそ、だからこそ、彼もまた全体を失わなければならない。ほんの一瞬でもその一貫性の外に出ることがあっても、たった一度でも食衛生上の不注意があっても、ただの一度でも脇見《わきみ》をすることがあっても、ほんの一瞬でも全体なり単にその一部分だけなりを違った仕方で見たり理解したりすることがあっても、おそらく彼はもはやけっして自己自身とはならないだろう、と彼は言うのである。

すなわち、彼は絶望して善を捨て去ってしまっており、善はもはやどのようにしても彼を助けることはできないのである。しかし善は、彼の心をかき乱し、彼がいつかふたたび一貫性の全速力の進行を取りもどすことを不可能にし、彼を弱くすることがありうるのである。ただ罪の継続のなかでのみ彼は自己自身であり、そのなかでのみ彼は生き、そのなかでのみ彼は自己自身であるという感じをもつのである。

しかし、これはどういう意味であろうか？　その意味はこうである。罪のうちにある状態は、彼が沈んでいった底深くに彼をつなぎとめ、一貫性によって彼の不信心を強めるのである。彼を助けるものは個々の新しい罪ではない〔もしそうだとしたら、なんという恐ろしい狂気の沙汰であろう！〕、むしろ個々の新しい罪は罪のうちにある状態のあらわれにすぎないのであり、罪のうちにある状態こそ本来の罪なのである。

したがって、わたしたちがいま問題にしようとしている「罪の継続」という場合には、個々の新しい罪のことではなくて、むしろ罪のうちにある状態のことが考えられなければならない。ところが、罪のうちにある状態はまた、それ自身のうちで罪の度を強めることになり、罪の状態にあることを意識しながら罪の状態に踏みとどまるにいたるので、罪の度が高まっていくその運動の法則は、ここでも他の場合と同じように、内面へ向かい、だんだんと意識の度を強めていくのである。

A　自己の罪について絶望する罪

罪とは絶望である。その度の強まったものが、自己の罪について絶望する、という新しい罪である。これが罪の度の強まったものであることは、容易に知られることである。たとえば、以前に百リグスダーラーを盗んだ者が、こんどは千リグスダーラーを盗んだというような場合、それは新しい罪ではない。そうではない、ここでは、そのような個々の罪を問題にしているのではない。罪のうちにある状態が罪なのであって、この罪が新しい意識のなかで度を強められるのである。

自己の罪について絶望することは、罪がそれ自身において一貫したものになったこと、もしくは、一貫したものになろうとしていることの表われである。この罪は、善とはなんのかかわりをももとうとしないし、ときおりでも他人の話に耳をかたむけるような気の弱いことではいけないと思う。いな、この罪はただ自己自身の声にだけ耳をかたむけ、ただ自己自身だけにかかわり、ただ自己自身だけで閉じこもろうとする。

それればかりか、もひとつ囲いをこさえてそのなかに閉じこもり、罪についての絶望によって、善の側からのあらゆる襲撃や追跡にたいして身を守るのである。この罪は、自分の背後の橋はすでに取りこわされてしまっていることを、したがって、自分のほうから善にいたる道も善から自分へくる道も絶たれていて、たとえ気が弱くなった瞬間に自分から善を望むようなことがあっても、結局それが不可能となっていることを、自覚しているのである。

罪それ自身が善からの離脱である。しかし罪についての絶望は再度の離脱である、当然のことながら、これは罪のうちから悪魔的なものの力を残らずしぼり出して、神を無《な》みする冷酷さや頑固さを生み出し、それがために、一貫して、悔い改めと呼ばれる一切のもの、また恩寵《おんちょう》と呼ばれる一切のものを、単に空虚で無意味なものとみなすばかりでなく、自分の敵とみなし、あたかも善人が誘惑に抵抗するのとまったく同じように、この敵にたいしてこそ、なによりも強力に抵抗しなければならないと考えるにいたるのである。

こういう意味で、メフィストフェレスが〔『ファウスト』のなかで〕、絶望している悪魔ほどみじめなものはない、と言っていることば[36]は、当たっている。というのは、ここで絶望していると言われているのは、悔い改めや恩寵についてなにか聞きたいと思うほど気が弱くなっている、という意味にほかならないからである。罪と罪についての絶望とのあいだの関係に見られる度の強まりを名づけようと思えば、前者は善との絶交、後者は悔い改めとの絶交、と言うことができるであろう。

罪についての絶望とは、いっそう深く沈むことによって身をささえようとする試みである。軽気球に乗って空へのぼる人が重い物を投げ捨てながら上昇していくように、この絶望者は、いよいよ断固として、一切の善をふり捨てながら沈んでいく〔善の重さは揚力だからである〕、彼は沈んでいくのだ、しかし、彼自身はむろん上昇しているつもりなのである——事実、だんだん身が軽くなっていくからである。

罪そのものが絶望の戦いである。しかし、力が尽き果てると、新たに絶望の度を強めることが、悪魔的に新たに自己自身のうちに閉じこもることが、つまり、罪についての絶望が必要になる。

これは前進であり、悪魔的なものにおける上昇であり、もちろん、罪のなかへ沈み込むことである。それは、悔い改めや恩寵のことにはまったく耳をかたむけまいと、いよいよ最後の決意をすることによって、ひとつの力としての罪に、支持と利を与えようとする試みである。

けれども、罪についての絶望は、むろん、自分自身の空虚さを、自分が生命の糧《かて》をいささかももっていないことを、自分自身の自己の観念をすらももっていないことを、よく自覚している。マクベスの語る次のことばは、さすがに人間心理に通じた巨匠のことばである。

「いまから先は〔彼が国王を殺してから――そして自分の罪について絶望しているいまからは〕真剣なことはこの人生にもうなにもなくなった、すべてががらくたであり、名誉《ほまれ》も恩寵《めぐみ》も死んでしまった」〔第二幕第二場〕

いかにも巨匠らしい点というのは、最後の二語〔名誉と恩寵〕を重ねた見事な筆致である。罪によって、すなわち罪について絶望することによって、彼は恩寵にたいするあらゆる関係を――そしてそれと同時に、自己自身にたいするあらゆる関係を失ってしまったのである。彼の主我的な自己は名誉欲において頂点に達する。いまや彼は確かに国王となった。それだのに彼は彼の罪について絶望し、悔い改めの実在にも恩寵にも絶望しているがために、彼は自己自身をも失ってしまったのだ。彼は自分自身の面前で自己を主張することさえできない、彼は恩寵をつかむことができないと同じように、名誉欲のうちに自分の自己を享楽することもできないのである。

人生においては「これは、罪についての絶望が人生にあらわれるものとしての話であるが、しかしとにかく、人々がそう呼んでいるようなものがなにかあらわれるものである」、この罪についての絶望は、たいていの場合、見誤られている。思うにそれは、世間では普通、ただ軽率なことや無思慮なことや、むだなおしゃべりばかりがおこなわれているので、なにか少し深刻な話が持ち出されでもすると、たちまち人々はまるでしかつめらしくなって、うやうやしく帽子を脱いでしまうからであろう。

罪についての絶望は、自己自身および自己の意義について混乱した不明瞭さのうちにあるためか、それとも、偽善みたいなところがあるためか、それとも、どのような絶望にもつきものの狡《こう》猾《かつ》さと詭《き》弁《べん》を用いるためか、そのいずれかによって、とかく自分をなにか善いもののように見せかけようとしたがるものである。そうすると、それが、その人が深みのある人間で、それだから自分の罪をそんなに気にかけている、ということのあらわれだとされるのである。

ひとつの例を挙げてみよう。かつてなにかある罪に身をゆだねはしたが、そののち長いあいだ誘惑に抵抗してこれに打ち勝った人がいるとする――そしてその人が、逆もどりして、ふたたび誘惑におちいるとする。その場合、そこにあらわれてくる意気銷《しょう》沈《ちん》は、必ずしも罪についての悲しみだとはかぎらない。それはその他いろいろなものでありうる。だからそれは摂理にたいする憤りであることもできる。つまり、摂理が自分を誘惑におとしいれたのだと考えたり、自分はこれまで長いあいだ誘惑に抵抗してそれに打ち勝ってきたのだから、このような目に会わせるとは、摂理は自分にたいしてあまりに苛酷《かこく》にすぎはしないかと、考えたりするのである。

しかしいずれにしても、このような悲しみをただちに善いものと思いなし、あらゆる激情のなかに含まれている二枚舌に少しも注目しないのは、まったく婦女子じみたやり方である。しかも激情のなかにはまた実に不気味なものがあって、そのために、激情的な人が、自分で言おうと思ったことと正反対のことを言ってしまったことにあとで気がついて、ときには、ほとんど気もくるわんばかりになることもあるのである。おそらくそのような人は、だんだんと語勢を強めて、この罪への逆もどりがいかに彼を責めさいなむか、それがいかに彼を絶望におとしいれるかを断言し、「わたしはけっしてそれを自分に赦《ゆる》しはしない」と言う。するとそういうことばが、彼のうちにいかに多くの善が宿っており、彼がいかに深みのある人間であるかということのあらわれであるとされるのである。これはひとつの欺瞞《ぎまん》である。

わたしはいま叙述のなかへ故意に「わたしはけっしてそれを自分に赦しはしない」という通りことばを挿入したが、このことばはこういう場合にごく普通に耳にされることばなのである。そしてこのことばを手がかりとしさえすれば、ただちに弁証法的に正しい進路を見いだすこともできるのである。

彼はけっしてそれを自分に赦しはしない――しかし、もしいま神がそれを彼に赦そうと欲しておられるとしたら、彼だって喜んで自分自身を赦すだけの善意をもっていいはずではないか。ところが、そうではなく、罪についての彼の絶望は、激情的なことばとなって荒れくるえば荒れくるうほど、ますます激しくなり、けっして自分に赦しはしないということばによって、彼は〔彼自身はそれに少しも気づいていないのだが〕そのようにして罪を犯す可能性がある〔そのようなものの言い方は、神に赦しを乞《こ》い求める痛悔の気持とはほとんど正反対のものだからである〕ということを、みずから告発しているのである。このような絶望は、とうてい善の規定などではありえない。それは罪の規定のいっそう強まったものであり、その強まりは罪への深まりなのである。

事情はこうなのである。彼が誘惑に抵抗してそれに打ち勝っていたときには、彼自身の目には自分が実際の自分よりも善いものに見えた、彼は自分自身を誇るようになった。ところで、この誇りの気持からすれば、過去のことはまったく過ぎ越してしまったことにしてしまいたいのである。ところが、罪を重ねることによって、過去のことが突如としてふたたびまったくの現在となる。この思い出は彼の誇りには堪えられない。そこで、あのように深い悲嘆が生じる、というわけなのである。

しかし、この悲嘆の方向は、明らかに、神からの離脱であり、ひそかな自己愛であり高慢である。それはまず、あのように長いあいだ自分を助けて誘惑に抵抗させてくれたことを謙虚に神に感謝し、そのように誘惑に抵抗できたということがすでに自分の力をはるかに越えたことであったことを神と自分自身の前で告白し、このように、自分のかつてありし姿を思い起こして謙虚になるべきことを忘れたものである。

この場合にも、いつもの場合と同じように、昔の信仰書㊲の説くところは、きわめて深く、きわめて世故にたけており、すぐれた道しるべである。その教えるところによれば、神は、信仰者がよろめいてなにかの誘惑におちいるのを、ときおり見過ごされることがある——しかしそれは、信仰者を謙虚にさせ、それによって彼を固く善のうちにつなぎとめようとの思《おぼ》し召《め》しからにほかならない。

罪を重ねることと、善の歩みにおいておそらくいちじるしい進歩をとげたということとの対立は、人の心を謙虚にさせずにはおかない。この対立がやがて自分自身と同一であるという感じは、苦しみを与えずにはおかない。人間が善の道に歩みを進めていればいるほど、当然のことながら、それだけ深く個々の罪はその心を苦しめ、また、彼がうまく方向を転換しない場合には、それだけ危険も大きい、ほんのわずかな焦燥があらわれても、危険なのである。

もしかしたら、彼は心痛のあまり暗い暗い憂鬱《ゆううつ》の底に沈むかもしれない——すると、おめでたい牧師さんは、あたかもそれが善から出たことででもあるかのように、なんという深い魂の持ち主であろう、この人のうちにある善はなんという大きな力をもっているのだろう、と驚嘆しかねないのだ。そして彼の妻は、もちろん彼女は罪のためにそれほどまでに悲しむことのできる、それほどまじめで信心深い夫とわが身をひき比べて、自分も深い謙虚な気持にさせられるのをおぼえるのである。

おそらく彼の語ることばもいっそう欺瞞《ぎまん》的となることであろう、おそらく彼は、わたしはけっしてそれを自分に赦すことができない、などとは言わないだろう〔これでは、以前に彼は自分に罪を赦したことがあるみたいである、それは神の冒瀆《ぼうとく》である〕、むしろ彼は、神はけっしてそれを自分に赦すことができない、と言うだろう。

ああ、これもまた欺瞞でしかないのだ。彼の悲しみ、彼の嘆き、彼の絶望は、主我的なのである〔これは、罪にたいする不安と同じことで、この不安が、罪なしにあることを誇りたいと思う自己愛にほかならぬがゆえに、しばしば人を罪へおとしいれるのである〕――そして慰め、これこそ彼が最も必要としないものなのであり、それだからこそ、牧師が処方する莫大《ばくだい》な量の慰めの薬が、かえっていよいよ病気を悪化させるばかりなのである。

B　罪の赦しにたいして絶望する罪〔つまずき〕(1)

自己意識の度の強まりは、ここでは、キリストを知ることであり、キリストに面する自己ということである。最初に〔第一編において〕、永遠な自己をもっているということについての無知があらわれ、次には、ある永遠なものを含んでいるはずの自己をもっているということについての知識があらわれた。それに次いで〔第二編へ移る際に〕、この区別は、自己自身について人間的な観念をもっている自己、もしくは、人間を尺度とする自己のうちに含まれるものであることが示された。それに対立するのが、神に面する自己であって、これが罪の定義の基礎におかれたのであった。

さてこんどは、キリストに面する自己があらわれてくる——しかし、これもやはり絶望して自己自身であろうと欲しない、もしくは、絶望して自己自身であろうと欲する自己である。なぜかというに、罪の赦しにたいする絶望は、絶望のふたつの定式のいずれかに、すなわち、弱さの絶望か反抗の絶望かのいずれかに、還元されうるはずだからである。すなわちそれは、つまずいて信じるだけの勇気のない弱さの絶望か、つまずいて信じようとは欲しない反抗の絶望かのいずれかである。

ただここでは〔もちろん、人間がただ人間として自己自身であろうとすることが問題なのでははなく、罪人《つみびと》であるという規定のなかで自己自身であろうとすることが、したがって、自分が不完全なものであるという規定のなかで自己自身であろうとすることが、ここでは問題なのだから」、弱さと反抗とが、ほかの場合とは逆になる。ほかの場合なら、弱さとは、絶望して自己自身であろうと欲しないことである。ところがここでは、それが反抗なのである。なぜかというに、人間が現にそうである自己自身、つまり罪人であろうと欲しないで、それがために、罪の赦しを不必要なものにしようとするのは、この場合には、反抗にほかならないからである。ほかの場合なら、反抗とは、絶望して自己自身であろうと欲することである。ところがここでは、それが弱さなので、絶望して自己自身、つまり罪人であろうと欲し、したがって、罪の赦しなどありえないと考えるのである。

キリストに面する自己とは、神の量り知れぬ譲歩によって度を強められた自己、神がこの自己のために誕生し、人間となり、苦しみを受け、死にたもうたという事実のゆえに自己の上にかかってくる量り知れぬ重みによって度を強められた自己である。さきに、神の観念が増せば増すほど、それだけ自己も増す、と言われたが、それと同じように、ここでは、キリストの観念が増せば増すほど、それだけ自己も増す、と言える。

自己は、質的には、自己の尺度とするところのものと同じである。キリストが尺度であるということは、自己がいかに巨大な実在性をもっているかということの表現であり、神の側から確証されたその表現なのである。なぜなら、神が人間の目標にして尺度、あるいは、尺度にして目標であるということは、キリストにあってはじめて真実であるからである。――しかしながら、自己が増せば増すほど、それだけ罪の度もまた強くなる。

罪の度の強まりは、別の面からも見られる。罪とは絶望のことであった。その度の強まったものが、罪についての絶望であった。しかるにいま、神は罪の赦しにおいて和解を申しいでたものである。それだのに、罪人《つみびと》は絶望する、そこで、絶望はいっそう深刻に表現されてくる。この絶望はいまや、ある仕方で神にかかわりをもっている。けれどもこのかかわりが生じるのは、絶望がなおいっそう神から遠ざかっているからであり、なおいっそう強く罪のなかに沈んでいるからにほかならないのである。

罪人が罪の赦しにたいして絶望するさまは、あたかも彼が神に食ってかかっているかのようである、「いや、罪の赦しなどというものはありはしない、そんなことは不可能なことだ」というようなことばを聞くと、まるで口げんかのようにひびく。それはまるでつかみ合いのように見える。けれども人間は、そういうことを口にしうるためには、そしてそのようなことばが聞かれることができるためには、質的にいっそう遠く神から隔たっていなければならない、そのように「近くで」戦うためには、「遠くに」[38]いなければならないのである。

精神の世界というものは、音響学的に見ると、このように奇妙な構造をしており、その距離関係はこのように奇妙にできているのである。ある意味では神に食ってかかろうとするものとも言えるこの否認のことばが聞かれうるためには、人間はできるだけ遠く神から離れていなければならない。神の最も近くに迫ることができるのは、神から最も遠く離れている場合である。神の近くに迫るためには、遠く神から離れ去っていかなければならない。神の近くにいるならば、神に迫ることはできない。近くにいるということは、「とりもなおさず」遠く離れていることなのである。

おお、神に面する人間の無力さよ！　もし高い地位にある人に向かって近づくならば、人はおそらく罰として遠くへ放り出されるであろう。しかし、神に向かって近づくことができるためには、遠く神から離れ去っていかなければならないのである。

人生にあっては、この罪〔罪の赦しにたいして絶望する罪〕は、たいていの場合、見誤られている。わけても、倫理的なものが捨て去られてしまい、㊴その結果、健全な倫理的なことばがまれにしか、いな、まったく聞かれなくなって以来、そうである。美学的=形而上学的には、罪の赦しにたいして絶望することは、深みのある人間であることのしるしとして尊敬されるが、それは、子供の場合、腕白であることが深みのある子供のしるしだとみなされるのと同じことである。

神と人間との関係において、「なんじ、なすべし」という唯一の規制的原理が捨て去られて以来、どれほどの混乱が宗教的なもののなかにはいり込んできたかは、ほとんど信じられないほどである。この「なんじ、なすべし」は、宗教的なもののあらゆる規定のうちに必ず含まれていなければならないものである。しかるに、そうするかわりに、人々は奇怪なことに、神の観念を、あるいは神についての観念を、人間の自尊心の一要素として、神の面前で自分の重みをつけるために用いてきたのである。ちょうど政治生活において、野党に所属することによって自分を重くし、結局、自分が反対することのできるなにかをもてるために政府の存在を望むように、人々は、結局のところ、神を除き去ることを欲しないのである。──しかしそれは、神と対立していることによってなおいっそう自分自身を重からしめようがためでしかない。

しかも、そのむかし神を無《な》みする反逆のあらわれとして戦慄《せんりつ》をもって見られたこれらすべてのことが、今日では、天才的なこと、深みのある人間のしるしとなっているのである。「なんじ、信ずべし」、かつては簡潔に、いとも率直に、そう言われた。──だが、今日では、信じえない、ということが天才的なことであり、深みのある人間のしるしなのである。

かつては、「なんじ、罪の赦しを信ずべし」と言われ、このことばにたいする唯一の注釈として、「もしなんじがそれをなしえないならば、なんじは不幸を招くであろう、なぜなら、人は、そのなすべきことを、なしうるのだからである」と言われた。──今日では、それを信じえないということが天才的なことであり、深みのある人間のしるしなのである。なんというすばらしい結果であろう、これがキリスト教界のたどり着いた結果なのだ！

キリスト教について一言も聞くところがなかったとしたら、人々はこのように思いあがることはけっしてなかったであろう、事実、異教徒はそのように思いあがったことは一度もなかったのである。ところが、キリスト教的な諸観念がかくも非キリスト教的に流布されているがために、その諸観念は、このうえない生意気なことのために利用されるか、でなければ、別の同じようにあつかましい仕方で悪用されるのである。

それにしても、実に奇警なことと思われるのだが、異教世界では、呪《のろ》う㊵ということが風習とはならなかったのに、それがキリスト教界ではごくあたりまえのこととして一般におこなわれているのである。異教徒はある種の戦慄をもって、神秘的なものにたいする恐怖の念をもって、多くの場合、きわめて厳粛な態度で、神の名を呼んだものだが、キリスト教界では、神の名は日常の談話のなかにきわめてしきりに出てくることばであるし、確かに、最も無思慮に、また最も無頓《むとん》着《じゃく》に用いられることばなのである。

それというのも、哀れな顕現した神〔高貴なものが普通するように、自分の身を隠しておくことをしないで、不注意にも、また愚かにも、顕《あら》わなものとなった神〕が全民衆からあまりにもよく知られた一人物となってしまい、人々はときおり教会へ行きさえすれば、それだけでこの人物にきわめて大きい奉仕をしたことになり、また牧師からもほめられるし、牧師は神の名において参詣《さんけい》によって示された敬意に感謝し、参詣者に敬虔《けいけん》なという尊称を与えるが、教会へ行くだけの敬意を神に示さない人々に向かっては、少しばかり厭味《いやみ》を言う、といった次第だからである。

罪の赦しにたいして絶望する罪は、つまずきである。ユダヤ人は、キリストが罪を赦そうとしたためにキリストにつまずいたのであるが、それはユダヤ人としてはまったく当然のことであった[41]。ひとりの人間が罪を赦そうとすることに、信仰者でもないものが〔信仰者であれば、もちろん、キリストが神であったことを信じているはずである〕つまずかずにいられるためには、よほど高度の精神喪失〔つまり、普通キリスト教界に見受けられるような〕が必要である。次にまた、罪が赦されることができるということにつまずかないためにも、同じようによほどの精神喪失が必要である。それは人間の悟性にとってはなによりも不可能なことなのである――だからといって、わたしは、それを信じえないことが天才的なことだとして賞讃するわけではない、それは信じられるべきものだからである。

異教の世界においては、当然のことながら、このような罪は存在しえなかった。もし仮に異教徒が罪についての真の観念をもつことができたとしても〔異教徒には神の観念が欠けていたのだから、それができるわけはなかった〕、自己の罪について絶望するという以上には進みえなかったであろう。いや、それどころか〔そしてこれが、人間の悟性と思惟にたいしてなされうる譲歩のすべてであるが〕、もし異教徒が世間について絶望したり、一般的な意味における自己自身について絶望したりするのではなくて、自己の罪について絶望するところまで実際に到達したとしたら、その異教徒は賞讃されなければならないであろう。[2] そこまで達するためには、人間的に言うならば、深い心と倫理的な規定とが必要なのである。人間は人間であるかぎり、それ以上に出ることはできないし、そこまで達した人さえきわめてまれなのである。けれども、キリスト教的に見るならば、すべてが変わってくる、というのは、なんじは罪の赦しを信ずべきであるからである。

ところで、罪の赦しということに関して、キリスト教界はいかなる状態にあるであろうか？確かに、キリスト教界の状態は、実のところ、罪の赦しにたいして絶望している状態である。けれども、このことばは、その状態がそのようなものとして顕わになってさえもいないほど、キリスト教界が退歩している、という意味に理解されなければならない。人々は罪の意識にさえもまだ達していない、人々は、異教徒でも知っていたような種類の罪しか知らず、そして異教的な安心のうちに幸福にここちよく生きているのである。しかし、人々は、キリスト教界のなかで生きているのであるから、異教徒よりもさらに先へ進む。彼らは、先へ進んで、この安心——実際、キリスト教界では、これ以外ではありようはないのだが——が罪の赦しの意識なのだ、と妄想する、そして牧師たちは教会員のその妄想を強めてくれるのである。

キリスト教界の根本的な不幸は、実を言えば、キリスト教なのである。つまり、神＝人の教説〔注意を要することだが、これは、キリスト教的な意味では、逆説とつまずきの可能性によって保証されているのである」が、繰り返し繰り返し説教されることによって、実のないものにされてしまい、神と人間とのあいだの質的差異が汎神論的《はんしんろんてき》に〔はじめは貴族的に思弁によって、のちには庶民的に大道や横町で〕止揚されてしまった(42)ということなのである。

地上にあるいかなる教説も、神と人間とを、キリスト教ほどに近く結びつけたものは、実際かつてなかった。事実、それは他のいかなる教説もなしうるところではなかったのである。それはただ神自身のみがなしうることであって、人間の考え出すことはどんなものでも、しょせん、夢であり、あてにならぬ妄想でしかないのである。けれどもまた、神がそのような手段をとりたもうたのちに、あたかも神と人間とが結局ひとつになってしまうかのように誤解してしまう最もおそるべき冒瀆《ぼうとく》にたいして、キリスト教ほどに用心深く身を守った教説もかつてなかった――この冒瀆にたいして、つまずきの助けをかりて身を守ったキリスト教ほどによく身を守った教説はかつてなかったのである。

禍《わざわ》いなるかな、だらしのない説教者(43)たちよ、禍いなるかな、軽薄な思想家たちよ、禍いなるかな、彼らから学び、彼らを賞讃してきたすべての帰依者《きえしゃ》たちよ！

人世において秩序が保たれねばならぬとすれば――それは神の欲したもうところである、なぜなら、神は混乱《みだれ》の神（第一コリント一四・三三）ではないからである――なによりもまず、人間めいめいが単独の人間であるということに、単独の人間であることを自覚するにいたることに、注意が向けられなければならない。人間がまず、集まって、アリストテレスが動物の定めと呼んでいるもの(44)、すなわち、群集、になる許可を得、ついで、この抽象物が〔これは無よりも以下のものであり、このうえなくくだらぬ有象無象よりも以下のものであるはずなのに〕なにかひとかどのものとみなされることになると、やがて、この抽象物は神となるにいたるのである(45)。

そうなると、それは「哲学的に」神=人の教説と見事に一致することになる。群集が国王を威圧したり、新聞が政府の役人を威圧したりするのを、人々はいろいろな国家で学び知っているが、それと同じように、人々はついには、すべての人間が「総がかりで」神を威圧するということを発見するにいたる。このようにして、これが神=人の教説、すなわち、神と人間とが「まったく同じもの」であるとする教説と呼ばれるのである。

個にたいする類の優位を説くこの学説の普及に協力した哲学者たちの多くが、賤民《せんみん》が神=人であるとされるまでにその学説が下落するにいたっては、嫌悪の念をもってそれに背を向けることはいうまでもない。けれども、この哲学者たちは、それがやはり彼らの学説であることを忘れているのである。彼らは、彼らの学説が、貴族たちによって受け入れられていたときにも、選《え》りぬきの貴族たちや選ばれた哲学者仲間が自分たちを神の化身と思っていたときにも、いまより以上に真理であったわけではないことを、見のがしているのである。

要するに、神=人の教説が、キリスト教界を厚顔にしたのである。まるで神があまりに弱すぎたと見えるほどである。神にとっては、ちょうど、気だてのよい人があまりに大きい譲歩をしたために忘恩をもって報いられるのと同じ仕打ちを受けたようなものである。

神＝人の教説を創《つく》り出したのは神である、ところがいまや、キリスト教界は厚顔にも事態を逆転させて、なれなれしくも神を親類呼ばわりしている。そこで、神のなしたもうた譲歩㊻は、国王が自由憲法を発布するという最近の出来事㊼がもつ意義とほとんど同じ意義しかもたないことになる――人々は、自由憲法の発布がどういう意義をもっているかをよく心得ている、つまり、「国王はそうせざるをえなかったのだ㊽」と言うのである。神は当惑のていである。賢い人が神に向かって次のように言うとしても、もっともだと思われそうである。
「それはあなたご自身の責任です、なぜあなたはそのように深く人間にかかわりあわれたのですか。神と人間とのあいだにそういう同一性があろうなどとは、どんな人間だってけっして思いつくことではなかったでしょうし、どんな人間の心にだって思い浮かぶことではなかったでしょう（第一コリント二・九）。それをお知らせになったのは、あなたご自身だったのです、そしていま、あなたはその実を刈り取っておられるわけです」

けれども、キリスト教は最初から身を守ってきたのである。キリスト教は罪の教説から始まる。罪の範疇《はんちゅう》は単独性㊾の範疇である。罪は思弁的にはけっして思惟されえない。すなわち、単独な人間は、概念以下のところにある、人は単独な人間を思惟することはできない、ただ人間という概念を思惟しうるばかりである。——それだから、思弁はただちに、個にたいする類の優位という説に落ち込んだのである。思弁に、現実に関する概念の無力さを承認させるなどということは、どだい、無理な要求だからである。

　ところで、人は、単独の人間を思惟することができないように、単独の罪人《つみびと》を思惟することもできない。罪を思惟することはできる〔その場合、罪は消極的なものとなる〕が、しかし単独の罪人を思惟することはできない。しかし、それだからこそ、罪をただ思惟しようとばかりする場合には、罪が厳粛な問題となることができないのである。なぜなら、厳粛さは、まさに、なんじとわたしが罪人である、という点にあるからである。厳粛さは、罪一般ではなくて、厳粛さの重点は、単独者である罪人の上におかれているのである。

「単独の人間」などと言えば、もとより思弁は、それが首尾一貫しているかぎり、人が単独の人間であるとか、思惟されえないものであるとかいうことを、ひどく軽蔑《けいべつ》するにちがいない。もし思弁がこの角度からなにかしかるべき忠言を与える気になったら、思弁は単独者に向かってきっとこう言うにちがいない。

「単独者なんてものを問題にするのは暇つぶしというものだ、まずもって、そんなことは忘れてしまうんだね、単独な人間であるってことはなにものでもないということなのだ、思惟したまえ——そうすれば、君は全人類なのだ、『われ思うゆえにわれ在《あ》り』なんだよ」

けれども、おそらくこれも嘘《うそ》であろう、単独な人間が、単独な人間であることが、最高のことなのであろう。しかしまあ思弁の言うとおりだとしておこう。すると思弁は、まったく当然なこととして、また次のように言うにちがいあるまい。

「単独の罪人であるということは、なにものでもないということだ。それは概念以下のことだ。そんなことで時間を浪費するのは、よしたまえ」等々、と。

さてそのさきはどうなるだろうか。おそらく、単独の罪人であることをやめて〔ちょうど、単独の人間であることをやめて、人間という概念を思惟せよと勧告されたのと同じように〕罪を思惟すべきなのであろうか？　さて、そのさきはどうなるだろうか。おそらく、罪を思惟することによって、みずから「罪」となるのであろうか――「われ思うゆえにわれ在り」？　すばらしい提案だ！　しかしながら、このようなふうにして罪に――純粋な罪になりはしないかなどとは、少しも心配するにはあたらないのだ。なぜというに、罪はけっして思惟されないものだからだ。このことは、おそらく思弁自身も認めないわけにはいかないだろう、罪は概念からの離反と見られているのだから。(50)

ところで、このような「譲歩」の上に立っての議論にはこれ以上立ち入らないことにするが、難点は主として別のところにある。罪にあっては、倫理的なものがあずかっていることに、思弁は注意を払わない。倫理的なものは、いつでも思弁とは逆のものを強調し、思弁とは正反対の方向に歩むのである。というのは、倫理的なものは現実を抽象するのではなく、かえって現実のなかへ深くはいり込み、本質上、思弁によって見過ごされ軽蔑されている単独性という範疇《はんちゅう》の助けをかりて操作するものだからである。

罪は単独者の規定である。人はみずからこの単独な罪人《つみびと》であるのに、単独な罪人であるということがなんでもないことであるかのようにふるまうのは、軽薄なことであり、新しい罪である。ここにキリスト教が分け入ってきて、思弁の前で十字を切る。帆舟が激しい逆風にさからって前進することができないように、思弁もかの困難から脱却することは不可能なのである。

罪の厳粛さは、なんじが罪人であり、またわたしが罪人であるというように、単独者における罪の現実性なのである。思弁の立場からは、単独者は無視されるほかはない。したがって、罪について思弁の語るところは、軽薄たらざるをえない。罪の弁証法は、思弁の弁証法とは正反対に進むのである。

ここにおいてキリスト教は、罪の教説とともに、したがってまた単独者とともに、始まるのである。(3) 神=人の教説、神と人間とのあいだの同一性の教説を説いたのは、もちろん、キリスト教だからである。しかし、キリスト教は、あつかましく生意気な押し付けがましさをはなはだ憎む。罪と単独の罪人についての教説によって、神とキリストとは、どこかの国王のやり方とはまったく違った仕方で、国民や人民や大衆や公衆、等々にたいして、「同じように」自由憲法発布のあらゆる要求にたいしても、断固として身を守ったのである。これら一切の抽象物は、神の前ではまったく存在しない、ただ単独の人間たち〔罪人たち〕のみが、キリストにおいて神の前に生きているのである。――しかも神はよく全体を見渡すことができる、のみならず、神はすずめの面倒までも見ることがおできになるのである（マタイ一〇・二九）。

神は一般に秩序の友である、そしてこの目的のために、神自身はあらゆる場所に、あらゆる瞬間に、臨在したもう〔これは神の名を呼ぶ称号のひとつとして教科書[51]のなかで挙げられるものであるが、人々はただときおり少しだけそれを考えてみるだけで、あらゆる瞬間にそれを考えてみようなどとはけっしてしないのである〕、神は遍在したもうのである。神の概念は人間の概念とは違っている。単独者は、概念のなかに割り切られてしまうことのできないものとして、人間の概念以下のところにある。神の概念は一切を包括している、またある別の意味においては、神はまったく概念をもっていないのである。神は略語の助けなど必要としない。神は現実そのものを、一切の単独者を、概念的に把握している〔包握している〕[52]。神にとっては、単独者は概念以下にあるものではないのである。

罪の教説、なんじとわたしが罪人であると説く教説、「衆」を完全に分散させてしまうこの教説は、ついで、神と人間とのあいだの質的差異を、かつてその例を見ないほど深く、打ち立てる――これは神のみのなしうることだからである、罪とは、つまり神の前で……にほかならないからである。人間が、すなわちめいめいの人間が罪人であり、それも「神の前で」罪人であるという点においてほど、人間が神から区別されている点はない。しかしそれによって、実は、相《あい》対立するものが二重の意味で結び付けられる[53]。すなわち、この相対立するものは結び合わされる〔「離れぬようにくっつけられる」〕、彼らはお互いに離れることを許されないが、しかし、そのようにして結び付けられているがために、両者の差異はいよいよ際立ってくる。それはちょうどふたつの色を結び付けた場合に、両方の色がひときわ際立つと言われるのと同じである、「相反するものは、互いに並べておかれると、ひときわ際立つ」のである。

罪は、普通、人間について述語となるすべてのもののなかで、「否定の道において」も、「肯定の道において」も、[54]いかにしても神の述語とはなりえない唯一のものである。神について〔神は無限であるということを、神は有限ではない、という、つまり「否定の道」によって言い表わすのと同じような意味で〕、神は罪人ではない、という言い表わし方をするなら、それは神の冒瀆である。

罪人として人間は、質という底の知れぬ深淵《しんえん》によって神から断絶されている。そしてまた、言うまでもないことながら、神が人間の罪を赦したもう場合にも、神も同じく質の底知れぬ深淵によって人間から断絶されているのである。すなわち、ほかの場合なら、一種の逆の適応によって、[55]神的なものを人間的なものに移すことができるにしても、罪を赦すというこの一事においては、人間は永遠にけっして神に等しいものとはなれないのである。

かくしてここに、つまずきの極度の集中がある、それは、ほかならぬ神と人間とのあいだの同一性を教えた教説が、必要と考えたものである。

ところで、つまずきは、主体性の、単独な人間の最も決定的な規定である。もちろん、つまずいた人を考えることなしにつまずきを考えることは、笛吹きのいないときに笛の吹奏を考えることができない[56]ほど、不可能なことではない。けれども、つまずきは、恋情より以上に非現実的な概念であって、つまずく人が、つまずく単独者がそこにいるたびごとにはじめて現実的なものになるということを、確かに思惟でさえも認めないわけにはいかないのである。

したがって、つまずきは単独者にかかわる。そして、そこからすなわち各人を単独者に、単独の罪人にすることから、キリスト教は始まる。それから、キリスト教は、天と地がさがし出すことのできる一切のつまずきの可能性を一点に集中する「このことにのみ神は御心《みこころ》を用いたもうのである」、これがキリスト教なのである。

かくしてキリスト教は、めいめいの単独者に向かって言う、「なんじ信ずべし」すなわち、「なんじはつまずくか、それとも信ずるか、いずれかをすべきである」、と。それ以上は一言も言わない、それ以上つけ加えることはなにもないのである。「もうわたしは語ってしまった」と神は天上にあって言いたもう、「わたしたちは永遠の世界でまた話し合うことにしよう。それまでのあいだは、おまえはおまえのしたいことをするがいい、しかし、審判は間近に迫っている」

審判！　確かに、わたしたち人間がすでに学び知ったことであり、また現に経験が教えていることであるが、舟の上や軍隊のなかで暴動が起こる場合には、有罪者の数があまりに多いので、処罰は断念されざるをえないし、またそれが公衆、名誉ある教養高い公衆か人民である場合には、それは犯罪でないばかりか、福音書や啓示と同様に信頼できる新聞によれば、それは神の意志なのである。どうしてそういうことになるのか？　審判という概念は単独者に対応するものだからである。審判は「集団で」はおこなわれないのである。大勢の者を「集団的に《ひとまとめ》」打ち殺すことはできる、大勢の者に「集団的に《いっしょ》」水をぶっかけることはできる、「集団的に《いっしょ》」大勢の者のご機嫌をとることはできる。要するに、いろいろな仕方で大勢の者を家畜のように取り扱うことはできる。しかし、大勢の者を家畜のように裁く、これはできないことだ。家畜を裁くことはできないからである。たとえどれほど多くの人が裁かれるにしても、およそ裁くということが厳粛なことであり真実なことであるべきものとすれば、めいめいの単独者が裁かれるのである。[4]

ところで、有罪者の数が非常に多い場合には、人間の力では裁き尽くすことができない。そこで、裁くこと自体が諦められる。そこでは審判などということは問題になりえないことがわかるのである。有罪者が多すぎて裁ききれないわけだ。多くの有罪者をそれぞれ単独者としてとらえることもできなければ、それぞれ単独者としてとらえる術《すべ》も分からない、そこで、審判することを諦めざるをえないのである。

さて、文明の進んだ今日の時代においては、神を人間と同じような姿をし、人間と同じような感情をもつものと考えるあらゆる擬人的な神観念は時代遅れだと思われているくせに、普通の区裁判所判事や軍法会議判事と同じような審判者として神を考えることは、べつに時代遅れだとは思われていない。ところが、普通の判事はそれほど広範にわたる事件を処理できるものではない、――そこで、永遠の世界においてもそれとまったく同じことであろう、と推論されることになる。

そこで、われわれはできるだけ一致団結して安全を図り、牧師がそういうふうに説教してくれるようにしよう、ということになる。もしあえて異説をとなえる単独者があったら、愚かにも、おそれとおののきのうちに自分の生活をみずから不安なもの、責任あるものとなし、そのうえ、他の人々までも苦しめようとするような単独者があったら、そういう輩《やから》は狂人とみなすか、必要とあらば打ち殺すかして、われわれの身を守ろうではないか、ということになる。その場合われわれのほうが多数でありさえすれば、それはなにも不正なことではなくなる。多数者が不正をなしうるなどというのは、ナンセンスであり、時代遅れなのである。多数者のなすところ、それが神の意志だ、というわけである。

この知恵の前では、これまですべての人間が、国王も皇帝も閣下も、みんな頭をさげてきたのだ、われわれはそれを経験から知っている――われわれは未経験な若者ではないのだ、われわれはいいかげんな出まかせを言っているのではない、われわれは経験をつんだ大人《おとな》として言っているのだ――この知恵のおかげで、われわれすべての被造物は、これまで救われてきたのだ、だから神もきっといまにこの知恵の前に頭をさげるようになるにちがいない。要するに、われわれが多数者になりさえすればよいのだ、一致団結するほんとうの多数者になることだ、そうなりさえすれば、われわれは永遠の審判にたいしても安泰なのだ。

確かに、もし彼らが永遠の世界においてはじめて単独者になるのだとしたら、彼らは安泰であろう。しかし、彼らは神の前でつねに単独者であったし、またいまもそうなのである。ガラス箱のなかにすわっている人間でも、神の前で見すかされているひとりひとりの人間ほど恥ずかしい思いをしはしない。それは良心の関係なのだ。良心のおかげで、罪過を犯すごとにただちに報告書が作られ、しかも罪過を犯す者自身がその報告書を書かねばならないような仕組みになっているのである。しかし、その報告書は神秘なインキで書かれるので、永遠の世界で光にかざされるとき、永遠が良心を吟味するとき、そのときはじめて、はっきり見えてくるのである。

要するに、人間はだれでも、永遠の世界に到着するときには、自分が犯したり怠けたりしたどんな些細《ささい》なことでも洩《も》らさずしるした詳細な報告書を自分でたずさえていって手渡すのである。それだから、永遠の世界で審判をつかさどることなら、子供にもできるくらいである。そこではもともと第三者のなすべきことはなにもなく、語られたことはごく些細なことばのはしばしにいたるまで、すべてが調書に記載されているのである。

人生を通って永遠にいたる旅路の途上にある犯罪者は、汽車に乗ってその汽車の速力で[57]現場から――そして自分の犯罪から、逃走しようとする殺人者のようなものである。哀れなことに、彼がすわっている車の真下には、彼の人相書きと、次の駅で彼を逮捕せよという指令とをしるした電信が走っているのだ。駅に着いて車から降りると、彼は囚人なのだ――彼はいわば調書を自分でたずさえてきたのである。

このようにして、罪の赦しにたいして絶望することはつまずきなのである。そしてつまずきとは、絶望の度の強まったものである。このことに、普通人々はけっして思いいたらない。普通には、つまずきはほとんど罪のうちに数えられない、だからそういう罪については語られず、つまずきを含まないような罪についてのみ語られるのである。ましてや、つまずきが、罪の度の強まったものと考えられることもない。キリスト教的に、罪――信仰、が対立させられないで、罪――徳、が対立させられるからである。

C　キリスト教を肯定式的に[58]廃棄し、それを虚偽であると説く罪

これは聖霊に反する罪である（マルコ三・二九）。自己はここで最も絶望的にその度を強められている。

自己はキリスト教全体を投げ捨てるばかりでなく、キリスト教を嘘であり虚偽であるとするのである――このような自己は、自己自身について、なんという恐ろしく絶望的な観念をもたなければならないことであろう！

罪が人間と神とのあいだの戦いとして把握されると、罪の度の高まりが明瞭に見られる。この戦いでは戦術が変わり、度の強まりは、守勢から攻勢への高まりなのである。罪は絶望である、この場合には、戦いは逃避的におこなわれる。次に、自己の罪についての絶望があらわれたが、この場合にも、戦いはいま一度、逃避的に、すなわち、退却地点だけは固守しはするが、しかしたえず「退却しながら」おこなわれる。ところがこんどは、戦術が一変する。罪がますます自己自身のなかに深まっていき、かくして神から遠ざかっていくにもかかわらず、しかも別の意味では、だんだんと神に近づき、いよいよ決定的に自己自身となるのである。罪の赦しについての絶望は、神の慈悲ある申し出にたいする一定の身構えである。この罪はまったく逃避的なものではない、単に守勢的なものではない。むしろ、キリスト教を虚偽であり嘘であるとして廃棄する罪は、攻勢の戦いなのである。これに先立つすべての罪は、ともかくある程度まで、相手にたいして、相手のほうが強いことを承認している。ところが、いまや罪は攻勢に出るのである。

聖霊に逆らう罪は、つまずきの積極的な形態である。

キリスト教の教説は、神＝人の教説であり、神と人間とのあいだの親近性についての教説である。しかし注意すべきことに、それにはつまずきの可能性が、言ってみれば、人間が神にあまりに近づきすぎることのないように、神が身を守るための保証となっているのである。つまずきの可能性は、あらゆるキリスト教的なものにおける弁証法的契機である。もしこれが取り除かれるならば、キリスト教的なものは、異教と同じになってしまうばかりでなく、きわめて空想的なものになってしまって、異教はこれをたわごとだと言明するにちがいあるまい。

キリスト教の教えるところによれば、人間はキリストにおいて神に達することができ、神に達することが許され、また神に達すべきなのであるが、そのように神の近くにあることは、かつていかなる人間の心にも思い浮かばなかったことなのである。いまもしこのことが単純に、したがってまったく無造作に、少しの留保もなく、まったく無頓着に、ずうずうしく、理解されてよいものとすれば、神々についての異教の創作を人間的狂気と呼ぶなら、キリスト教は狂気した神の作りごとである。このような教説は、正気を失った神のみが思いつきえたものである——まだ正気を失わずにいる人間なら、そう判断せざるをえないのである。人間の姿をとった神は、もし人間がそのように無造作に神の同僚になれるとしたら、シェイクスピアのヘンリー王と好一対をなすこととなるであろう[59]。

神と人間とは、そのあいだに無限の質の差異があるふたつの質である。この差異を見のがすあらゆる教説は、人間的に言えば、狂気であり、神的に解すれば、神の冒瀆である。異教にあっては、人間が神を人間となした〔人=神〕、キリスト教にあっては、神がみずからを人間となした〔神=人〕――けれども神は、この慈悲ぶかい恩寵の無限の愛のなかで、ひとつの条件を設ける、神はそうするほかないのである。「神はそうするほかない」ということ、これこそキリストの悲しみなのである。

神はみずからを卑しい者となし、下僕《しもべ》の姿をとり、苦しみを受け、人間のために死ぬことができるし、すべての人をわれに来たれと招き（マタイ一一・二八）、その生涯の毎日毎日を、そして毎日の毎時間毎時間を、いな、生命をさえも、犠牲にすることができる――しかし、つまずきの可能性は、神もこれを取り除くことができない。唯一の愛の業《わざ》なのだ！ ああ、愛の測り知れない悲しみなのだ！ 神ご自身にさえそれができないということは――これは別の意味ではまた神の欲しないことでもあり、神の欲しえないことでもある――しかし、神がそれを欲したにしても、その愛の業が人間にはかえって逆のものに、悲惨のきわみになるかもしれないということを不可能にすることは、神自身にもできないのである。

思うに、人間の最大の悲惨は、罪よりもいっそう大きい悲惨は、キリストにつまずいて、そのつまずきのうちにとどまっていることである。そしてこのつまずきは、キリストもそれを不可能にすることができず、「愛」もそれを不可能にすることができないのだ。見よ、だからこそキリストは言いたもう、「わたしにつまずかない者はさいわいである」（マタイ一一・六）と。それ以上のことは、彼にはできないのである。それゆえに、キリストはその愛のゆえに人間を、かつてなりえたことがないほど悲惨にすることができる。そういうことが可能なのである。おお、なんという愛の測り知れぬ矛盾であろう！　しかしそれにもかかわらず、彼は――愛のゆえに、あえて、その愛の業を果たすことをやめることはできないのである。ああ、それがために人間は、さもなければけっしてそうはならなかったであろうほど悲惨なものになるのであるのに！

　このことについて、まったく人間的に語ってみよう。(60) 愛のゆえに、愛にもとづく一切のものを犠牲にしようとする衝動をかつて感じたことのない者、したがってそれをなしえなかった者、ああ、そのような人はなんという憐れむべき人間であろう！　しかし、愛のゆえにすべてを犠牲にしようとする衝動を感じたとき、ほかならぬこの愛ゆえの彼の犠牲が、かえって他の人を、恋人を、不幸のどん底におとしいれるかもしれないということを、そういう可能性のありうることを、彼が発見したとしたら、そうしたらどうであろうか？　そのときには、次のふたつのいずれかであろう。

　ひとつの場合には、彼のうちにある愛情は、その弾力を失い、力強い生命力であることをやめて、悲哀の感情の閉ざされた煩悶《はんもん》へとくずおれてしまう、彼は愛を捨ててしまう、彼は、愛の業の重みではなくあの可能性の重みに圧《お》しつぶされて、あえてこの愛の業を果たそうとはしなくなる。それというのも、重みが棒の一端にかかると、その重みはどこまでも重くなっていき、それを持ちあげようとする人は棒の他の端を握らざるをえないものだが、それと同じように、あらゆる業は、それが弁証法的になると、はてしなく困難なものとなり、それが同情的=弁証法的になると、このうえなく困難なものとなる。それがために、愛が恋人のためにするように駆りたてることを、別の意味では、恋人にたいする心づかいが思いとどまらせるように思われるからである。

もうひとつの場合には、愛が勝利を占めるであろう、そして彼は愛のゆえにあの愛の業をあえてするであろう。しかし、ああ、その愛の喜びのなかには〔愛というものはつねに喜ばしいものなのだ、わけても、愛がすべてを犠牲にするときには〕深い悲しみがあるのだ——だって、愛のゆえに恋人を不幸にするかもしれないではないか！　見よ、それだから、神はおのれのこの愛の業をなしとげることを、犠牲をもたらすことを〔彼としては、歓喜して犠牲を捧げたであろう〕涙なくしてはなしえなかったであろう。この、何と名づけたらいいか、この内面性の歴史画ともいうべきものの上には、あの暗い可能性が漂っているのである。しかも、もしこの暗い可能性がその上に漂っていなかったとしたら、彼の業は真の愛の業ではなかったであろう。

おお、わが友よ、いったい君はこの人生において何をしてみたというのか！　君の頭脳を引き締めたまえ、一切の覆いを払いのけて、君の胸のなかにある感情の臓腑《ぞうふ》をさらけ出したまえ、君が読む作家から君を引き離す一切の障害を取り払いたまえ、そしてそれからシェイクスピアを読みたまえ——そうすれば、君はもろもろの葛藤《かっとう》の前で戦慄することだろう。けれども、本来の宗教的な葛藤の前では、シェイクスピアでさえも、恐れたじろいだもののように思われる。おそらく、そのような宗教的な葛藤は、ただ神々のことばによってのみ表現されるものなのであろう。そして、神々のことばは、とうてい人間の語りうるものではないのだ。なぜなら、すでにギリシア人がいみじくも言ったように、人間は人間からは語ることを学び、神々からは黙することを学ぶ[61]、からである。

　神と人間とのあいだに無限の質の差異があるということ、これが取り去ることのできないつまずきの可能性である。愛のゆえに神は人間となりたもうのである。神は語りたもう。見よ、ここに人間であるということがいかなることであるかが示されている、しかし、と神は付け加える、おお、なんじ、注意《こころ》せよ、われは同時に神である――わたしにつまずかない者はさいわいである、と。神は人間として卑しい下僕《しもべ》の姿をとる、神は、何びとも自分をのけ者と思うことのないように、また、人を神に近づけるものが人間的な名声や、人々のあいだで博する名声だなどと考えることのないように、卑しい人間であることが何であるかを、示しておられるのである。そのとおり、彼は卑しい人間なのである。彼は言う、こちらを見よ、そして、人間であるということがいかなることかを得心せよ。おお、しかし、なんじ、注意《こころ》せよ、わたしは同時に神である――わたしにつまずかない者はさいわいである、と。

　あるいは逆にこう言うかもしれない、父とわたしとはひとつである（ヨハネ一〇・三〇）。けれども、わたしは、このとおり取るに足らぬ卑しい人間で、貧しく、見捨てられ、人々の手に渡されている（マルコ一四・四一）——わたしにつまずかない者はさいわいである。わたしこそ、この卑しい人間であるわたしこそ、聾者《みみしい》を聞かせ、盲人を見させ、跛者《あしなえ》を歩ませ、癩者《らいしゃ》を潔《きよ》め、死者をよみがえらせる者である——わたしにつまずかない者はさいわいである（マタイ一一・五〜六）。

それゆえに、神の法廷における責任を負って、あえてわたしは言おう、わたしにつまずかない者はさいわいである、ということばは、最後の晩餐《ばんさん》の聖餐制定のことば（マタイ二六、マルコ一四、ルカ二二、第一コリント一一など）と同じようにではないけれども、だれでもまず自分を吟味せよ（第一コリント一一・二八）、ということばと同じように、キリストの告知のうちにともに含まれているのである。それはキリスト自身のことばであって、ことにキリスト教界においては、幾度でも教えてしっかりと心に刻み込み、とりわけ、ひとりひとりに繰り返し繰り返し言い聞かされなければならない。どこであれ、[5]このことばがともに響いてこないところでは、あるいは、ともかく、キリスト教的なものの叙述がすみずみまでこの思想によって打ち貫かれていないところでは、そのようなキリスト教は神の冒瀆である。

キリストは、彼のために道を備え、あそこにくる人はだれだろうと人々の目をそばだたせるような護衛も従者も従えることなく、卑しい下僕《しもべ》の姿でこの地上をさまよったのである。しかし、つまずきの可能性が〔ああ、これが、キリストにとって、彼の愛のうちにあってどれほどの悲しみであったことだろう！」、昔も今もキリストを護衛し、キリストと、彼のそば近くいて彼とごく近しかった者とのあいだに、大きく口を開いた深淵《しんえん》を厳として設けているのである。

　ところで、つまずかない者も、信じつつ礼拝し、礼拝しているのである。しかし、礼拝は信仰の表現であって、礼拝する者と礼拝される者とのあいだに、質の無限に大きく口を開いた深淵が厳として設けられていることをあらわすものである。なぜなら、信仰においても、また、つまずきの可能性が弁証法的契機だからである。⑥
　しかし、いまここで問題にしている種類のつまずきは「肯定式的な」ものである。それはキリスト教を虚偽であり嘘であると言明し、したがってまた、キリストについても同じことを言明するものである。

　この種のつまずきを解明するためには、つまずきのさまざまな形態を見ていくのが、いちばんいいであろう。つまずきは原理的には逆説〔キリスト〕にかかわるものであり、したがって、キリスト教的なもののあらゆる規定に繰り返しあらわれる。それはつまり、そのようなキリスト教的なものの規定は、いずれも、キリストにかかわり、キリストを念頭においているからである。

　つまずきの最も低い形態、つまり、人間的に言えば、最も無邪気な形態は、キリストに関するすべての問題を未決定のままにしておいて、わたしはその問題についてはあえてなんとも判断をくださない、わたしは信仰もしないが、判断をくだすこともしない、と判断するものである。これがつまずきのひとつの形態であることを、たいていの人は見のがしている。実を言えば、人は「なんじ……べし」というこのキリスト教的なものをまったく忘れてしまっているのである。それだから、このようにキリストにたいして無関心な態度をとることがつまずきであることを、人は知らずにいることになるのである。

キリスト教が君に宣《の》べ伝えられたということが、君がキリストに関してひとつの意見をもつべきであることを意味している。キリスト自身が、言いかえれば、キリストが現にいますということ、またキリストが現にいましましたということ、それが全人世の運命を決する重大事なのである。キリストが君に宣べ伝えられたとき、それについてわたしはなんの意見ももとうとは思わない、というのは、つまずきなのである。

けれども、キリスト教が現に見られるようにごく月並みなふうにしか宣べ伝えられていない今日の時代にあっては、右に述べたことも若干の制限を付して理解されなければならない。確かに、キリスト教の宣教は聞いたが、この「べし」ということについてはなにも聞いたことがないという人が、幾千人となくいるのである。しかし、それを聞いておりながら、わたしはそれについてなんの意見ももとうとは思わない、と言う人があれば、その人はつまずいているのだ。すなわち、彼はキリストの神性を、キリストが意見をもつべきことを人間に要求する権利をもっているということを、否認しているのである。そのような人が、「わたしはなにも言明しはしない、キリストについて然《しか》りとも否とも言ってやしない」と言ってみたところで、なんにもなりはしない。それなら、彼にこう尋ねるだけのことだ、「それでは君は、キリストに関して君がなんらかの意見をもつべきか否かということについても、なんの意見ももっていないのかね？」と。これにたいして彼が、もっている、と答えるなら、彼は自縄自縛《じじょうじばく》におちいるし、またもし、もっていない、と答えるなら、やはりキリスト教は彼に有罪を宣告する。というのは、キリスト教は、彼がそれについて、したがってまた、キリストについても、ひとつの意見をもつべきであるとし、いかなる人間もキリストの生涯を骨董品《こっとうひん》並みに棚ざらしにしておくというような僭越《せんえつ》なことをすべきでない、とするからである。

　神がみずからを誕生せしめて人間となるということは、神の暇つぶしな思いつきではない、とにかくなにかやってみようかというので、おそらく、厚顔にも言われたように、[62]神の存在と結びついているという退屈を追っぱらうために、神が考えついたことなどではない——神は冒険をしてみたくてそんなことをしたのではない。いな、神が人間となったということ、これは人の世の厳粛な事実なのだ。そしてさらに、人めいめいがそのことについて意見をもつべきであるということは、この厳粛な事実のなかの厳粛な問題なのである。

　国王が田舎《いなか》の町を訪れた場合、役人が正当の理由もないのに伺候《しこう》することを怠るなら、国王はそれを侮辱とみなすだろう。またもしその役人が、国王がその町にきているという事実そのものを無視して、野人然と「国王がなんだ、王法[63]がなんだ」とうそぶくとしたら、いったい国王はなんと判断することだろう？　神が人間になろうと思《おぼ》し召《め》されたときに、——人間が「人間めいめいの神にたいする関係は、あの役人の国王にたいする関係と同じことである」それについて、いや、そんなことについてはわたしは意見をもちたくない、という気になるとしたら、これもあの役人の場合と同じことである。このようなものの言い方は、心の底では軽蔑していることを、体裁よく語るもので、したがって、神を体裁よくないがしろにするものなのだ。

つまずきの第二の形態は否定的な、しかし受動的なそれである。この形のつまずきは、キリストを無視することのできないことを感じており、キリストに関することを打ち捨てておいてその他の生活にせわしなく立ち働くことができない。しかしまた信仰することもできず、ただ同じ一点を、逆説を、いつまでもじっと見つめているのである。そのかぎりでは、それはとにかくキリスト教を尊敬しているのであり、キリストのことをおまえはどう思うか（マタイ二二・四一〜四二）、ということの問題が、ほんとうになによりの重大な問題であることを表わしているのである。この形態のつまずきにおちいっている者は、影のように生きている。彼の生命は、すりへらされていく、彼は心の奥底でたえずこの重大な問題の決断に取り組んでいるからである。このようにして彼は、「失恋の悩みが、愛の実在性を表わしているのと同じように」キリスト教がいかなる実在性をもっているかを、表わしているのである。

つまずきの最後の形態は、わたしたちがここで問題にしているもので、積極的なつまずきである。それはキリスト教を虚偽であり嘘であると説き、キリストを「彼が現にいましましたことを、そして、彼がそのことばどおりいますかたであることを」仮現《かげん》説の立場からか[64]、あるいは、合理主義の立場からか、そのいずれかから否認するものである。そこで、キリストは現実に単独の人間とはならないでただ仮象的なものとなるか、それとも、ただの単独の人間となるかのいずれかであり、したがって、キリストは、仮現説的に、現実であることを要求しようとしない詩となり神話となるか、それとも、合理主義的に、神であることを要求しようとしない現実性となり終わるか、のいずれかなのである。逆説としてのキリストをこうして否認することのうちには、当然、罪、罪の赦し、等々のすべてのキリスト教的なものの否認も含まれている。

つまずきのこの形態は、聖霊に逆らう罪（マタイ一二・三一～三二）である。ユダヤ人はキリストのことを、彼は悪鬼の助けをかりて悪鬼を追い払う者だ（マタイ九・三四、一二・二四、ルカ一一・一五）、と言ったが、それと同じように、このつまずきはキリストを悪鬼の作りごとにしてしまうのである。

このつまずきは、罪の度の最も強まったものであるが、たいていの場合、それが見のがされている。それは、キリスト教的に、罪――信仰、を対立させることをしないからである。

それに反して、この対立は、本書の全巻にわたって主張されてきた、本書の冒頭、第一編AのAにおいて、絶望のまったく存在しない状態を表わす公式を立てて、自己自身に関係し、自己自身であろうと欲するに際して、自己を措定した力のうちに透明に自己をもとづける、と謳《うた》われているのである、わたしはこれを思い起こしてもらうようしばしば繰り返して注意をうながしてきたのであるが、この公式がまた信仰の定義でもある。

〔1〕自分の罪について絶望することと、罪の赦しにたいして絶望することとの差異に注意されたい。

〔2〕罪についての絶望が、ここでは、信仰への方向において弁証法的にとらえられていることに気づかれることであろう。このような弁証法的なものが存在するということは〔この書物は絶望をただ病としてのみ取り扱っているのではあるが〕、けっして忘れられてはならない、その弁証法的なものは、実際、絶望が信仰における第一の契機でもあるという点に存するのである。これに反して、方向が信仰から離れ、神との関係から離れ去るようなものである場合には、罪についての絶望は新しい罪である。

精神生活においては、一切のものが弁証法的である。したがって、つまずきも、止揚された可能性としては、信仰の一契機である。しかし、信仰から離れ去る方向をとったつまずきは、罪である。人は、ある人がキリスト教につまずくことさえできないといって、その人を責めることができる。そういうふうに言われる場合には、もちろん、つまずくということがなにか善いことででもあるかのように語られているのである。しかし他面から見ると、もちろん、つまずくことは罪である、と言わなければならないのである。

〔3〕人類の罪についての教説は、次の点に注意が払われなかったがために、しばしば濫用《らんよう》されてきた。

すなわち、罪は万人に共通なものではあるけれども、人間をひとつの共通概念に、社会とか会社とかにまとめてしまうものではなく〔「これは、戸外の墓地で死者の群れが社会を形成することがないのと同様である」〕、むしろ人間を単独者に分散させて、めいめいの単独者を罪人としてとらえて離さぬものである。

そして、この分散は、また別の意味では、人世の完全さと調和してもいるし、また目的論的に完全さの方向を目ざしてもいるのである。この点に人々は注意を払わなかった。そこで、堕落した人類をキリストによって一挙にふたたび善きものに立ち帰らせてしまったのである。

このようにしてまた、人々は、抽象物を神に背負わせてしまったのであるが、この抽象物が、抽象物のくせに、あえて神と近親な間柄だと主張するのである。しかしそれは、ただ人間を厚顔にするだけの口実なのである。すなわち、もし「単独者」が神と近親な間柄にあることを感ずべきであるとしたら〔「そして、これがキリスト教の教説なのである」〕、人間はそこから生ずる全重圧をも、おそれとおののきのうちに、感じ取らなければならない。彼は、それが昔から発見されているものでないなら、つまずきの可能性を発見しなければならない。

だが、単独者が抽象物を介してこの栄光に到達すべきものとすれば、事態はあまりにも浅薄なものとなり、結局は、むなしいものとなってしまうのである。そのとき、単独者は、謙虚な気持にさせて深く意気を銷沈《しょうちん》させるとともに心を引き立たせもするあの神の巨大な圧力を受け取ることがない、単独者は、あの抽象物に分与することによって、一切のものを無造作に所有するものと思いなしてしまうのである。

人間であるということは、個々の例がつねに類より以下のものであるような動物のあり方とは違う。

人間は、普通挙げられるようなもろもろの特徴によって他の動物類よりもぬきんでているばかりでなく、個体が、単独者が類より以上のものであるということによって、質的にぬきんでているのである。そしてこの規定がまた弁証法的であって、それは、単独者が罪人であることを意味し、しかもまた、単独者であることが完全さであることをも意味しているのである。

〔4〕見よ、神が「審判者」であるのは、神にとっては、衆はなく、ただ単独者があるばかりだからである。

〔5〕今日では、ほとんどすべてのキリスト教界がそうなのである。すなわち、キリスト自身が、あれほど幾度も繰り返して、あれほど心をこめて、つまずくなと戒められたということを、その生涯の終わりに及んでもなお、最初から彼につき従い彼のために一切を捨て去った忠実な使徒たちに向かってさえ、そう戒められたということを、まったく無視しているか、でなければ、つまずきの可能性に少しも気づかないでいてもキリストへの信仰をもつことができることを幾千幾万の人の経験が保証しているとして、おそらく心ひそかに、それをキリストの取り越し苦労だと考えているか、そのどちらかなのである。しかし、それは誤りであろう、それが誤りであることは、つまずきの可能性がキリスト教界を裁く日がきたとき、きっと明らかになるであろう。

〔6〕ここに、観察者にとって小さな課題がある。説教をしたり説教を書いたりしているわが国および外国の多くの牧師たちのすべてが、信仰をもったキリスト者であると仮定したら、特にわれわれの時代にふさわしいはずの次のような祈りが少しも聞かれもせず読まれもしないという事実は、いったいどう説明されるものであろうか。

天にいます神よ、わたくしは、あなたがキリスト教を概念的に把握することを人間に要求したまわなかったことを、あなたに感謝いたします。もしそれが要求されておりましたら、わたくしはすべての人々のうちで最も惨めな者であったことでしょう。キリスト教を概念的に把握しようと努めるほど、キリスト教はわたくしにはますます概念的に把握しがたいものに思われてきて、わたくしはいよいよ多くつまずきの可能性を発見するばかりでございます。それですから、わたくしは、あなたがただ信仰のみを要求したもうことをあなたに感謝し、わたくしの信仰をさらに増してくださるようお願い申しあげます。

このような祈禱《きとう》は、正統派から見ても、まったく正当なものであろうし、そう祈る者がほんとうに祈っているのであれば、この祈りは同時に思弁全体にたいする適切なアイロニーでもあるだろう。しかし、このような信仰が地上に見られるであろうか！

(1) すこしあとで、この語は例を挙げて説明されている。一四七ページ参照。
(2) アウクスブルク信仰告白第二条に見られるような、罪の本質を神にたいする不従順と考えた改革期の教義学をさして言ったもの。
(3) シュライエルマッハーの『キリスト教の信仰』における、罪を「感覚的な機能の自主的なはたらきによって、霊の規定力が阻止されるにいたること」(六六二節) という思想をさしたものと思われる。
(4) 五世紀ごろの神学者ペラギウスを中心とする人々は、神の恩寵《おんちょう》や原罪説を否定し、人間の意志の自由と責任を強調し、信仰や律法の実現は、人間自身の力によって果たされうると主張した。このペラギウス説は、四三一年、エフェソスの会議で異端とされた。この派の考え方を「軽薄な」と言っているのは、人間自身の自然的な力を信頼するその仕方が軽薄だと考えられるからである。

(5) このくだりは、キルケゴール自身が、少年のころに父から受けたあまりにもきびしいキリスト教教育を回想して書かれている。
(6) 一三七ページ注(43)参照。
(7) 「つまずきの石」とも言われ、キリスト教の重要なことばのひとつで、具体的に言えば、イエス・キリストであり、その福音である。キリストを信じない者は神にいたる途上に横たわるこの石につまずいて、神から離反し、滅びにいたるが、信ずる者にはそれが救いとなる。この石につまずいて立つか倒れるかは、つまり信じるか信じないかということで、つまずきはその分岐点をなすわけである。このつまずきは神みずからがおかれたものであるから、信仰によってしか取り除けない。この書の続編とも言うべき『キリスト教の修練』はこの問題を主題として詳細に論じている。
(8) 人間の理性活動だけで真理がとらえられるとする哲学の立場で、ヘーゲル哲学がその典型であるが、この考え方は十九世紀のプロテスタント神学にも大きい影響を与えて、「思弁神学」と称せられるものが成立した。「つまずき」は理性を超えたものであるから、思弁がこれを認めないのは当然であるが、真のキリスト教の立場から言えば、このつまずきの石につまずかないことが信仰なのであるから、それは思弁の攻撃にたいする最も強力な防壁となるわけである。
(9) 一三七ページ注(55)参照。
(10) 古代ギリシア以来、中庸ということは称揚されてきたが、ホラティウスが『頌歌』のなかでこの徳をたたえて「黄金の中庸」と歌ったのをさしている。
(11) ユダが接吻を合図にしてイエスをとらえさせたマタイ二六・四八~四九の記述を参照。ユダが愛情のしるしであるはずの接吻を裏切りの合図にしたのと同じように、キリスト教を弁護する者も、愛情を見せかけながら、実はキリスト教を裏切っているのだ、の意。

(12)ソクラテスによれば、正しいこと、善いことを知っている人は、それをおこなうはずである。それをしないのは、正しいこと、善いことが何であるかを知らないからである。つまり、不正をなし、不善をおこなうのは、無知のゆえである。だから、徳は知であり、これを裏返して言えば、無知は不徳、つまり罪である、ということになる。

(13)普通「絶対的命令」「定言的命令」などとも言われる、カントが無条件的に守らねばならぬとした道徳律のことであるが、ギリシアでは、特にソクラテスやプラトンでは、人間はその知見にしたがい、その知識の度に応じて、その知識そのもののために、行為しなければならぬ（徳は知であるから）とされたので、この命令を「知的な」無上命令といったのである。

(14)ソクラテスのこと。

(15)ヘーゲルの弁証法の「正・反・合」の三つの発展段階を諷《ふう》して、またたくまに「反対物に転化すること」を表現したもの。

(16)キルケゴールの目にうつった、この書執筆当時のミュンスター監督を諷している。

(17)ヘーゲルの哲学体系をさしている。

(18)周知の cogito ergo sum. で、デカルト（一五九六〜一六五〇）の根本命題。

(19)ここで正統派の教義学とか正教とか言われているのは、もちろんルター派の正教であるが、罪を積極的な悪と解する立場から、罪の消極的な概念を「汎神論的」として排撃するのは、十九世紀に啓蒙《けいもう》主義や思弁と戦った敬虔《けいけん》主義的な正教であった。その代表者の一人アウグスト・トルクの著書に見いだされる「罪は消極的なものであるという汎神論的見解およびペラギウス派的見解を駁《ばく》す」ということばは、当時、この派の人々の合いことばとなっていたと言われている。
(20)ロシア、プロシア、オーストリアのあいだのいわゆる「神聖同盟」になぞらえた表現。
(21)ヘーゲルの思弁哲学を教義に適用した神学者たちの教義学をさしている。その流れをくむデンマークの神学者マルテンセンの思弁的教義学が評されているのであろう。
(22)「否定の否定」はヘーゲルの論理において重要な役割をしていて、いろいろな場合に用いられている。「否定」Negationが「肯定」Positionと相関的であり、それぞれ同時に、「消極」「積極」をも意味することは言うまでもない。「悔い改め」を「否定の否定」と考えるのは、罪という「否定」(消極的なもの)を否定するものと考えるからで、罪を消極的なものと考え、積極的なものと考えていないからである。
(23)ヘーゲルは「否定の否定は肯定である」としばしば述べている。
(24)マイナス(Negation)とマイナスを乗ずるとプラスになること。
(25)理性が永遠の相のもとに(スピノザのことば)とらえるものは必然的なもの、普遍的なもの、永遠にあるものであるから、時間的なもの、継起的なものではありえないわけである。
(26)「措定する」という語は、「肯定」および「積極的なもの」の語のもとになっているラテン語ponoと同じもので、両者が互いに関連していることに、同時にまた、「止揚する」が「否定する」の契機を含んでいることに注意されたい。
(27)プラトン『ソクラテスの弁明』二一a。
(28)黙示録三・一六。十字架の前には、信じるか信じないかの、「あれかこれか」しかなく、なまぬるい水が吐き出されるように、なまぬるいどっちつかずの立場は許されないことを言ったもの。

(29)原語 Kald は、「天職」のほかに宗教的な職、つまり「聖職」「牧師職」の意味をもっている。

(30)前注の「牧師職」のほかに Kald の語は「職務」「職業」「使命」「公職」などいろいろな意味に使われるので、この多義性を利用して、ことばの遊びがなされているのである。つまり、牧師職というものは、神の召命を受けた者だけが授かるべき聖職であるはずなのに、普通の公務員が任命されるのと同じにおこなわれることを皮肉っているのである。当時、デンマークでは、牧師職の任命権は国王に属していた。

(31)修辞学の用語で、だんだん力の弱い語ないし文章を重ねていく修辞法をいう。悟性を超越したことを三つの理由を挙げて証明しようとすると、一つ、二つ、三つと理由を挙げるごとに、それらの理由は、事柄を証明するどころか、証明力をだんだん弱めていくばかりである。恋にしても祈りにしても、悟性の証明を超越したことだからである。だから、たわいもない、と言っているのである。

(32)日曜日ごとに教会へ行って、牧師の説教をきくことをさしている。

(33)マタイ七・一三。キルケゴールは、若き日に、この「滅びの道」を歩んだと書いている。

(34)「措定」と「積極的」との関係については、注(26)を参照。罪は罪を措定し、積極的な性格はたえずその度を増していくという意味。

(35)ラテン語の諺《ことわざ》に「誤りをおかすのは人間のつねである。しかし、いつまでも誤りのうちにとどまるのは、愚か者だけのことである」というのがあるのを、言いかえたものであろう。

(36)ゲーテ『ファウスト』第一部「森と洞窟」の場。

(37)たとえば、ヨハンネス・タウラー(一三〇〇～六一)の『説教』やヨーハン・アルント(一五五五～一六一一)の『真のキリスト教について』など。

（38）ローマ時代の軍用語で、敵に「接近して戦う戦闘」cominus と、敵から「遠く離れて戦う戦闘」eminus が用いられている。

（39）キルケゴールは、ヘーゲル哲学を、さらに、一般に思弁的な哲学を、倫理的なものを放棄してしまったとして、非難している。

（40）ギリシアでは、「神にかけて」ということはいい意味の誓いのことばとして用いられるのが普通であったのに、キリスト教国では、神の語が、いろいろな呪いの気持の表現に用いられるにいたったことを言っているのである。

（41）イエスが人の罪を赦すのにユダヤ人がつまずいたことは、マタイ九・一～八、マルコ二・一～一二、ルカ五・一七～二六などに記されている。病を癒《いや》すという比喩《ひゆ》で物語られているが、それは病の根底には罪があり、病人はまた罪人と考えられたからである。イエスは病をなおすことによって罪を赦されたのである。しかし、律法学者たち（ユダヤ教を専門に研究するユダヤの学者たち）は、それを「神をけがすもの」とした。つまり、罪を赦す権威は神のみのもつものであるから、この権威を僭称《せんしょう》するのは神の冒瀆であると考えた。すなわち、彼らは、「人の子（イエス）が地上で罪を赦す権威をもっていること」につまずいたのである。

（42）「貴族的に思弁によって」神と人間との質的差異を止揚した汎神論の立場としてここに考えられているのは、もちろん、ヘーゲル哲学、およびその亜流たちの哲学や神学であるが、それを「庶民的に大道や横町で」止揚したと言われているのは、唯物論的汎神論とも言えるフォイエルバッハの人間学的哲学のことを言っている。

（43）原語は「演説家」もしくは「雄弁家」であるが、右にしるされたような哲学者、神学者をも含めて

「説教者」の意味に用いられている。「だらしがない」というのは、つまずきを知らない、あるいは、つまずきを止揚してしまったことをさして評した形容詞。
(44) アリストテレス『政治学』第三巻参照。動物は群棲《ぐんせい》するものと考えられている。
(45)「神人は全人類である」とするシュトラウスの思想をさす。
(46) 神がキリストとして人間になられたことをさす。
(47) フレデリク七世は、一八四八年三月、自由憲法の発布を約し、一八四九年六月五日にその約束が実現された。
(48) この引用のことばは、当時の民主主義的政治家が口にしたもので、キルケゴール自身、しばしば街上の会話で耳にしたものらしい。この書物が、一八四八年三月ごろのコペンハーゲンにおける政治情勢の影響下に書かれていることに留意されたい。
(49) キルケゴールの根本範疇「単独者」の「単独性」と同じもの。
(50) シェリングやバーダーの用いたことば。
(51) デンマークのビショップ、N・E・バレのあらわした、キリスト教の教義や道徳訓を記した教科書『福音的=キリスト教教科書――デンマーク学校用』をさし、その第三章第六節に「神の遍在」が説かれている。
(52)「包括する」と「概念的に把握する」の両義を含めてラテン語の comprehendit の語が用いられている。
(53) 原語の holdes sammen が「結び合わす」意味と「比較、対照する」の意味との二義をもっているからである。

（54）十七世紀以来、ルター派の教義学者たちによって神の属性を規定するのに用いられたふたつの方法で、「否定の道」via negationis というのは、ここで説明されているように、神について、有限な、不完全な属性を否定していく規定の仕方であり、「肯定の道」via eminentiae（文字どおりには「超越の道」）というのは、神に、絶対的な、完全な善の属性を認めていく仕方である。

（55）「適応」Accomodation というのは、十八世紀の啓蒙時代の神学者たちが、神の啓示が人間の世界におけるもろもろの制限や偏見や過誤などに適応するように、人間的なものを神的なもののなかへもちこんだことで、その「適応」とは逆に、ということ。

（56）プラトン『ソクラテスの弁明』二七b。

（57）当時は、汽車が発明されてから間もないころで、汽車の速力は、早く走るものの代表のように考えられていたのである。

（58）論理学上の用語 modo ponendo が用いられている。これは構成式あるいは肯定式と名づけられる仮言三段論法、すなわち、「AならばBである」、「Aである」、「ゆえにBである」という形式をとるもので、ここでは、大前提（「キリスト教が虚偽であるならば、キリストも虚偽である」）を省略し、「キリスト教は虚偽である」という小前提をかかげて大前提の前件を肯定し、結論においてその後件をも肯定して「キリストは虚偽である」と推論しているわけである。

（59）『ヘンリー四世』第一部および第二部に登場するヘンリー五世王のこと。彼は王位につくべき身でありながら、放埓《ほうらつ》な遊び仲間と酒場に出入りしたり、いろいろばかなことをして遊びまわり、父ヘンリー四世王や宮廷の者を悲しませた。その飲み仲間の代表者フォルスタッフとヘンリー五世の間柄のようなものだと言っているのである。

(60) 以下の叙述は、明らかに、レギーネとの婚約を破棄しようとしたときのキルケゴールの内面の苦悩をしるしたものである。
(61) プルタルコス『モラリア』における「おしゃべりについて」にあることば。
(62) ハイネの詩集『歌の本』(一八二七年刊) のなかの「帰郷」という詩に、次のように歌われているのをもじっているのである。
どうにも退屈でやりきれない、　地上へおりてみようか
神さまになれなくとも、　悪魔にはなれるだろう。
(63) 一六六五年に制定された「王法」は、一八四九年の革命まで、デンマーク君主国の国法であった。
(64) 「仮現説」というのは、キリスト論上の異端のひとつで、肉体をそなえた人間としてのキリストは仮象にすぎず、キリストはただ「仮象としての肉体」をもっていたにすぎないとする説である。

現代の批判

セーレン・キルケゴール
コペンハーゲン　一八四六年

現代は本質的に分別の時代、反省の時代、情熱のない時代であり、束の間の感激に沸き立っても、やがて抜け目なく無感動の状態におさまってしまう時代である。

アルコール飲料などの消費量の場合と同じように、分別の消費量を年代順にグラフに描いてみたとしたら、今日いかに莫大《ばくだい》な量の分別が消費されているかを知って、人はびっくりすることだろう。私的な生活をいとなんでいる小さな家庭でさえ、暮らし向きが豊かなためではあるが、どれほど多量の熟慮や思慮や考慮を消費していることか。子供や青年たちでさえが、どれほど多くの量の思慮分別を消費しているかを知って、啞然《あぜん》とすることであろう。子供の十字軍が中世紀にふさわしかったように、現代にはませた子供たちがふさわしいのだ。ほんとに、たった一度だけでも、なにか途方もない愚行をやらかすような人間が、まだ一人でもいるだろうか？

自殺者でさえ、今日では、絶望して自分に結末をつけるのではない。むしろ現代の自殺者は、この自殺という行為について実に長いあいだ熟慮に熟慮をかさね、ついに思慮分別に窒息してしまうのである。だから、そのような人間をほんとうの自殺者と呼べるかどうかさえ疑問だと言っていい。というのは、彼から生命を奪ったものは、なによりもまず熟慮だからである。

現代の自殺者は、熟慮のうえで自殺する者なのではなく、むしろ熟慮に因《よ》る自殺者なのである。

それだから、このような時代を相手どって告発者になろうとするのは、至難な課題となることだろう。なぜかといえば、今の世代の人間はみんな有能な弁護士であって、行動によって事件を判決したり解決したりしようとはけっしてしないというのが、まさに今の世代全体の技術《うで》であり、分別であり、老練さなのだからだ。

革命時代を評しては、道に迷っている時代だと言わざるをえないが、現代については、調子の狂った時代だと評さざるをえない。個人も世代も、たえずそれぞれ思い思いの方向に向かって進み、お互いに角つきあわせて邪魔し合っている。それだから、告発者たらんとする者が、なんらかの事実を立証しようと思っても、不可能なことだろう。事実などなにもないからである。徴候だけならありあまるほどあるので、そういう徴候を見ていると、なにか異常なことがすでに起こっているか、あるいはいまにも起こるだろうと、推論せずにはいられないであろう。

けれどもそう推論するのは間違いだろう。それらの徴候こそ実は現代がその精いっぱいの力を発揮した、たったひとつの試みにほかならないからだ。

眩惑《げんわく》するようなまやかし物を作り出して人心を惑わすことにかけて現代の示す独創力と巧妙さ、変革という、当てにもならない近道を描いてみせて、その魔力で感激を沸き立たせようとする性急さ、これは利口さと消極的な力の発散という点で高く評価されるべきことで、ちょうど革命時代の業績が精力的な変革的な情熱の点で高く評価されうるのと同じである。こうして現代は、幻想的な骨折りに疲れはてて、しばし完全な無感動の状態に落ち着いてしまう。その状態は、明け方にまどろみにおちた人の状態に似ている。つまり、まずすばらしい夢を見る、それからうとうととし、それからいつまでも寝たままでいることの言いわけに、なにか機知に富んだ、あるいはもっともらしい思いつきを考え出すというわけだ。

個人個人は〔個々人のなかにどれほど多くの善意の人がいようと、使う段になったらどれほど多くの力をその人々が示すかもしれないにしても〕、反省の罠《わな》から、また反省のもつ誘惑的な不確かさから、身をふり離すだけの情熱を自分自身のなかにもっていない。それに、環境も、すなわち現代という時代も、出来事らしい出来事をもたないし、情熱をひとつに結集させるわけでもなく、むしろ消極的に結束して、反省の抵抗とでも言えるようなものを形成し、これが人々を欺いてまず一瞬、当てにもならない見込みをちらつかせて希望があるかのように見せかけ、それからそのあとで、行動しないでいるのがやっぱりいちばん賢明なことだったのだ、というりっぱな逃げ口上を与えて元気づけるというわけなのだ。

惰性、これが現代の逃げ口上の根底にあるもので、情熱をもたない現代のだれもが、自分こそ最初の発明者だと自画自賛し――こうしてますます賢くなるわけだ。

革命の時代には武器が無料で配布されたし、十字軍の時代には参加章[1]が広くみんなに授けられたものだが、現代ではいたるところで、処世法とか諸事便覧とかの類が無料でサービスされる。大事件が起こるのをたえず阻止しておきながら、そのくせまるで大事件が起こりつつあるかのように見せかけて時を稼ぐということが、およそ一世代全体の外交的任務だと仮定することが許されるとしたら、現代が革命時代と同じように、なにか驚異的なことをなし遂げつつあることを否定するわけにはゆかないだろう。

もしだれかが、現代について知っていること、じつは相対的な意義しかない事実なのに、習慣的にさもおおげさに重大視されていることについて知っていること、それらをことごとく忘れてしまい、そのうえで、いわばまったくの別世界からくるもののように現代の世界へやってくるという実験を自分でしてみるとしたら、それから、なにかの本なり新聞記事なりを読むとか、あるいはせめて行きずりの人とちょっと話をするだけでもしてみるとしたら、その人は、「たいへんだ、今晩にでもなにか大事件がおっぱじまるに相違ない」――あるいは、「一昨晩、なにか重大事が起こったのにちがいない」という印象を受けることだろう。

革命時代が行動の時代だったのとは逆に、現代は広告の時代であり、なんでもかんでも広告せずにはすまない宣伝の時代である。なにごとも起こってはいないのに、たちまち宣伝がおこなわれる。暴動を起こすなどということは現代では思いもよらないことであろう、そういう力の表示をするのは、現代の打算的な思慮分別には滑稽《こっけい》に思われるのだろう。ところがそのかわり、老練な政治家なら、おそらく、暴動などとはまったく別の、人々をあっと言わせるような演技をやってのけることができるだろう。老練な政治家なら、革命を決議するための集会の開催を提案した案内文を、検閲官でさえ見のがしてしまうにちがいないほど用意周到に書くことができるだろう。それから、当夜の集会に集まった人々に、まるで自分たちが暴動をひき起こしでもしたかのような錯覚を起こさせることができるだろう。それから、会衆は実に愉快な夕べだったと、いい気持で、まったく平穏のうちに散会することだろう。

　蘊奥《うんのう》をきわめた深遠な学識を身につけるなどということは、現代の青年たちのあいだでは考えられないことだと言っていいだろう。そんなことは滑稽だと思われることだろう。ところがまた、今日の学界の大家ともなれば、それとはまったく違った芸当を演ずることができるだろう。つまり、予約出版内容見本なるものを作って、それに一切を包括する体系なるものの若干の輪郭を記し、しかも読者に〔それも、予約出版内容見本の読者に〕、その体系をもう読んでしまったかのような印象を与えるような書き方ができるだろう。それというのも、百科全書家の時代、つまり、孜々《しし》として厖大《ぼうだい》な本を何冊も何冊も書いた人々の時代は過ぎ去ってしまって、いまでは、全人生とあらゆる学問をこともなげに片づけてしまう、軽武装の百科全書家の出番がまわってきているというわけなのだ。

　日ごと日ごとに自制力を積み重ねていって、深い宗教的な見地から世と世にあるもの（第一ヨハネ二・一五）を諦《あきら》めるなどということは、現代の青年たちには思いもよらないことであろう。ところがそのかわりに、神学生の二人に一人は、そんなことよりもはるかに驚異的なことをやってのけるだけの老練な手腕をもっているだろう。つまり彼らは、堕落した人間を一人残らず救済することを正真正銘の目的とすると称する、協会なるものの設立を計画することができるだろう。

偉大な善行の時代は過ぎ去って、現代は当て込みの時代である。なにか一定の仕事をすることで満足していようなどという者はいはしない。だれもかれもが、すくなくとも新大陸のひとつぐらい発見せずにはおくものかと心ひそかにうぬぼれて、そう思っていい気になりたがっているのである。

現代は当て込みの時代であって、真価の承認さえが前払いを要求されるのである。九月一日になったらほんとうに真剣になって国家試験の勉強を始めようと決意する青年が、それにそなえて身体《からだ》を丈夫にしておこうと、それまでの八月いっぱいはのんびりと休養しようと決めこむのと同じように、現在の世代は、むろんその青年の態度よりもずっと理解しにくいことだが、次の世代に真剣に仕事をやってもらうことにしようという真剣な決意をしたものらしい。そして次の世代が仕事をするのを邪魔したり阻止したりするものをすっかりなくしてやろうというわけで、現在の世代は引き受けるのだ――ご馳走《ちそう》を食べるほうの役を。ただ両者の違いは、青年のほうはいかにも青年らしく軽い気持でやっていることを承知しているのだが、現代のほうはあくまでも真剣にご馳走を食べるのに夢中になっているという点にある。

現代には行動と決断というものがないのだが、それは、浅瀬で泳ぐ者には水泳にともなう冒険の楽しみがないのと同じである。しかしながら、波間で泳ぎまわってうち興じている大人《おとな》が、若い者に向かって、「さあ、こい、思いきって飛び込むんだ」と呼びかけるように――それと同じように決断も、いわば人の世に〔もちろん個人のなかにだが〕含まれていて、まだ過剰な反省のためにくたびれてもいないし、また反省の妄想という重荷を背負いすぎてもいない若者に向かって、呼びかけるのだ。「さあ、こい、がむしゃらに飛び込むんだ、たとえ飛び込むのが軽率だとしても、飛び込むしか事態解決の方法はないんだ――君が男らしい男になる資格のある有為な青年なら、危険も、君の軽率さにくだされる人の世のきびしい裁きも、かえって君に力をかして君を男らしい男にしてくれるだろう」と。

だれでもがほしがる宝石がはるか沖合のたいへん薄い氷殻の上にあり、生命の危険という番人が、「もうすこし岸の近くなら氷は底まで凍っていてまったく安全なのだが、こんな沖合までやってくるのは命がけの冒険だぞ」と、監視の目を光らせながら宝石の見張りをしているとしてみよう〔ただ比喩《ひゆ》としてみても奇妙と言うほかないが、とにかく、この奇妙なことを仮定してみよう〕。

その場合、これが情熱的な時代であれば、そんな沖合まであえて出かけて行く勇者は大衆の喝《かっ》采《さい》を博することだろう。大衆はその勇者の身になって、またその勇者とともに、決死の冒険に身ぶるいすることであろう。その勇者が沈没したら、大衆は勇者を哀惜することだろう。もしその勇者が宝石を手に入れたとしたら、大衆は彼を神のごとくあがめることだろう。

ところが情熱のない反省的な時代にあっては、事情はまったく違ってこよう。「あんな沖のほうまで危険を冒して出て行くなんて、骨折り損というものさ。だいいち、愚かで滑稽だよ」とみんなが異口同音に言い合い、分別顔をしてお互いの賢明さをお互いに賞讃し合うことだろう。こうして人々は「所詮《しょせん》、なにかしらせずにはいられないのだから」とにかくなにかをしようというわけで、――感激の冒険を芸の展示に変えてしまうことだろう。

人々はその場へ出かけて行くだろう。安全な場所に立って、玄人《くろうと》ぶった顔つきをして、巧妙なスケーターたちの大多数がぎりぎりのところまで「つまり、氷がまだ安全で危険がまだ始まらないところまで」滑走して行って、それからターンして引き返す巧みな演技を鑑賞することだろう。

スケーターたちのなかには、名人と言われるような者が一人や二人はいあわすことだろう。そういう名人なら、もういよいよぎりぎりというところまで行って、観衆の目をくらますような危機一髪の滑走の離れ業をやってのけ、観衆をして思わず「たいへんだ、気でもくるったのか、死んでしまうぞ」と叫ばせることだってできるだろう。しかしなんと、その男は実に抜群の名手なので、いよいよぎりぎりという線で、つまり、氷がまだいたって安全で生命の危険がまだ始まらないところで、あざやかにターンすることができるというわけなのだ。まるで芝居でも見ているのと同じように、大衆はブラヴォーを叫び、拍手喝采して賞讃し、この偉大な演技の英雄を中央にかこみながらぞろぞろと行列をつくって家に帰ることだろう。そしてご馳走を山と盛った祝宴を催してこの名人をたたえることだろう。

分別が圧倒的に優勢となったために、本来の課題そのものが、非現実的な演技の問題に、現実が芝居に変えられてしまったのである。

夜の祝宴では讃嘆の声が高らかに響くことだろう。普通なら、ほんとうの讃嘆というものは、讃嘆者が自分もこの偉人と同じ人間なのだという考えによって高揚され、自分にはあのような偉大なことはやれないのだという観念によって謙虚にされ、この偉人を模範としてできるだけそのお手本にならおうと道徳的に鼓舞されるといったような関係にあるはずなのに、分別というやつが、この場合にもまた讃嘆というもののありかたを一変してしまったわけだ。

祝宴に列して讃嘆の祝杯をあげる人々は、ファンファーレが鳴り響き、万歳を斉唱する声が九たびとどろきわたる瞬間においてさえ、「あいつは讃嘆されているが、あいつのやったことは、なにもそう特別なわけじゃない。この宴会が彼のために催されたのだって、要するにただ偶然なのさ。ここに参加している者ならだれだって、ちょっとばかり練習を積みさえすれば、同じぐらいの芸当はやれるのさ」という、分別のいだくこざかしい考えを頭に浮かべていることだろう。

要するに、讃嘆の祝宴から、感謝の念を強め善行を励まされてこれを土産《みやげ》に持ち帰るかわりに、むしろ乾杯者仲間は、あらゆる病気のうちで最も危険な病気、しかしまた最も高尚でもある病気にかかりやすい傾向を増して家に帰ることだろう。つまり、その病気とは、自分でつまらないと思っているものを宴席で讃嘆することで、こういうことになるのは、すべてが茶番となり、讃嘆の酒杯の触れ合う威勢のいい音のなかに、自分たちだって同じくらい自讃していいんだという黙認がひそかにまじっているからなのだ。

あるいは、ある男がとうとう感激的なある事業の先頭に立つことになり、それから、たいていそうなりがちなことだが〔ぱっと燃えあがる感激とこざかしい無感動とはいつでも相応《あい》ずるものだからだ〕、かなり多数の人々が彼のまわりに馳《は》せ参じるとしよう、そこで彼がこの群集の先頭に立って繰り出すとしよう。そして凱歌《がいか》をあげながら進軍しているうちに、ついに彼が決断に迫られ危険に瀕《ひん》したとしよう——そこで彼が群集に激励のことばを語りかけるためにふり返ったとしよう、そうしたら全情景は一変していることだろう。参加者たちは賢明にも一変して、傍観者の群れと化し、自分たちこそ謀略とアイロニーとをもってお前を感激させておびき出し、お前の顔をじろじろと見つめて笑いものにしてやるためについてきたのだと言わんばかりの顔つきをして、自分たちの賢明さにえらく満足して悦に入ることだろう。そしてどんな大企業の場合でも、こういうなみなみならぬ賢明さが、お互いに是認し合いながら、限りなく彼らに満足感をおぼえさせることだろう。つまり、この場合について言えば、危ないことには近づかないのが賢明だとばかり、あざやかに逃げ出すということになろう。

無定見だとか臆病《おくびょう》だとかいうことばは一言も聞かれないだろう。それどころか、自分たちの賢明さを自惚《うぬぼ》れ、得々として胸を張ることだろう。こうして自分で自分の病の治療をさらにいっそう困難にしてしまうことだろう。

これでは指導者たるものもおそらく意気沮喪《そそう》してしまうだろう。したがって、全体は、見せかけだけの運動になり、臆病な自惚れの刺激剤となるだけのことだから、このうえなくあぶなっかしいことになってしまうだろう。

「男は事業によって立ち、事業によって倒れる」という言いぐさはすたれてしまった。それとは逆に、今日では、人々みんながうかうかと日を送り、わずかばかりの反省を用いて、つまり「何をなすべきか」について十分によくわきまえているおかげで豊富な知識を利用して、りっぱに暮らしているのである。

ところがどうだろう。二人で向かい合って対話をしたり、ひとりで本を読んだり、集会の壇上でひとりでアジ演説をやったりしているときには、反省や考察の形で完全に理解できることが、行動の形をとると、彼らには全然理解できなくなってしまうだろう。町を歩きまわっているうちに、何をなすべきかについて論じられているのを小耳にはさみ、そこでただ皮肉のために、理由の有無など頓着《とんじゃく》せず、その所説のどれかを実行する人がいたとしたら、みんなはぎょっとすることだろう。人々はなんと軽率なと思うことだろう。ところがその彼ら自身、考察者として論じ合う段になるやいなや、それこそがなさるべきことだということを理解することだろう。

現代は、一時的に感激に沸き立つという点でも、そうかと思うとやがてまた冷淡な無感動の状態に帰って、せいぜい冗談ごとを好むという点でも、喜劇的なものにごく近い。しかし喜劇的なものに精通している人ならわけなくわかることだが、喜劇的なものは現代が想像しているのとはまるきり違った場所にある。そしてまた、現代における諷刺《ふうし》というものも、それに多少の効用をもたせ、取り返しのつかない損害を招かせないようにしようと思えば、首尾一貫した、そして十分な根拠のある倫理的人生観を、つまり、献身的な無私無欲を、刹那《せつな》に背を向ける気高い心を、保証人としてもっていなければならないのだ。そうでなければ、この薬のほうが病気そのものよりも比べものにならないほど無限に危険なものとなる。

喜劇的なものは、ほかでもない、そもそも現代そのものが喜劇的であるのになおかつ機知的であろうと欲し、喜劇的なものをえらく振りまわしたがる、という点にある。というのは、これこそまさしく、最後の逃げ口上であり、最もペテン師的な逃げ口上だからである。

反省に疲れきっている時代が、喜劇的なものについて、いったい何を誇ることができよう？ そんな時代は情熱を欠いているのだから、エロス的なものにたいする感情もなんら流通価値をもっていないし、政治問題や宗教問題における感激と誠意も少しも価値がなく、また日常生活や社交生活におけるなごやかさ、畏敬《いけい》の念、敬愛の情などもなんら流通価値をもっていない。だが、機知というものが、なんら真の流通価値をもっていないとあっては、たとえ一般大衆が抱腹絶倒しようとも、人生はそれを嘲笑《ちょうしょう》するばかりである。誠実さという富を所有していないで機知を発散しようとするのは、贅沢《ぜいたく》をするには気前をよくして、肝心な生活必需品のほうは、欠乏に堪えようとすることで、諺《ことわざ》に言う「ズボンを売って鬘《かつら》を買う」のと同然である。

けれども、情熱のない時代はなんら真の流通価値を所有していない。すべてが代用品の取引きになる。こうして、部分的には真理でもあるし道理にかなってもいるけれども、しかし魂の抜けてしまっている、ある種の言い回しや評言だけが、民間を流通することになる。しかし、みずからの根源的な体験によってその真価を完全に保証してくれるひとりの英雄も、ひとりの恋する者も、ひとりの思想家も、ひとりの信仰の騎士も、ひとりの高潔の士も、ひとりの絶望者もいはしない。そして人と人とが金銭をやりとりするとき、兌換《だかん》紙幣のペラペラ鳴る音を聞いていると、重みのある金貨のひびきが聞きたくなるように、現代では、せめてひとかけらの原始性でもと、ときおり人はこれにあこがれるのである。

しかし、いったい何が機知よりもより以上に原始的でありうるだろうか？　春の訪れとともにふくらみ始めた芽、新緑の若々しい茎にもたとえられる機知よりもより以上に原始的なものがあるだろうか、すくなくともより以上に不意をついて人を驚かせるものがあろうか。いやそれどころではない、春はたとえ申し合わせたようにやってきてもやはり春であるだろう。だが、申し合わせどおりに口をついて出る機知などというものは、鼻もちのならないものであろう。

仮に、沸き立つ感激という熱病みたいな興奮の身代りとして機知が、あの神的な偶発物が——機知は神の目くばせで不可解な謎《なぞ》のような根源から立ちのぼる格別な恵みなのだ、だからかつてこの世に生きた最も機知に富む人でさえ「明日」を口にすることが許されず、「神の御心《みこころ》のままに」と祈念しながら言っている（ヤコブ四・一三〜一五）ほどなのだ——繰り出すとしたら、仮にこういう高貴な生まれである機知が、その最も賤《いや》しい反対物に転化し、陳腐な生活必需品になりさがらされてしまい、その結果、古い機知や新しい機知をいろいろととりまぜて製造し加工し改作し買い占めるのが儲《もう》かる商いになってしまったとしたら、それこそ、この機知的な時代を刺す、なんとおそるべき寸鉄であろう！

こうして人のほしがるものは、結局、金銭だということになる。金銭こそ、けっこうな代用品でもあり、抽象物でもあるからだ。現代では、青年でさえが、他人のもっている天分や、技量や、美しい娘の愛や、名声など羨《うらや》みはしないだろう。ところが、金銭があるとなると、その金持が羨ましくなるのだ。「金銭《かね》をくれ、金銭さえあれば僕は満足なんだ」と現代の青年は言うだろう。そしてこういう青年なら、うかつに道を踏み誤るということもあるまいし、借金をして後悔でその償いをしなければならなくなるようなこともなかろうし、自分を責めねばならぬようなこともないだろう。しかし、そういう青年は、「金銭《かね》さえあったら、おれだってりっぱに生きてゆけただろうに、おそらくなにか大きな仕事もやれただろうに」と、むなしい想像をしながら死んでいくことだろう。

問題の小説を考えてみよう。[2] 恋をしている青年、フェルディナン・ベルグランは首ったけである、だが、彼の分別と彼の反省とが邪魔をする――そこで、彼はなかなか決心がつかないのである。現代においては、恋の直接性でさえが、野の百合《ゆり》のように無心でもないし、恋する者の目にソロモンの栄華以上にすばらしい（マタイ六・二八〜二九）とは映じもしないのだ。恋愛術的批判と気むずかしい分別が無心な恋心をゆがめ、恋の真価をまがいものに変えてしまう――そして宗教心という天国の栄光に助けられて――至高のものにまで――高められることもない。

男が恋をしておりながら、食ってゆけるかどうかを心配して婚約した女をすててしまう世のなかなのだ。革命時代とはなんという違い方だろう。革命時代には、ルサールは軽い、いわば無心と言ってもいいような気持で、一切の心配事をまかせて自分の犯した娘のもとを去ってしまったが、それは、クラウディネが自分の果たすべき任務を実行し、ほとんど無一物同然の生活をしながらも、食うことの心配などは少しもせずに、ただ恋しいルサールのことばかり考えているから可能なことなので、彼女のおかげでそれができたということは言うまでもない。しかし、それにしてもとにかく決断がなされてはいるのである。そしてこの決断へのやみがたい衝動こそ、反省が追いはらうもの、あるいは追いはらおうと欲するものなのだ。そしてその結果、個人は消化不良性の変態分別病にかかって苦しんでいるというわけなのだ。

生きることとの決断が個人をつかまえようとしてもむなしく、祝福が決断の瞬間を待ち望んでもむなしい。人々は賢明にも、そのくせ実は欺かれて、その追う手をのがれる術《すべ》を心得ているからだ。このような状態がいつまでもつづき、最後にやっとつかまるというのでは、あまり長く婚約の状態をつづけた娘が、まるきり結婚に適しなくなってしまっているのと同じようなことになってしまうだろう。

以上、わたしの考えるところを述べてわたしの主張の要点を明らかにしたので、この小説の批評としてはあまり関係のない奉仕《こと》ではあるが、こんどは革命時代との比較から転じて、現代に帰り、現代の弁証法的な諸範疇《はんちゅう》規定と、その規定から出てくるいろいろな帰結を、述べるのが望ましいことであろう。もちろん、以下に述べるいろいろな帰結が、現在のこの瞬間にそっくり事実となってあらわれているかいないかは別の問題である。

とにかく、文学的な創作であるこの小説、だからわたしに言わせてもらえば、先に書かれた小説においてもそうなのだが、小説が出たあとで書かれて小説の配下として奉仕するこの批評においても、いかなる時代が最良の時代であり、最も有意義な時代であるか、ということが問題なのでも論題なのでもない。問題はただ時代がいかにあるか、そのあり方だけであり、そしてこのあり方は、かなり一般的な見地に立ってはじめて看取されうるのであって、この一般的な時代観から生ずるもろもろの帰結は、可能性《ありうる》から現実性《ある》への推論によって到達され、観察による経験によって、現実性《ある》から可能性《ありうる》へと推論して論証されるのである。

時代の意義ということについて言えば、現代に課せられている反省の任務が将来いつか浄化されて、よりいっそう高い存在形式をもつにいたるということも確かに可能なのである。また時代の善《よ》し悪《あ》しということから見れば、反省の鎖につながれている現代人が、情熱をもって決断した革命時代の人と同じように善意の人でありうるということも確かであり、また逆に、情熱のゆえに道を誤る革命時代の人に弁解の余地があるのと同じように、自分の誤りが人に知れることはけっしてないけれども、実は自分は自分の反省に欺かれているのだと内心ひそかに感づいている者に弁解の余地がありうるということも、確かである。

これもまた反省というもののきわどい微妙な点なのだが、熟考の結果くだした決断が悪から救い出してくれるのか、それとも、熟慮に疲れはてて、その衰弱のあげくに悪を犯さずにすむことになるのか、見さかいがつかないということがある。しかしこれだけは確かだが、知識が増せば憂いが増す（伝道の書一・一八）ように、反省が増しても憂いが増すのである。そしてわけても確かなのは、個人個人にとっても一世代全体にとっても、反省の誘惑からのがれ出ることほど困難な課題も努力もないということだ。

その理由は、ほかでもない、反省の誘惑が実に弁証法的だからである。たったひとつの賢い思いつきでも事柄をいきなり逆転させて一新することができるからである。反省というやつは、いつなんどきでも説明を変えて、なんとかこっそり人を逃がしてやることができるからである。反省というやつには、その最後の決断の瞬間においてさえ、——反省しぬいてからの決断なのだから、いざとなって早急に決断した者が事件のまっただなかへ飛び込むのに要する努力よりもはるかに多くの努力をせっかく辛抱づよくつづけてきたあとなのに——すべてを逆転させてしまうことが可能だからである。

しかし、そういう言い方にしてからが、結局は反省の言いわけになるだけのことで、反省が反省のなかで占める位置にはすこしも変わりはない。ただ反省のなかで反省は位置を変えたというだけのことだからだ。現代をすでに完結した時代と比較するのは、現代がいままさに困難な生成のさなかにあることとなのだから、現代にたいしてなにか不当な扱いをすることになるという言いぐささでさえ、やはりひとつの反省規定にすぎないのだ。しかし、困難に面しているかわりに、現代には、不確かながらも、希望というものもあるわけだ。

同じく騒然たる時代でも情熱のある時代なら、すべてを崩壊させ、すべてを転覆させるだろう。扇動的ではあっても情熱がなく、反省をこととする時代では、力の発散も一種の弁証法的な芸当に変わってしまう。つまり、すべてを現状のまま存続させておきながら、すべてのものから狡猾にもその意義をだまし取ってしまうのである。そのような時代は、暴動となって絶頂に達するかわりに、人と人との関係のもっている内面的な真実の力を萎えさせて、反省の緊張という奇妙なものに一変させてしまう。すなわち、すべてを存続させておきながら、全人生を一種の曖昧さに、つまり、事実、すべてはそこにありはするけれども、弁証法的なペテンがこっそりと――それはありはしないのだ、という――内密の読み方にすり変えてしまうといった曖昧さに一変させてしまうのである。

道徳は品性である。品性は彫りこまれたもの③である。海には品性はない。砂にもない。抽象的な分別にも品性はない。品性とは内面性にほかならないからである。不道徳も、エネルギーとしては、やはり品性である。ところが道徳的でもないし不道徳的でもないのは、曖昧《あいまい》さである。そして善か悪かという質のうえの選言的な対立④が、徐々に蝕《むしば》む反省によって弱められると、人の世に曖昧さが支配することになる。

情熱の暴動は原始的な力をもっているが、曖昧さによってなし遂げられる解体は、黙々と、しかし夜を日についで休みなくいとなまれる連鎖式⑤のようなものである。善と悪とを識別する力は、悪についての浅薄でお上品な理論的な知識によって、つまり、善はこの世では真価を認められもしないし報いられもしない——だから善を行なうのは愚かだと言っていい、と心得た高慢な賢さによって、衰弱せしめられる。

善に心ひかれて偉業をなし遂げる者もなければ、悪にせかれて非道な罪を犯す者もない。そのかぎりでは、一方が他方に言って聞かせるようなことはなにもないだろう。しかし、だからこそそれだけ、おしゃべりの種が多くなるわけだ。なぜかというに、曖昧さは人を興奮させる刺激剤であって、善にたいする喜びや悪にたいする嫌悪とはまったく違った意味で、多弁だからである。

さまざまな生活関係のバネというものは、善悪を質的に区別する情熱があってこそその本来の機能をはたらかせるのだが、そのバネが弾力を失っているのである。質の違いとなってはじめて物と物との違いがあらわれてくるのだが、その違いの距離は、もはや事物の相互関係の内面的な関係を規制する法則ではなくなっている。内面性が欠けているのだ。だからそのかぎりでは関係は現実に存在していない、あるいは関係の粘着力が弱くなっているのである。

つまり、その関係を支配している消極的な法則は、「お互いにどちらがいなくても困るのだが、お互いにくっつき合うこともできない」ということであり、積極的な法則は、「お互いにどちらがいなくてもかまわぬし、お互いにくっつくこともできる」ということである。あるいは積極的に言うなら、「くっついているんだからお互いにどちらがいなくても結構」ということになる。

内面性の関係のかわりに、別の関係がはいりこんでくるのだ。すなわち、異質的なものが自分と異質的なものと関係するのではなくて、両者はそこにつっ立ったままでお互いににらめっこをしているのである。だから、このような緊張は実は関係の終息なのである。

讃嘆ということにしても、もはや今日では、傑出した人にたいしては、すすんで賞讃の意を表し、よろこび勇んでその前で脱帽するが、その人の傲慢《ごうまん》不遜《ふそん》な態度に接すればたちまち憤慨する、といったようなものではない。またその逆だというのでもない。けっしてそうではなく、讃嘆と傑出したものとが、たいていの場合、どこまでも一対の慇懃《いんぎん》な対等者であって、お互いににらめっこをし合っているのである。

市民にしても、臣下としての忠誠心から率直に国王を尊敬してはいるが、王の権勢欲に接すればたちまち憤慨する、といったようなものではない。けっしてそうではなく、市民であるということはそれとはまったく別のことなのである。つまり、第三者であるということなのだ。市民は君臣の関係として関係しているのではなく、市民は「国王と臣下との関係」という問題について打算する傍観者なのである。

つまり、とりわけ一人一人の者が、情熱を傾けて、自分に与えられた使命を果たそうとする、そういう一群の人々が絶えずにあるあいだは、しばらくは、委員会があとからあとからと設置されるだろう。しかし結局、時代全体がひとつの委員会になって、それで終わってしまうのである。

父親にしても、父としての権威をただ罵《ののし》りの一声にこめて怒りを爆発させる父ではもはやない。子にしても、もはや反抗する息子《むすこ》ではない。そういう父と子との仲たがいであるのなら、おそらく結局は和解という内面的な結ばれとなることだろう。ところがそうではないのだ、それどころか、今日の父子関係はいわば非の打ちどころがないのである。というのは、関係がむしろまさに関係ではなくなろうとしているからで、彼らは実は関係をなしてお互いに関係し合っているのではなく、むしろその関係自体が、相手同士がお互いに関係し合うかわりに、まるで賭博《とばく》でもやるときのようにお互いに相手を監視し合い、関係のために決然と献身するかわりに、関係について相手の述べる意見にいわばいちいちけちをつけ合っているといったような問題になってしまっているからなのである。

思うに、なにかよりいっそう高いことをやり遂げるためというのなら、関係についてよりいっそう高い関係のなかでとっくと考えてみるためであるというのなら、つつましくはあるがそれはそれなりに豊かでもあるし、また神の御心《みこころ》にかないもする、かなり平和な生活のいとなみを諦めるというのもやむをえないと思う人がだんだんと多くなっていっているうちに、いつのまにか、ついに世代全体がひとつの代表制になってしまっているというわけである——この代表制は代表しはするが……いったいだれを代表するというのか、それがまったくのところはっきり言えないのだ。この代表制はもろもろの関係についてよく考えはするのだが……それがだれのためになのか、まったくのところはっきり言えないのだ。

少年にしても、先生の前ではおののきふるえるくせに手におえないといったような少年ではもはやない。いや、師弟の関係は、今日ではむしろ、優秀な学校というものはどういう設備が必要かという問題について、教師と生徒とがお互いに意見を交換し合うという一種の対等な関係なのだ。学校に通うということは、先生の前でおののきふるえるということではなく、まただ学ぶというだけのことでもない。むしろそれと同時に、主として学校教育の問題に関心をもっているということなのだ。

男と女の関係にしても、境界線が大胆不敵な気ままなふるまいによって破られるというわけではない。けっしてそうではなく、惚《ほ》れたはれたの「たわいもない」恋愛遊戯の境界争いは、きまって「なんでもないのよ」といったことばの繰り返しとならざるをえない仕儀で、それで醇風《じゅんぷう》美俗が守られているというわけなのだ。

ところで、このような関係はいったい何と呼べばいいのであろうか？　わたしはそれを緊張と言うのがいいと考える。しかし、注意してほしいが、力を張り切らせて破滅させてしまうような緊張ではなくて、むしろこの世に生きていく力を萎《な》えさせてしまうような緊張のことなのである。情火が、感激が、内面性が、失われるのだ。それあればこそ、隷属の桎梏《しっこく》も支配の王冠も軽くなり、子の服従も父の権能も楽しいものとなり、讃嘆の服従も傑出者の崇高さもおおらかなものとなり、教師は教師だけのもつ意義を感じ、だからして生徒は学ぶ機会《はずみ》を与えられ、女性の弱さと男性の力とが献身という同じ強さのなかでひとつになるのだが、それが失われてしまうのだ。

関係はもちろん存続しているのだが、内面的に寄り集まってむつまじく一体となるだけの緊張力が欠けているのだ。関係は現に存在しているとも見えるし、また存在していないとも見える。つまり、充実《なかみ》がなくて、むしろ一種の緩慢な、夢うつつのような、だらだらととぎれずにつづいているといったような状態で存在しているのである。

ひとつごく簡単な比喩《たとえ》を挙げて、わたしの言おうとするところを説明させてもらうことにしよう。

わたしがかつて訪ねたある家庭に掛時計があったが、それがどこか調子がくるっていた。しかしそのくるいというのは、ゼンマイが一度にもどってしまうとか、鎖がとんでしまうとかいうのではなく、また時を打たなくなってしまったというのでもなかった。むしろ時は打ちつづけてはいるのだが、その打ち方が奇妙で、時刻を度外視すれば正常な打ち方なのだが、時刻を混乱させてしまうような打ち方をするのだ。この掛時計は十二時になっても十二時を打たず、一時になっても一時を打たなかった。一定の間隔をおいて、いつも一度にひとつしか打たなかったのだ。こんな打ち方でこの時計は一日じゅう打ちつづけてはいたが、打って時刻を知らせることはしなかったわけだ。

力を萎《な》えさせてしまう緊張が、この時計と同じなのだ。すなわち、関係は存続しているのだが、関係の切れてしまうのを阻《はば》む、関係とは名ばかりのだらだらした関係があるばかりで、そこにも、関係のあらわれと呼ばざるをえない何かが見られはするのだが、しかし関係が正確に示されていないばかりか、その関係はほとんど無意味と言っていいくらいなのである。

関係が存続しているということは、つまり関係が事実であるということは、ただ人心を麻酔させるだけのことである。ところが危険なことに、そのことこそが反省の潜行性腐蝕《ふしょく》作用を助長するのだ。というのは、暴動にたいしてなら権力を行使することができるし、故意に量目をごまかしたというのなら、刑罰を期待できるのだが、弁証法的な秘密主義というやつは根絶しがたいからである。曖昧さという抜け道を音もたてず忍び歩く反省の足音をかぎつけるためには、どうしても相当敏感な耳が必要なのだ。

現存するものは現存しているのだが、情熱のない反省というやつは、現存するものを曖昧なものにしてしまわぬと安心しないのだ。国王の権力をなくしてもらいたいなどと思っている者はありはしない。だれもけっしてそんなことを望んでいはしないのだが、しかし国王の権力を徐々になにか架空なものに変えてしまうことができたら、喜んで国王万歳をとなえようというわけなのだ。なにも傑物の失墜したさまを見たがるわけではない。けっしてそうではないのだが、それと同時に傑物が一種架空なものだという知識を振りまわすことができたら——讃嘆してもらえるだろうと考えるのだ。
キリスト教の用語を全部そっくりそのままにしておきたいと思う、がしかし、そんな用語では決定的なことはなにも考えられはしないということを、ひそかに知っていたい。こうして後悔などしないでいたいのだ。なるほど、なにひとつ破壊するわけではないのだから、後悔することもないわけだ。

絶大な権力をもつ国王、逞しい行動力のある自由解放の勇者、宗教上の全権者、そんなものを人々はもちたいわけではない。そうではなく、現存しているものをごく無邪気な気持でそのまま存続させておきたいと思うのだが、しかしそれが存続していないことを、反省的な知識として、多少は知っていたいわけなのだ。そうしておいて、そういう態度こそアイロニーなのだ、と想像して得意がろうというわけなのだ。

けれども、だからといって、よもや〔英雄が積極的な時代における公然たる感激の具現者であるように〕人は真のアイロニストが消極的な時代における隠れたる感激の具現者であることを否定するつもりではあるまい。あの偉大なアイロニーの大家[6]は死刑に処せられて生涯を終えたはずなのに、そのほんとうのアイロニストが犠牲者でなかったなどというつもりでもあるまい。

反省の緊張は、ついには原理としてかかげられてくる。そこで、情熱的な時代には感激が統一原理であるように、情熱がなくてはなはだ反省的な時代には、妬みというものが消極的な統一原理的な倫理となる。しかしこう言ったからといって、それがすぐ、咎《とが》めだてをするといったような倫理的な意味に解されてはならない。そうではなくて、反省の理念そのものが、言ってみれば、妬《ねた》みなのである。それだから、妬みは二重のあらわれ方をする。すなわち、個人における利己的な妬みと、それからまた、個人にたいする周囲の妬みとである。

個人における反省の妬みは、個人が熱情的に決断するのを妨げる。ところが個人がいまにも決断できそうにでもなろうものなら、今度は周囲の反省の抵抗が個人を引きとめてしまうのだ。反省の妬みは意志と力とをいわば監禁するのである。だからまず個人は、自分自身の反省でわれとわが身を監禁しているその牢獄《ろうごく》を破ってあけなければならない。

しかし、それに成功しても、個人はまだ獄外に出たというわけではなく、周囲の反省が築いている大きい獄舎のなかにいるのであって、自分自身のなかの反省関係のおかげで、この大きな獄舎という周囲の反省にたいしてもある関係をもっているのである。そして、たとえ彼がこの関係の非真理性をどれほど見抜いていようとも、この関係から彼を解放することができるのは、宗教的内面性だけなのである。

しかしながら、この関係はいわば牢獄で、個人も時代も反省によってそこへ監禁されるということ、この監禁をおこなうものが反省であって、専制君主でも秘密警察でもなければ牧師でも貴族でもないということ、反省は、これが個人にわかるのを全力をあげて妨害し、「反省の可能性というものはみすぼらしい決断などとはまるきり違った偉大なものなのだ」と、うれしがらせるようなことを言って妄想を固めようとする。

利己的な妬みは願望という形で個人自身からあまりに多くのものを要求し、それがために、個人を阻害する。この妬みは甘い母親の偏愛と同じように、個人を柔弱にしてしまう。自分自身にたいする妬みが個人を妨げて、他人への献身を不可能にするからである。周囲の妬みは、他人にたいして妬む以上はもちろん個人自身もそれに関与しているわけであるが、この妬みは、消極的、批判的な意味で妬みぶかいのである。

しかしながら、この状態がつづくにつれて、反省の妬みはだんだんはっきりと倫理的な妬みという形をとってくるだろう。空気は密封されるとつねに毒を発生させるが、それと同じように、反省も密封されると、なにか行動をするとか事件が起こるとかして換気されないかぎり、いまわしい妬みを発生させてくる。反省の緊張のなかで比較的善良な力と力とがお互いに張り合っているうちに、卑劣な力が頭をもたげてきて、そのずうずうしさが、一種の力の発現のように見られて人々に畏敬の念を起こさせ、その下劣さがみずからの自衛権となるだろう。畏敬の念を起こさせるがために、その卑劣な力は妬みの注目をまぬがれるからである。

ところで、人間にはたえまなく心を高き所に持していることができず、いつまでも讃嘆しつづけるということができないのは、人間の本性に深く根ざしたことである。人間の本性は気晴らしを要求する。それだから、どんなに感激にみちみちた時代であっても、人々の妬みは、傑出したものをちょっとばかりからかいたくなるのである。

これはしごく当然なことであって、謝肉祭の慰みに傑出したものにたいしていたずらをしてからかった人が、そのあとからまたその傑物に讃嘆のまなざしを向けてみた場合、その傑物がすこしも変わっていないのを見いだしえたとしても、これも当然なことであやしむにはあたらない。でなかったら、冗談は骨折り損のくたびれもうけということになろう。

このように妬みは、感激にみちみちた時代においてさえ、はけ口を見いだすことができるのだ。いや、時代がそれほど感激にみちた時代でなくても、せめて時代が妬みに性格を与えるだけの力をまだもっており、かつ、妬みの表現の意味するところについてはっきりと自覚をもっていさえすれば、妬みは、危険なものではあるが、その意義をもつことができるのだ。たとえば、ギリシアにおいて、貝殻《かいがら》追放[7]は妬みのひとつの表現であった、傑出したものに対抗するための一種の自衛手段であった。だからそれは実施されたのだが、この関係のなかに含まれている弁証法的なものを、すなわち貝殻追放が傑出したもののひとつのしるしであることを、ギリシア人[8]たちははっきりと知っていたのである。

それだから、ギリシアにおけるやや早期のある時代を描写するにあたって、まったく取るにも足りない人物を貝殻追放によって国外に追放させているのは、アリストパネスの精神からすると、アイロニカルでありえたのである。このアイロニカルな方法のほうが、そういうつまらない人物を、たとえば主権者たらしめるというアイロニーのもつ滑稽さよりも、より高級な滑稽さであるだろう。というのは、貝殻追放による国外追放ということがすでに、傑出しているということの消極的な表現であるからにほかならない。

それだから、あの人がいなくては困るというわけで、民衆が追放されたその人物を呼びもどすという結末にでもすれば、しかもその人物が、追放されているあいだ住んでいた土地の人々の目には、すぐれたところなどちっとも発見できないものだから、なぜあんな男が追放されたのかまったく謎《なぞ》だったというような人物であったとあれば——アイロニカルな滑稽さはさらに一段と高いものになるというものであろう。

『騎士』のなかでアリストパネスは腐敗の極に達した状態を描写しているが、この劇で、賤民《せんみん》根性が行き着くところまで行き着いて、ダライ・ラマ⑨の糞尿《ふんにょう》が拝まれるのと同じように、人々は行きあたりばったりに人間の屑《くず》のような人物を礼拝《らいはい》し、あるいはその人間の屑を自分自身だと思って礼拝している。民主政体内におけるこうした人々の態度は、その腐敗の程度において、帝政において帝位が競売にされるのとまさに好一対である。

けれども、妬みがまだ性格をもっているあいだは、貝殻追放はひとつの消極的な傑出のしるしなのである。アリステイデスに向かって、「わたしはアリステイデスがたった一人の正義の人だと呼ばれるのに我慢がならないから」あなたの国外追放に賛成の投票をするのだ、と言った男[10]、あの男は実はアリステイデスの傑出していることを否定したのではなくて、むしろ自分自身について告白するところがあったのである。つまり、この傑出した人にたいして自分は讃嘆という幸福な恋の関係にあるのではなく、嫉妬という不幸な恋の関係にあるのだということを告白したのであって、彼はこの傑出した人をけなしたわけではなかったのだ。

　これに反して、反省が勢力を増して無感動を育成していくにつれて、妬みはますます危険なものとなる。それは妬みが自分自身の意義を自覚するだけの性格をもっていないからで、無性格なるままに、無定見で、態度が曖昧で、ぐらついているために、周囲の事情に応じて同じひとつのことばを種々さまざまなふうに説明し変えるからである。つまり、「そのことばは冗談のつもりだ」と言うかと思うと、それが失敗だとわかると、今度は「侮辱のつもりだ」と言い、そしてそれが失敗すると、今度は「まったくなんでもないんだ」と言い、「機知《しゃれ》のつもりだ」と言うかと思うと、それがうまくゆかないと、「そんなつもりじゃない、心すべき倫理的諷刺《ふうし》なのだ」と説明し、これが失敗すると、今度は「なんでもありゃしない、ほっときゃいいんだ」と説明するというわけなのだ。

　妬みは無性格性の原理として成り立つことになり、自分は無きに等しいものだといって譲歩しておいてたえず自分をかばいながら、その実なんとかみじめな境涯から脱け出て、ひとかどのものにこっそりのしあがろうとする。無性格の妬みは、否定しながらも実は自分も傑出したものを認めているのだということが自分でわからず、むしろそれを引きずりおろし、それをけなして、それで実際にそれをもはや傑出したものでなくしてしまったつもりでいるのである。こうして妬みは、現に存在している傑出物に対してばかりでなく、またきたらんとする傑出物に対しても抗弁するのである。

　妬みが定着すると水平化の現象となる。情熱的な時代が励ましたり引き上げたり突き落としたり、高めたり低めたりするのに反し、情熱のない反省的な時代はそれと逆のことをする。それは首を絞めたり足をひっぱったりする、それは水平化する。水平化は、なにごとによらず人目につくことを忌避する、ひそかな、数学的な、抽象的ないとなみである。

　ぱっと燃えたつ一時的な感激は、失望落胆の状態におちいると、ただ自分がこの世に生きていることの力を感じたいというだけの気持から、なにか不幸なことでも起こってくれればよいのにと願いかねないけれど、そういう感激のあとにつづく無感動は、どうかき乱そうとしても、もはや功を奏しないもので、それは、水平化《じならし》の作業をしている技師にたいしてどんな妨害も功を奏しないのと同じことである。

　暴動というものは、絶頂に達すると、火山の爆発のようなもので、自分の発する声すら聞こえなくしてしまうが、同じように水平化の作業も、極限に達すると、死の静けさのようなもので、そこでは自分自身の呼吸する音さえ聞きとれる。そしてその死の静けさのうえに起きあがれるなにものもなく、一切のものがなす術《すべ》もなくそのなかに没し去ってしまうのである。

暴動の先頭にならば、ただひとりの男が立つということもできるが、水平化の先頭にはどんな男でもただひとりで立つというわけにはゆかない。だって、もしそれができたら、その男は指導者になってしまい、水平化から逸脱してしまうことになるだろうからだ。自分の属する小さなサークル内であれば、個人個人が水平化に協力することができる。しかし水平化はひとつの抽象的な力であり、水平化は個人個人にたいする抽象物の勝利なのである。水平化は現代における反省の生み出したもので、それは古代における運命に対応している。

古代は卓越という方向において弁証法的である〔ひとりひとりの偉人――そして大衆。ひとりの自由人――そして奴隷たち〕。キリスト教はさしあたり代表の方向において弁証法的である〔多数の者は代表者を自分自身と見、代表者は自分たちを代表してくれているのだという意識によって、一種の自己意識において、自主独立なものとされている〕。現代は平等の方向において弁証法的であり、この平等を誤った方向に最も徹底化させようとするのが、水平化のいとなみであり、この水平化は個人個人の否定的な相互関係の否定的な統一なのである。

だれにでもわけなくわかるであろうが、水平化の深い意味は、世代の範疇が個人性の範疇よりも優位を占めているという点にある。古代においては、個人個人の集団は、いわば、傑出した個人にどれだけの価値があるか、その値打ちを定《き》めるために存在していたようなものであったが、今日では、価値の基準が変わってしまって、一個人と同等になるには、おおよそこれこれの人数がそろう必要があるということになり、したがって、それに必要なだけの人数を確保することだけが必要であり、これができれば、有力者になれるというわけである。

古代においては、集団のひとりひとりはなんの意味ももっていなかった。傑出した人が集団全体を意味した。現代は数学的な平等性へ向かう傾向があって、すべての階級を通じて、これこれの人数がそろえば一個人とほぼ同等になるのである。

かつては傑出者はどんなことでもすることが許されていたが、集団のひとりひとりはまったくなにもすることが許されなかった。いまでは、これこれの人数がそろえば一個人と同等になるのだということを、ちゃんとみんなが心得ている。そこでしごく当然ながら、どんなつまらない問題についても、頭数がそろえられる〔これを称して、いかにももっともらしく「団結する」と言うわけだが、これはきれいごとなのだ〕。気まぐれな思いつきを実行するというただそれだけのためにさえ、なにがしかの頭数がそろえられ、そろえばそれがおこなわれる。つまり、そろいさえすればそれを実行する勇気がでるというわけなのだ。そこで結局、かなりすぐれた天分のある人でさえ、ごくつまらない問題にもすぐに自分をほんの一員だと自覚してしまうので、どうしても反省から解放されることができず、宗教性の無限の解放を得ることができなくなる。

多数者が団結すると死をものともせず突進する勇気がでてくるとしたものだが、だからといって、それが現代では、個人個人めいめいがそれだけの勇気をもっているのだ、などと言ってすますわけにはゆかないだろう。というのは、個人個人が死にもまして恐れるものがあるとしたら、それは、「ひとりで勝手なことをしやがる」という、反省が自分にくだす審判であり、反省が自分に投げつける抗議であろうからだ。

個人はいまではもう神に属するものではない。自分自身にも、恋人にも属していない。自分の芸術にも、自分の学問にも属さない。そうではなくて、農奴が騎士領に属しているのと同じように、個人は、なにごとにかぎらず、いつでも自分が反省というもののために隷属を余儀なくされるひとつの抽象物に属していることを自覚せざるをえないのである。

現代では、寄り集まった多数の人々が、それもひとりひとり別々に、なにか慈善的な目的のために自分の全財産を投ずることにしようと決議することができたとしても、だからといって、個人個人がそう決意できるということにはならないだろう。その決心がつかないというのも、個人個人が自分の財産を投げ出しかねるからではなく、むしろ貧乏になることよりも、反省のくだす審判のほうをはるかに恐れるからのことであろう。

よしんば仮に十人の者が恋愛というものの正真正銘の価値とか、あるいは感激というものの、けちのつけようのない権利とかを、認めることにしようということに意見が一致したとしても、だからといって、その十人のひとりひとりがそう認めえたということにはならないだろう。なぜかというに、彼らは恋の至福よりも、彼らの「霊とともに証《あかし》する」（ロマ八・一六）感激の証よりも、きっと、曖昧なままに反省の審判のほうをよりいっそうあつく愛するだろうからである――それだから、一人以上いては矛盾だというような事柄の場合にも、彼らは十人そろわずにはいられないだろう。

社会性という、現代において偶像化されている積極的な原理こそ、人心を腐蝕し退廃させるもので、だから人々は反省の奴隷となって美徳をさえ輝かしい悪徳[11]にしてしまうのだ。こういう事態になるというのも、個人個人が宗教的な意味で永遠の責任を負って、ひとりひとり別々に神の前に立っているということが見のがされているからのことでなくてなんであろう。それを思うと恐怖の念が起こる、そこで社会のなかに慰めが求められることになるのだ。こうして反省は個人を全生涯にわたってとりこにしてしまう。そして、この危機のはじまりに少しも気づいたことさえないという人々は、無造作に反省関係のなかへ没入してゆくのである。

水平化の作業は一個人の行為ではなく、抽象的な力の掌中にある反省のいとなみである。力の平行四辺形において対角線が算出できるのと同じように、水平化作業の法則も算出できるのである、すなわち、幾人《いくたり》かを水平化する個人は、自分もまたその水平化に巻き込まれ、このようにして水平化がひろがってゆくのである。それだから、個人は、自己を中心に考えて、自分のしていることを知っているように見えても、彼らみんなについて、「彼らは自分が何をしているのかわからずにいる」（ルカ二三・三四）のだと言わざるをえない。なぜかというに、人々がひとつになってともどもに感激し合っているときには、個人個人にはない、なにか個人個人より以上のものが出現するように、この場合にも、なにかより以上のものが出現するからである。どんな個人の手にも負えないような悪魔が呼び出されるのだ。そして個人は、自己中心的に考えて、わずかな瞬間《あいだ》、水平化の快楽にひたって抽象物を享楽するのだが、それと同時にその個人は自己自身の没落に同意の署名をしているのである。

感激者の突進は滅亡に終わることがある、しかし、水平化する者の勝利は、「とりもなおさず」彼自身の滅亡なのだ。いかなる時代も水平化のスケプシス[12]を停止させることはできない。現代というこの時代にも、それはできない。現代がそれを停止させようとするその瞬間に、現代はまたしてもこの法則を発揮することになるだろうからである。それをくい止めることができるのには、個人個人が個々別々に不動の宗教性を獲得するということしかない。

かつてわたしは、三人の男が一人の男に卑劣きわまるひどい仕打ちをしている喧嘩《けんか》を見たことがある。群集はただつっ立って、憤慨しながらながめていた。ぶつぶつ憤激のざわめきが起き、ひと騒動起こりそうだった。つまり、群集のなかの幾人かが結束して、いじめている三人のうちの一人をひっとらえて、地面に投げつける、といったような騒動が起こりそうであった。ということは、これら加勢して復讐《ふくしゅう》をしようとしている人たちは、もしそれをしたとしたら、いじめている人たちと同じ法則を発揮することになるだろうということだ。

ここで不肖なるわたし自身のことを持ち出すことをお許し願って、この話をおしまいまで物語らせていただきたい。わたしは歩み寄った。そして復讐している人たちの一人に、彼らのとった行動の矛盾を弁証法的に説明しようと試みた。しかしそのような話し合いに応ずることは、彼にはまったく不可能のようであった。彼はただ何度も繰り返して、「あいつには、ああしてやるのがちょうどいいんだ。あんな野郎には——一人に三人かかっていったっていいのさ」と言うばかりだった。

この話の滑稽さは一目瞭然《りょうぜん》だ。ことに、事件の発端を見なかった人が、一人の男が他の一人の男について、「こいつ〔いま一人にされている男〕が三人がかりで一人をいじめていたんだ」と言うのを聞いたとしたら、しかもそれがさっきとはちょうど逆の事情になってしまった瞬間に、つまり、彼らが三人がかりでその男一人に殴《なぐ》りかかったその瞬間に、そう言うのを聞いたとしたら、ことの起こりを知らずにそう聞かされた人にとっては、滑稽しごくな話であることは明白である。前の場合は、「警吏が、一人きりでいる人に向かって、どうかみなさん、解散してください、と言ったとき」と同じような意味で、矛盾のゆえに滑稽なのであり、後者の場合は、自己矛盾によって滑稽なのであろう。そこでわたしが悟ったことは、このスケプシスがわたしに向かってつづけられないように、それに終了《けり》をつけようなどという希望を放棄するのが最善の策だ、ということであった。

どんな人〔卓越の方向および運命の弁証法の方向において傑出した者〕も、単独では水平化の抽象をくい止めることはできないだろう。水平化の抽象のほうが消極的な意味でより高いものであり、それに、英雄の時代は過ぎ去っているからである。いかなる集団も水平化の抽象をくい止めることはできないだろう。集団自体が反省の関係によって水平化に仕えているからである。一個の国家でさえこれをくい止めることはできないだろう。水平化の抽象はその反省を、純粋な人類という、より高い否定性へ向けるからである。

水平化の抽象、これはつまり人類の自己燃焼であって、宗教性において個人個人の内面性が単独化されないでいる場合に生ずる摩擦によってひき起こされるもので、よく貿易風について言われるように、停滞しつづけていて一切のものを焼き尽くしてしまうが、しかしまた、この水平化の抽象によって、多くの個人はそれぞれ単独に、宗教的に教育されることもできるのであって、最も高い意味において、この水平化という「きびしい試験」を通過することによって、そのおかげで自分自身のなかにあるほんとうの宗教性を獲得することもできるのである。

ひとりの青年⑬が、自分としては自分の讃嘆する傑出したものに傾倒しきっているのではあるけれども、それにもかかわらず、水平化はもちろん利己的な個人や利己的な世代がたくらんだ悪ではある（創世記五〇・二〇）が、しかしまた個人めいめいが単独に神とともにあって心からそう欲するなら、個人にとって、最高の生活のための出発点ともなりうるものだということを最初から理解しているとしたら――そのような青年にとっては、水平化の時代に生きるということは真に修養になることだろう。

このような時代に生きているということは、最高の意味において青年を宗教的に啓発することであろうが、同時にまた、滑稽なものが猛威をふるうことになるので、美的にも知的にも青年を陶冶《とうや》することとなるであろう。というのは、最高の滑稽さは、まさに、ひとりひとりの個人がなんら中間規定なしに、純粋な人類という無限の抽象物に還元されるということだからである。つまり、個々の具体的な組織体が介在すれば、それらすべてが相寄って、その相互関係によって滑稽さを緩和し、相互の情熱によって強化し合うのだが、その組織体自体がすでに焼き尽くされてしまっているのであるから、その還元が中間規定なしに直接的におこなわれるわけである。しかし、これはまた、救いというものがひとりひとりの個人における真の宗教性によってしか与えられないということの表現でもある。そして過失を犯すことこそ、高潔な心で求める個人個人に、それぞれ単独に、いと高き者への通路を開くものだということを理解するならば、それは、青年の心をふるい立たせることであろう。

しかし、水平化は停滞しつづけるにちがいない。「つまずき」がこの世にこざるをえないのと同じように、水平化もこざるをえない。「しかし、それをきたらせる者は、わざわいである」（ルカ一七・一）だ。

宗教改革というものは、まず、人めいめいが自分自身を改革するということから始まるべきだ、ということがしばしば言われている。しかし実際はそうはゆかなかった。なぜかといえば、宗教改革の理念は、一人の英雄を生み出したからであって、この英雄はおそらく神からたいへん高価な値段で英雄任命の辞令を買い取ったのであろう。個人個人は、直接この英雄に与《くみ》して、英雄が高い値段で買い取ったものを、それよりももっと良い値段で、いや、もっと廉《やす》い値段で手に入れるのだが、しかし最高のものまでも手に入れるというわけにはゆかない。

それに反して、水平化の抽象は、きびしい東風にも似たひとつの原理である。この原理はひとりひとりの個人となんらさほど親しい関係を結ぶことなく、万人にたいして平等な抽象の関係を結ぶばかりである。そこには、他の人々のために苦しんだり、他の人々に力をかしたりする英雄などいない。水平化自身が厳格な教師となって教育を担当するのである。そしてこの教育から最大のことを学んで最大のものになる人は、傑物になるのでも、英雄になるのでも、名士になるのでもない。これをこそ、水平化は妨げるのだ。水平化は極端なまでに徹底的だからである。そして水平化の教育から最大のものを学んだ人は自分自身でもそうなることを妨げるのだ。その人は水平化の意義を悟っているからである。英雄や傑物になるのではない、その人はただ、完全な平等という意味においてひとりの人間らしい人間になるばかりである。これこそ宗教性の理念である。

けれどもその教育はきびしく、収穫は一見いかにも少ない。しかし一見そう見えるだけのことなのだ。なぜかというに、個人個人が神の前に立ち、ほんとうの宗教心をもって自己自身に満足することを学ばないなら、世界を支配するかわりに自己自身を支配することで満足することを学ばないなら、説教者となってはみずから自己自身の聴者となり、著作家となってはみずから自己自身の読者である、ということで満足することを学ばないなら、すなわち、それこそ神の前における平等と万人の平等とを表現するのであるから、それをこそ最高のこととして感激することを学ばないなら、その人は反省から脱却しないのであり、もしかすると彼は、その天分に応じて、水平化しているのは自分なのだと、一瞬、自己欺瞞《ぎまん》的な思いをいだくかもしれないが、結局みずから水平化の下に沈没してしまうからである。

ホルガー・ダンスケ⑭とかマルティン・ルターとかのような人物の出現を告知したり予言したりしたところで、甲斐《かい》のないことだ。彼らの時代は過ぎ去ってしまったのだ。そういう人物を待望するというのは、結局、個人の無精さなのだ。最高品を新品で買ったのでは高価なので、そのかわりに中古品を安値で手に入れようというのは、有限性の性急さなのだ。いろんな団体をあとからあとからと設立してみたところで、無駄なことだ。団体員の近視眼には見えなくても、そこには否定的な意味で、より高いなにかが設定されているからである。

個人性の原理は、それが直接的な美しい姿をとって現われると、傑出者や卓越者となって、世代を象徴的に代表し、従属的な個々人を、代表的人物のまわりに群がらせ結集させる。個人性の原理は、それが永遠の真理として現われると、世代という抽象物と平等性というものを、水平化の力として用い、それによって個人を個人自身の協力のもとに宗教的に啓発して、ひとりの人間らしい人間に成長させる。というのは、水平化は永遠にたいしては無力であるが、すべてかりそめのものにたいしては圧倒的に強力だからである。

反省は人をとらえる罠《わな》である、しかし、宗教性の感激による飛躍がおこなわれると関係は一変し、この飛躍によって反省は人を永遠者の腕のなかへ投げ入れる罠となる。

反省というものは、この人の世の頑固このうえない債権者である。そしてどこまでもそうなのだ。狡猾《こうかつ》にも反省は、これまでに、ありとあらゆる人生観を買い占めてきた。しかし、ほんとうの宗教性の永遠な人生観だけは買いとることができないでいる。そのかわり反省は、それ以外のすべてのものの織りなすきらびやかな幻影で人の心を誘い、それ以外のすべてのものの思い出で人の意気を沮喪させることができる。けれども、人は深みへ飛び込むことによってみずからを助けることを学び、他の人々すべてを、わが身を愛するごとく高く愛することを学ぶのだ。自分のほうは他人に助けてもらおうとしないというのは傲慢不遜だといって非難されようと、あるいはまた、他人に助力して、すなわち他人が最高のものを失うように助力して、術策をもって他人を欺こうとしないのは利己心から出たことだといって非難されようとも。

わたしがここで述べたことくらい、だれだって知っているし、だれにだって言えることだ、と言う人があれば、わたしはこう答えよう。「それなら、なおさら結構なことだ。わたしはなにも人に秀《ひい》でようなどと望んではいない。だれでもそれを知っているということに、わたしもべつに異論なんかありはしない。ただしだれでもそれを知っており、だれにでもそれが言えるということが、それをわたしの手から取り上げて否定的な共同社会というやつの掌中に委《ゆだ》ねようという意味《つもり》だというのでは、話はおのずから別になる。この意見を保有することをわたしに許してもらえさえするなら、だれでもがそれを知っているからといって、その価値がわたしにとってなくなることはありはしないのだ」

要するに、近代は多くの変革を通じて、すでに長らく水平化の方向に向かって進んできた。けれども、それらの変革すべてが水平化だったというわけではない。それらはすべて、それほど抽象的なものではなく、むしろ現実の具体性をもっていたからである。卓越したものが卓越したものと対抗し、その結果、両方がともに弱体化されるとき、そのために水平化に近い現象が生ずることはある。卓越したものが他の卓越したものによって拘束されて中立を保つということによって、そのために水平化に近い現象が生ずることはある。それ自体は弱いものが団結してただひとりの卓越したものよりもより強くなる場合にもそうである。ひとつの階級、たとえば聖職階級とか市民階級とか農民階級とかによって、国民自身によって、水平化に近い現象が生ずることはある。けれども、これらすべてはあくまでも、具体的な個体の内部における抽象物の動きにすぎないのである。

水平化がほんとうに成り立ちうるためには、まず第一に、ひとつの幻影が、水平化の霊が、巨大な抽象物が、一切のものを包括しはするが実体は無であるなにものかが、ひとつの蜃気楼《しんきろう》が作り出されなければならない。――この幻影とは公衆[15]である。情熱のない、しかし反省的な時代においてのみ、それ自体が一個の抽象物となる新聞[16]に助成されて、この幻影が出現しうるのである。

感激にみちた時代には、情熱に燃えて騒然としている時代には、国民が一切のものを強奪し破壊しようという、実りを結ぶことのない荒涼たる理念を実現しようとする場合でさえ、そこにはけっして公衆というようなものは存在しはしない。そこにあるのは党派であり、そこにあるのは具体物である。そのような時代においては、新聞は党派の分裂に応じて具体的な性格をおびる。しかし、座業者たちが空想的な錯覚を作り出す危険に格別さらされているように、情熱のない、すわっていがちな、反省的な時代は、新聞というものが、それ自体は無力なものであるにもかかわらず、その無気力な生活のなかに一種の生気を保持する唯一のものということになると、この幻影を育てあげてくることになろう。公衆こそ本来の水平化の巨匠なのである。思うに、水平化に近い現象が生じてくる場合には、なにものかによって水平化されるのだが、公衆は奇怪な無だからである。

公衆は、古代においてはけっして現われることのできない概念である。というのは、古代においては国民自身が一体となって行動の局面に登場し、同胞の一人がひき起こした事態にたいして責任を負わなければならなかったし、またその一個人のほうでもそのようなことをしでかした人間として身みずから出頭して、賛成あるいは不賛成というその瞬間瞬間《ときどき》の即席裁判の判定に従わなければならなかったからである。共同生活というものが、もはや具体的な生活に充実した内容を与えうるほど強力でなくなってはじめて、新聞がこの公衆という抽象物を作り出すのであろう。その公衆という抽象物は、同じ時代の、ある状況あるいは組織のなかに統一されることもけっしてなければ、また統一されることもけっしてできない、にもかかわらずひとつの全体だと主張される、非現実的な諸個人から成り立っているのである。

公衆は全国民を合わせたよりも数の多い軍隊である。しかしこの軍隊を閲兵することはけっしてできない。それどころか、この軍隊はたった一人の代表者といったものをさえもつことができない。この軍隊自体がひとつの抽象物だからである。それにもかかわらず、時代が情熱のない反省的な時代となって、すべて具体的なものを払拭《ふっしょく》してしまうと、公衆は一切のものを総括すべき全体となる。けれどもこの関係は、またしても、個人個人は自分自身に委ねられているということの表現でもある。

　現実の人間であれば、そのひとりひとりがなにほどかの意義をもっているが、そういう現実の人間が、現実の瞬間および現実の状況と同時代[17]にあるところに、個人個人の支えがある。ところが公衆は現に存在していても状況も結集も作ることがない。ものを読む個人個人はむろん公衆ではない。そのようにだんだんと多くの個人が、もしかすると万人が読むことになるかもしれない、がしかしそこに同時代性は存在しない。公衆は、いわば集められるには長い歳月を要するかもしれない、しかしそうして集められても、公衆というやつはそこにいはしない。個人個人が誤った推理で作りあげるこの抽象物は、当然しごくながら、個人個人を助けるかわりに突き放すのである。

　現実の瞬間および現実の状況にあって現実の人間と同時代にありながら、自分自身の意見をもたないという人は、多数者と同じ意見を採用するか、あるいは、闘争的な傾きのある人であれば、少数者と同じ意見をとる。しかし、よく注意してほしいが、多数派も少数派も、どちらも現実の人間なのであって、この点に、これらの人々との結びつきには支えがあるのである。

　それに反して、公衆はひとつの抽象物である。特定のこれこれの人々と同じ意見を採用するということは、これらの人々も自分自身と同じ危険にさらされており、もしその意見がまちがっていれば、彼らも自分といっしょに道を誤ることになろう、云々のことを知っているということである。ところが公衆と同じ意見を採用するというのは、あだな慰めでしかない。公衆とはただ「抽象的に」存在しているだけだからである。だから、いかなる多数派もいまだかつて公衆ほど確実に正しくて勝利をおさめたためしはないのに、この事実は個人個人にとってあまり慰めにならない。公衆は、親しく近寄ることを許さない幻影だからである。もしだれかが、今日、公衆の意見を採用し、そして明日やじり倒されるとしたら、その人をやじり倒すのは公衆なのだ。

一世代、一国民、一国民議会、一共同体、男一匹、これらはなにほどかの意義をもつものであるのだから、あくまでも責任を負っており、無定見であったり無節操なことをやったりすればそれを恥じるということもありうるが、公衆はどこまでも公衆のままである。一国民にしても、一議会にしても、一個の人間にしても、もはや以前と同じものではないと言わざるをえないような変わり方をするかもしれない。ところが公衆のほうはまるきり正反対のものになることができるし、しかも正反対のものになりながら以前と同じもの――公衆なのである。

しかし、まさにこの抽象物とこの抽象物の教訓によって、個人個人は〔自己自身の内面性によってすでに教育されている人間ではないとしてであるが〕、まだ堕落してしまってはいないかぎり、宗教性という最高の意味において自分自身に満足し、そして、また自分と神との関係にも満足するような人間に教育され、相互関係を保ちながら存立している個性をもった具体的組織をことごとく食い尽くしてしまう公衆に同調することをやめて、自分自身との一致を心がけるような人間に、数ばかり数えていないで神の前に立つ自分自身のうちに安らいを見いだすような人間に教育されるのである。

　近代人を古代から絶対的に区別するものは、このように、全体が具体物でなくて抽象物になっているということであろう。すなわち、全体が個人個人をささえ、個人個人を育ててゆきながらけっして絶対的[18]なものに育てあげるようなことをしない具体物ではなくなって、個人個人を抽象的な意味で平等にしてしまったうえで突き放して、個人個人が――途中でくたばってしまわないかぎり――絶対的なものに育てあげられるように助力する抽象物になってしまったということである。古代においては、「傑出者とは他の人々がそうはありえなかったものであった」という嘆きがあったが、いまでは、「宗教的に自分自身を獲得した者とは、すべての人がそうありうるものでしかない」のであって、ここには人の心をふるいたたせるものがあると言えるだろう。

　公衆は、ひとつの国民でも、ひとつの世代でも、ひとつの同時代でも、ひとつの共同体でも、ひとつの社会でも、この特定の人々でもない。これらはすべて、具体的なものであってこそ、その本来の姿で存在するのだからだ。まったく、公衆に属する人はだれひとり、それらのものとほんとうのかかわりをもってはいない。一日のうちの幾時間かは、つまり、人がなにものでもない時間になら、彼はおそらく公衆に属するひとりであろう。というのは、彼の本来の姿である特定のものであるような時間には、彼は公衆に属していないからである。

このような人たちから、すなわち、彼らがなにものでもないような瞬間における諸個人から成り立っている公衆というやつは、なにかある奇怪なもの、すべての人々であってなんぴとでもない抽象的な、住む人もない荒野であり真空地帯なのである。しかしまたこれと同じ理由から、だれでもが公衆をもっていると称することができるのだ。そしてローマ教会が奇怪にも司教たちを「信仰をもたぬ人々の国々の」司教に任命することによって勢力を拡張したのと同じように、公衆とは、だれでもが、「覗《のぞ》き眼鏡《めがね》[19]」を出して見せる酔っぱらいの水兵でさえもが、自分のものにできるもので、この点では、この酔っぱらいの水兵でも、弁証法的にみて当然のことながら、最も傑出した人と絶対に同等の権利をもっているのである。これらいくつもいくつものすべてのゼロの先に、もうひとつ自分のゼロをつけ加える権利を絶対にもっているのである。

公衆は一切であって無である。あらゆる勢力のうちで最も危険なもの、そして最も無意味なものである。公衆の名において全国民に語りかけることはできる。けれども、その公衆は、どんなつまらぬたった一人の現実の人間よりも、より少ないものなのだ。

公衆という規定は反省の奇術である。この奇術にかかると、個人個人はだれでもこの怪物が自分のものになったような気がするので、のぼせあがってしまい、現実の具体的な世界など比べものにならぬほど貧相に見えてくる。公衆は個人個人を一国民を支配する帝王より以上のものだと空想[1]させてしまう分別時代の童話である。しかしまた公衆は、個人個人を宗教的に教育する——

あるいは滅ぼしてゆく、不気味な抽象物でもある。

新聞という抽象物は［というのは、雑誌とか、定期刊行物[20]とかいうものは、民意の具体的なあらわれではなく、ただ抽象的な意味においてのみ、一個の存在なのだから］時代の情熱喪失症および反省病と結託して、あの抽象物の幻影を、水平化の張本である公衆を、産み出すのである。このことにも、宗教性にたいしてそれがもつ消極的な意義は別にして、それなりの意義があるかもしれない。

しかし、ひとつの時代に理念が存在することが少なければ少ないほど、ひとつの時代が、ぱっと燃えあがる感激に疲れはてて、無感動の状態に落ち着くことが多ければ多いほど、しかもそのうえに、時代を動かすような事件も理念もないので、新聞がだんだんと貧弱になってゆくものと考えられるとすれば、それだけ容易に水平化はますます退廃的な快楽となろう。一瞬間だけ感情をくすぐって悪をますます悪化させ、そして救済の条件をますます困難にし、滅びの確率をますます大きくするだけの官能の刺激剤となることであろう。専制政治の腐敗や革命時代の退廃はしばしば描写されてきたが、情熱のない時代の堕落もそれに劣らず危険なものだ。ただそれが曖昧であるために、あまり目立たないだけのことである。

それだから、このことを考えてみるのは、たしかに、それ相当に興味のあることでもあり、意義のあることでもあるだろう。そこでは、ますます多くの個人が気のぬけたような無感動のゆえに、無になろうと努めることだろう、――それも、公衆に、参与者が第三者になるという滑稽な仕方でできているこの抽象的な全体に、なろうがためなのである。自分自身ではなにひとつ理解せず、また自分自身ではなにひとつする気もない、この無精な群集、この立見席の観衆は、そこでひまつぶしを求めて、世間の人のすることはみなおしゃべりのたねになるためにおこなわれるのだ、という空想にふける。この無精者は、いかにもえらそうに足を組んでおみこしをすえ、働きたがる人間は、王さまだろうと役人だろうと、国民の教師だろうと有能な新聞記者だろうと、詩人であろうと芸術家であろうと、だれもかれもがみんな、他人はすべて自分の馬どもだと思ってえらがっているこの無精者を前へ引っ張ってゆくために、いわば馬車の前につながれるということになる。

仮にわたしがこういう公衆をひとりの人物として考えるとしたら〔思うに、少しすぐれた個人《ひと》であれば、たとえ一時的には公衆に属することがあっても、自分自身の内に組織化をおこなう具体的なものをもっているはずで、彼らが最も高い宗教性を獲得するにはいたっていなくても、それが彼らを支えてくれるだろう〕、わたしはまずローマ皇帝のだれかを思い浮かべるだろう。でっぷり太った大男で退屈に苦しんでいて、そこで思いきり笑いを発散できるような官能の刺激ばっかりほしがっているといった人物が念頭に浮かぶわけだ。機知という神の賜物《たまもの》はどうも俗世間のものではないからだ。そこでこういう人物は、悪人というよりはむしろ無精者なのだが、しかし消極的な支配欲があるので、目さきの変化を求めてあちらこちらとうろつきまわることになる。ひとりの皇帝が暇をつぶすためにどんなにいろんなことを考え出しえたかは、古代の作家たちの著作を読んだことのある人ならだれでも知っているだろう。

そんなわけで、公衆は退屈しのぎに一匹の犬を飼っておく。この犬は文学界の卑劣漢《ならずもの》[21]である。いまだれかちょっとした人物が現われるとする、おそらく傑出した人間ならもっとおあつらえ向きだろう。するとその犬がけしかけられて、退屈しのぎがはじまる。この犬は人にかみつく癖があるので、その人の上衣《うわぎ》のすそをひっ裂き、無礼ないたずらのかぎりをつくす——ついには公衆のほうが飽きてしまって「もうたくさんだ」と叫びだす。

これで公衆は水平化をなしおえたことになる。少し強い男、ちょっとすぐれた男は、ひどい目に会ったものだ、——そして犬のほうは、むろん犬のほうはどこまでも犬のままである。しかしこの犬は公衆でさえ軽蔑《けいべつ》しているのである。してみると、水平化は第三者によっておこなわれたわけである。つまり、無である公衆が、その卑劣なるがゆえにすでに水平化されるより上手《うわて》のものであり、かつ無よりも以下のものであった第三者を介して、水平化をおこなったというわけである。

しかも公衆は悔いることもない。だって公衆の仕業《しわざ》ではないからである——犬のやったことだからで、よく子供に向かって、「猫がやったんだね」と言われるのと同じことである。しかも公衆は悔いることもない。だってほんとうに侮辱を加えたわけではなかったのだからである。――ちょっとばかりの退屈しのぎをやったばかりなのだからだ。つまり、もし水平化に使われる道具のほうがずぬけて有能であったとしたら、そのときにはその道具自体が水平化の邪魔になることであろうから、無精者の公衆のほうが自分の使った道具に愚弄《ぐろう》される羽目におちいったことであろうが、すぐれたものが卑劣なものによってこきおろされ、卑劣なものが同じ仲間によってこきおろされるのであれば、差引勘定はゼロでなんの儲《もう》けにもなりはしない。

しかも公衆は悔いようともしないだろう。公衆はもともとその犬を自分で飼っているわけではなく、ただ予約購読しているだけのことだからである。それにまた、彼らは直接《じか》に犬をけしかけてかみつかせるわけでもない。また口笛を吹いて犬に合図をするというわけでもない。裁判沙汰《ざた》にでもなったら、公衆は言うことだろう、「それはわたしの犬ではありません、のら犬なんです」と。そしてその犬がつかまって、獣医学校へ連れて行って撲殺されることにでもなったら、公衆はおまけにこうも言えるだろう。「あの困りものの犬が殺されたというのは、まことにたいへん結構なことです、そうあることをわたしどもはみんな望んでいたんです――予約者のみなさんでさえそうなんです」

このような関係にわが身を置いて考えてみる人は、おそらく、ひどい目に会った善良なほうの人に注意を向けて、あの人はひどく不幸せな目に会ったものだ、と言いたくなることだろう。この見方には、わたしは全然賛成できない。というのは、最高のものに達するように助勢してもらいたいと思う人にとっては、このような不幸に堪え抜くことこそ身のためになるのだと思うからである。あんないい人があんな目に会ったといって憤慨する人もあるかもしれないが、わたしなら、ああいう目に会うことをむしろ願ってしかるべきだと思う。どうして、どうして、おそるべきことはそれとは別のことなのだ。

多くの人が便々と暮らし、安易に時を過ごしているのを思うと、それが恐ろしいのである。わたしは堕落した人たちのこと、あるいは少なくとも、金銭のために犬の役割を演ずる、滅びの道へ迷いこんだ人たちのことを話そうなどとは毛頭思わない。むしろわたしは、ふらふらしている人、うかうかと暮らしている人、官能の快楽を追う人、つまり、感動することを知らずにとりすまして生き、人の世に生きている事実から、あの意味もなくにやにやと冷笑を浴びせるほか、なんら深い印象を受けとらない、そういう多くの人たちのことが言いたいのだ。愚かにも攻撃される人々に同情を寄せて得意になるという新しい誘惑へと誘いこまれて、あのような事情《ばあい》においては、攻撃される人々のほうがつねに強者であるということを悟らず、あのような場合には、「わたしのために泣くな。むしろ、あなた方自身のために泣くがよい」(ルカ二三・二八)との聖句が、おそるべき、しかしアイロニーの重みをもってあてはまるのだということを悟らない、すべての愚かな人々のことが言いたいのだ。

この関係は水平化の最低線である。つまり、あらゆる水平化を通約する公約数に相当する。永遠の生命もまたそのような一種の水平化だといえる。だが、そうではない。なぜなら、この場合の公約数は、宗教的な意味において本質的な人間である、ということだからである。

これまでわたしは、弁証法的な範疇規定と、その諸規定から生ずる帰結とを、それが現在の瞬間において事実となっているか否かにかかわりなく論じてきたのであるが、そういう現代の弁証法的な考察から転じて、こんどは、この小説に現代の姿として描かれているものが家庭生活や日常の交際にどう反映しているか、そのいっそう具体的な特質を弁証法的に把えていくことにしよう。

ここにあらわれてくるのは暗い面である。そして、この暗さが事実であることは否定できないけれども、しかし、反省そのものが悪ではないように、はなはだしく反省的な時代にもそれ相応の明るい面があるに相違ないということも確かである。つまり、高度の反省は、直接的な情熱がもつよりも高い意味をもつにいたる条件ともなるからである。——感激が加わって反省の力を決断にいたらせる場合には、反省はそのような条件となるからである。さらに高度の反省は、——宗教性が個人のなかにはいりこんで、行動の前提条件をそなえるにいたる場合には、——そのもろもろの前提条件のなかで概して巧みに行動する大きな力を与えるからである。

反省は悪ではない。しかし、反省状態にいつまでもいつづけたり、反省のなかですっかり立ちどまってしまったりするのが、困ったことであり、危険なことなのである。それは行動の前提条件を逃げ口上に変えてしまって、退却へと誘うことになるからである。

現代は本質的に分別の時代であり、情熱のない時代である。それだから、現代は矛盾律を止揚してしまったのだ。[22] この見方からはいろいろな特徴が導き出せるが、それらの特徴は、この小説の作者がその繊細な技法、悠々《ゆうゆう》として迫らない筆致で、公平に再現してくれている。公平だというのは、もちろん作者の見解がどこにも出ていないということである。作者はただ反映を描写しているだけなのである。

一般的に言うなら、情熱のない、しかし反省的な時代を情熱的な時代と比較してみると、前者は後者が内包において失っているものを外延において獲得している、と言える。しかしこの外延は、それに相応する内包が、外延として所有されているものをふたたび取り入れるにいたるならば、いっそう高い形式に達するための条件たりうるのである。

矛盾律を排除するということは、人間の生き方として見ると、自己矛盾の表現である。あれかこれかのどちらかを選ぶという絶対的な選言的情熱があってこそ、個人は自分自身との一致を決意することができるのだが、その情熱のなかにある創造的な全能の力が、分別的な反省の外延性に一変してしまうのである。あらゆる可能なことを知り、そしてあらゆる可能なものであるということになるために、自分自身と矛盾することになる、すなわち、まったくの無であるということになるからである。矛盾律というものは個人を力づけて、自分自身にたいして忠実ならしめるものだ。だからして、個人は、ソクラテスが実にあざやかに語っているあのびくともしない三という数と同じように、[23]四という数なんかになったり、それどころか、もっとずっと大きなまとまった数であろうと、そんな数なんかになるくらいなら、いっそどんなことでも辛抱したいと思うのだ。つまり、自分自身と矛盾しながらあらゆるものになるよりは、どんなちっぽけなものであってもよいから自分自身に忠実でありたいと思うのである。

　おしゃべりするというのはどういうことだろうか？　それは黙っていることと語ることとのあいだの情熱的な選言を止揚することである。ほんとうに黙っていることのできる者だけが、ほんとうに語ることができ、ほんとうに黙っていることのできる者だけが、ほんとうに行動することができるのだ。沈黙は内面性である。おしゃべりは、ほんとうに語ることを先取りしてしまい、反省の所見は機先を制して行動を弱める。しかし沈黙をまもることができるがゆえにほんとうに語ることのできる人は、語るべき多くの話題をもたない、ただひとつの話題をもつばかりであろう。そしてその人は語るべき時と黙すべき時（伝道の書三・七）を見いだすであろう。おしゃべりは外延的にひろがっていく。つまり、おしゃべりはありとあらゆるものをおしゃべりの話題にし、そしてひっきりなしにしゃべりつづける。

　個人個人が足ることを知って心静かに、満ち足りて心ゆたかに、宗教的な内面性に甘んじて、心を内に向けているというのではなくて、むしろ反省関係において心を外に向け、互いに求め合うような時代、なにか大きな事件が起こって糸のはしばしをつなぎ合わせ、みんなが一致団結して破局に立ち向かうということのないような時代、そのような時代には、おしゃべりが時《とき》を得顔《え》に栄えるのだ。大きな事件というものは、情熱的な時代に〔この両者はこの場合には対応するからである〕語るべき話題を与える。すべての人々が同じひとつのことについて語ることだろう。詩人たちはそのことだけを歌うだろう。会話はそのことだけを反響させるだろう。行き交う人々の挨拶《あいさつ》もこの一事に触れずにはいないだろう。話題はただひとつ、同じことだけである。ところがおしゃべりはそれとはまったく違っておしゃべりの話題を山ほどもっている。それから大事件が過ぎ去ってしまって、沈黙がおとずれてきても、その沈黙のあいだにも、新しい世代がまったく別の話題について語るあいだにも、思い出すべきこと、考えるべきことがなにかはあるはずなのだ。ところがおしゃべりは沈黙の瞬間を恐れる、沈黙の瞬間は空虚さを暴露するだろうからである。

　文学の創作に関する法則としてあらわれるもの、それと同じものが、規模は小さいけれども、人間おのおのの生活における交際や教養の法則でもある。あることを根源的に体験する人はだれでも、同時に、理想的な意味で同じことのさまざまな可能性と、それとは反対のことの可能性とを体験する。これらの可能性はその人の詩的な合法的所有物である。それに反して、その人の私的な人格的な現実は、そうでない。だから彼の話すことや、彼の創作することは、ほかならぬ沈黙に支えられている。(24)彼の講話や創作の理想的な完璧《かんぺき》な形は、沈黙と符合することになろう。そして沈黙の絶対的な表現は、理想性が質的に対立する可能性を含む、ということであろう。

創作する人が自分自身の現実性を、自分の現実の事実性を売文の種として使用せざるをえなくなるやいなや、彼はほんとうに創作的ではなくなってしまう。そのとき彼の始めは彼の終わりとなることだろう。そして最初のことばがすでに、理想性の聖なる羞恥《しゅうち》にたいする冒瀆《ぼうとく》となるだろう。それゆえに、このような文学的な創作はまた、美学的に評価すれば、一種の私的なおしゃべりであって、この種の創作は、自分に対立するものを同等の量だけ含有していないということから、容易にそれと知られるのである。なぜなら、理想性とは、相対立するものの均衡だからである。

たとえば、自分が不幸になったがために創作活動をはじめた人は、もしその人が実際に理想性というものの秘儀に参入している場合には、幸福なことも不幸なことも同じように好んで創作することであろう。しかし、その人が自分自身の個人的な現実に錠をかけて閉ざしてしまう沈黙、これこそまさにその人が理想性を獲得するための条件なのである。もしそうでなければ、舞台をアフリカに移したりなどして、あらゆる予防策を講じてみたところで、きっと、一方だけを偏愛しているということがひそかに知れてしまうだろう。思うに、作家というものも、もちろん、ほかのすべての人間と同じように、自己の私的な人格性をもっていなければならないが、しかしこの私的な人格性は、作家が余人の立ち入りを許さぬ「至聖所」としておかなくてはならないものである。そして、二人の兵卒に銃を構えさせて家の前に立たせて、家への入口を遮断するのと同じように、質的に対立するものの弁証法的交差による理想性の均衡が、遮断物となって、至聖所への一切の立ち入りを不可能にするのである。

しかし、このように大きな関係のなかでいえることが、そしてそこでこそ最も明瞭に見られ、だからこそそれが引き合いに出されたわけでもあるが、それと同じことが、より小さい規模で、もっと卑近なことのなかでも言える。すなわち、沈黙はここでもまた、人間と人間とのあいだの会話の教養ある交際の条件なのである。

人間は、沈黙のうちに理想性とイデーとをもつことが多ければ多いほど、それだけ、日常の交際の談話においても、あれこれの特定事実を話題にしてさえ、まるで、少し距離をおいて話しているとしか思えないようなふうの話しぶりで、日常生活や平凡な人々の生活を再生させることができるだろう。理想性が少なければ少ないほど、外面性が多ければ多いほど、それだけ対話は、ただむやみと人の名前を口にしたり、たしかにだれそれさんはああ言ったのこう言ったのとならべたてて、「まったく確かな」私的な情報をただ意味もなく単調に繰り返すばかりであろう。自分はこうする気だとか、ああする気はないとか、こんどはそうする考えだとか、あんなおりには自分ならこう言っただろうとか、どの娘の愛を求めているのだとか、なぜ結婚する気にならないのだろう、などといったことの、おしゃべりな内輪話になってしまうことだろう。沈黙のうちにおのれみずからを省みているということが、社交上の教養ある談話の条件であり、内面性をねじまげて外へ向かせるのは、おしゃべりすることであり、教養の欠如である。

この小説のなかには、この種のおしゃべりの見事な実例がいくつも見いだされるだろう。そのおしゃべりは日常茶飯事のつまらないことばかりなのだが、いつでも特定の名のついた人々に関係のある話なので、そういう人々のありきたりの生活状態がその名前のために、ご同様の人間の興味をひくだけのことである。ソフィーは「いいえ」[25]と言っただけなのに、教会の鐘つき番のリンクがソフィーと話し合ったつもりでいるのと同じように、知っている名前が出てくるので、なにか耳よりなことが、いや、たいへん重大なことが話されているかのように見えるといった長っ話が、よく聞かれるのである。

おしゃべりする人は、もちろん、なにかについておしゃべりする。だからおしゃべりの話題《たね》をなにか手に入れたいと望むのは当然なことである。しかしこの「なにか」は理想性の意味における「なにか」ではない。もしそうだったら、おしゃべりではなくて、りっぱな話をしているのだということになろう。ところがおしゃべりの種になる「なにか」は、ただ日常茶飯の事実という意味で「なにか」であるにすぎないのだ。たとえば、マドセン氏が婚約して恋人にペルシア製のショールを贈ったとか、詩人のペテルセンが新しい詩集を書こうとしているとか、俳優のマルクッセンが昨夜せりふを一句とちったとか、といったようなことなのだ。

法律というものは守ってもらえるものだと仮定するとして、というのは、われわれはむろんそう仮定していいわけだから、そこでひとつ法律を出して、語ることを禁止するのではなくて、ただ、「すべて話題となるものについては、あたかも五十年前に起こりしもののごとく語るべし」と命ずると仮定してみよう。そうなったら、すべてのおしゃべり屋はあがったりだろう。みんな絶望してしまうことだろう。

ところがそれとは反対に、そのような法律が出ても、ほんとうに語ることを心得ている人なら、ほんとうに当惑させられることはありえないだろう。俳優がせりふを一句とちったということは、ほんとうは、その言いまちがえたということ自体になにかへんだと気づくようなことがある場合に限って、興味をひきうるばかりである。だから、それが五十年前のことかどうかは、どうでもいいことである。――ところが、たとえば、グスタ嬢[26]がちょうどその晩その劇場にきていて、ワルレルル商業顧問官夫人の桟敷にいたとして、その間違いに気づいたばかりか、おまけにコーラスのメンバーのだれかがそれに気づいて吹き出したのにまで気がついた、それだのに、こんなことさえ、そういう法律が出たばっかりに話の種にできぬとなっては、彼女ならがっかりすることだろう。こういう法律を出すのは、まったくのところ、こうしたすべてのおしゃべり好きの人間どもにたいして罪なことであり、残酷なことであろう。こうした連中にしたってやはり生きていっていいわけなのだからだ。それだからこそ、この法律は「と仮定すると」という仮定上のものでしかないわけである。

このおしゃべりによって、私的なことと公的なこととのあいだの区別は、私的・公的なおしゃべりとでもいうべきもののなかに排除されてしまうのだが、この私的・公的なおしゃべりというのは、おおよそ公衆に相当する。というのは、公衆とは、最も私的なことにたいして関心をもつ公共的なものだからである。だれひとり会衆の前ではあえて述べることのないようなこと、だれも話の話題《たね》にしえないようなこと、当のおしゃべり屋自身でさえそんなことをしゃべったとは認めたがらないようなこと、そういうことでも、公衆のためになら、結構、書かれもするし、公衆という資格でなら知らされることもできるのである。

無定形性[27]とは何か？ それは、形式と内容との情熱的な区別が排除されていることである。だからそれは、狂気や痴愚とは違って、真理を内容としてもつことはもちろんできるが、しかしそこに含まれる真理は、けっして本質的に真理であることはできない。外延的には、無定形性はだんだんひろがってすべてを包括し、あるいはすべてを侵蝕《しんしょく》するにいたるであろうが、反対に、本質的な内容のほうは、内包的に自己を深めていくにつれて、自己の規定の限界をいわば乏しくしていくことになる。

ところで情熱のない、しかし反省的な時代にあっては、無定形性が普遍的になるということは、極端に違ったもの同士がお互いに媚《こ》び合うような交際となって表われるほかに、その正反対の形でも、つまり、「原理のために」行動しようとする圧倒的な傾向および意欲となっても表われる。原理とは、この語のあらわすとおり、最初のもの、すなわち実体的なものであり、感情や感激がまだ形をとって顕現するにいたらない状態にあるイデーであって、その内部にひそむ推進力が個人を駆り立てるのである。情熱のない者はこの原理を欠いている。情熱のない者にとっては、原理はなにか外的なものとなり、そのために彼はひとつのこともすればまた他のこともし、またその反対のことまでもすることになる。

情熱のない人の生活は、原理の自己顕現、自己展開ではない。むしろそういう人の内的生活は、なんとなくせわしないもので、たえず途上にあり、「原理のために」なにかをなそうと追いかけているのである。こういう意味での原理は、なにか奇怪なもの、公衆と同じような、なにか抽象的なものになってしまう。

公衆というやつは実に途方もない怪物のようなものなので、国民を全部いっぺんに集めてみても、あの世へ行った霊までも残らずかり出してみても、公衆の数には及ばないほどであるが、しかもそれでいて、ひとりひとりが、あの酔っぱらいの水兵でさえもが、公衆をもっているのであって、原理もそれと同じである。原理というやつも、途方もない怪物みたいなもので、ごくつまらない人間でさえ、ごくつまらない自分の行動にそいつを継ぎ足して、それで自分が無限に偉くなったつもりでいばっていられるといったようなものである。平々凡々たる、取るに足りない人間が「原理のために」いきなり英雄になる。そしてこの関係は、結局、ある男が、あるいは流行だとなると猫も杓子《しゃくし》もが、庇《ひさし》が三十尺の長さもある帽子をかぶって歩くようになるのと同じように、滑稽な効果を生み出すのである。もしある男が、「原理のために」上衣の胸のポケットに小さなボタンを縫いつけさせたとすると、この取るに足りない、しかしいかにも重宝な予防策がたちまちおどろくべき意義をもつようになるかもしれないのだ。――つまり、それが動機になって、ひとつの会社が設立されることになるということだって、まんざらありえないことではないだろう。

作法というものの情熱的な選言的区別を止揚してしまうのも、またまさにこの「原理のために」ということである。というのは、作法というものは、〔最初の、もしくは獲得された〕直接性に、情操に、感激の内的な衝動および内的な自己一貫性にあるものだからである。「原理のために」とあれば、人はどんなことでもすることができるし、何をしようと結局違いはないのであって、それはちょうど、だれかが「原理のために」時代の要求と称せられる一切のものを支持しようと、舞台でなにひとつ台詞《せりふ》をしゃべらない端役《はやく》なので、人前に歩み出てお皿を手にしてお辞儀をするあの風琴奏者さながらに、「世論のにない手」の資格で世に知られることになろうと、いずれ劣らずその男の生き方がつまらぬものであるのに違いはないのと同じである。

原理のためには、人はどんなことでもすることができるし、どんなことにでも首を突っ込んで、みずからえたいの知れぬ人でなしになることだってできる。ひとりの男が「原理のために」遊廓《ゆうかく》設立の世話をやくこともできるし〔この問題に関しては保健警察の書いた公民意見書がたくさん出ていることだから〕、その同じ男が「原理のために」、時代の要求だとかいう新しい讃美歌集編纂《へんさん》の世話役にもなれるのである。しかし、第一の場合から推して、その男が放蕩者《ほうとうもの》だと結論するのが不当なのと同様に、第二の場合から推して、その男がその讃美歌集を読むつもりでいるとか、そのどれかを歌うつもりでいるとかと結論するのも、早計だと言えるだろう。こういうふうに、「原理のため」ならどんなことでも許されるのである。警官が「職権によって」ほかの者ははいれない多くの場所にはいれるように、そして警官がそのような場所にいたということから、その警官の人格に関してとやかくの結論を引き出す権利をだれももっていないように、「原理のため」にはどんなことでもやれて、しかも個人的な責任は一切まぬがれることができるというわけなのだ。

自分の讃嘆しているものでも、「原理のため」にはこきおろしてしまう。[2] まったくのナンセンスと言うほかはない。思うに、産み出すもの、創造するものは、できてくるもののために場所を必要とするので、いつでも潜在的にその態度が攻撃的である、ところが打倒するものはまったく無であり、打倒の原理は空虚である。そんなものに場所など、なんの必要があるだろう？　このような態度は、恥を知れとか、後悔するぞとか、責任問題だとかと言ってみたところで、手におえるものでない。だってそれは「原理のために」とられた態度なのだから。

浅薄さとはなんであろうか、そして浅薄さが好む傾きをもつ「顕示欲」とは何であろうか？浅薄さとは、隠蔽《いんぺい》と顕現との情熱的な区別の排除されたものである。浅薄さは、空虚さの顕現《あらわれ》である、けれども、幻影をちらつかせて人を眩惑《げんわく》する点で、外延的には、ほんとうの顕現にまさっている。顕現が深みという唯一独自な本質をもっているのにたいし、浅薄さはさまざまの、あるいはありとあらゆる外観を呈するからである。また、顕示欲とは、反省のいだく空想の自画自賛である。秘められた内面性は、顕現となりうるような本質的なものを押し出したりしている暇などもたず、時がくるまで長いあいだぼんやりかすんでいる。その埋め合わせに、利己的な反省が、ちょうど商業顧問官ワルレル氏夫人がやっているように、できることならすべての人々の目をこの色とりどりな外観へ向けさせることになる。

浮気とは何であろうか？　浮気とは、ほんとうに愛することとほんとうに遊蕩《ゆうとう》をすることとの情熱的な区別が排除されていることである。ほんとうに恋する者も、ほんとうの遊蕩児も、浮気をしているとは言われない。浮気は可能性とのたわむれだからである。それゆえに浮気は、悪に触れることを大目に見る甘やかしであり、善の実現をさしひかえることである。それだから、原理のために行動するのも、浮気である。それは倫理的な行動を抽象物にゆがめてしまうからである。けれども外延的には、浮気は利点をもっている。あらゆるものを相手に浮気することができるからである。しかしほんとうに愛せるのはただひとりの娘だけである。恋愛というものを正しく理解すれば〔たとえ混迷の時代にあっては、欲望が移り気な男の目をくらまそうとも〕、足し算はすべて引き算であり、加えれば加えるほど、引いてゆくことになる。

　理屈をこねるというのはどういうことだろうか？　理屈をこねるというのは、主体性と客観性との情熱的な区別が排除されていることである。屁理屈《へりくつ》は、抽象的な思惟《しい》としては、弁証法的な十分な深さをもたない。また意見や確信としては、個性の純血種ではない。けれども、外延的には、屁理屈屋はその屁理屈で一見いかにも有利《とく》をするように見える。というのは、思想家は自分の専門の学問しか理解することはできないし、男らしい男なら一定の専門に属する事柄についてしか意見をもつことができず、一定の人生観にもとづく一個の確信しかもつことができないが、屁理屈屋はありとあらゆることについて理屈をこねるからである。

　無名性は現代では、普通に考えられているより以上に独特のいちじるしい意義をもっている。寸鉄人を刺すような鋭い意義をもっていると言っていい。無名で書かれるばかりではなく、自分の署名をしながら無名で書かれるのである。それどころか、無名で語られさえする。作家たる者はおのれの全心全霊を文体に集中するように、人間は本来、自分の人格を談話のなかに集中するものである。といっても、この言い方には、クラウディウスが似たような場合に注意を促しているように、多少の例外があることを理解してもらわなければならない。つまり、彼はこう言っているのである。「書物に霊が呪い込んであれば、その書物のなかからは霊が出てくる――ただし、その書物のなかに霊がはいっていないというのでは、話は別である」㉘

実際、今日、われわれはいろんな人々と語ることができるし、彼らの言うことはたいへん分別のあることだと言わざるをえないが、それだのに、その会話は、まるで無名者と話しているかのような印象を与えるのである。同じ人間がまるきり正反対のことを言うことができ、その人間の口から出たのではその人間自身の生き方に加えられるこのうえない辛辣《しんらつ》な諷刺《ふうし》となるようなことを、平気で口にすることができるのである。その発言そのものははなはだ分別のあるもので、議会に出してもりっぱに傾聴されて、議論の種にもなり、ちょうど工場でボロから紙が製造されるように、その議論の種からなにか重大なものが製造されるだろう。しかし、たくさんのそんな発言を全部寄せ集めてみても、とうてい一個人の人間的な談話ほどのものにもならない。ところが、この人間的な談話は、ごくわずかの話題についてしか語れなくとも、ほんとうに語ることのできる人間なら、どんなに単純素朴な人間にでも語れるのである。

商業顧問官ワルレル氏夫人が悪魔的なものについて述べる発言は、たいへん真実である。それだのに、それを口にする瞬間、彼女は聞く人に、まるで彼女が無名であるかのような、風琴かオルゴールであるかのような印象を与える。その発言ははなはだ客観的で、発言の範囲もあらゆることに及んではなはだ包括的なので、ついにはそれがだれの発言なのかということなど、まるでどうでもよいことになってしまう。この事情は、原理のために行動するということと、これを一個の人間として語るという問題に当てはめてみると、そっくり対応している。そして公衆というものが一個の純然たる抽象物であるのと同じように、人間の談話も結局はそうなってしまうだろう。

もはやほんとうに語ることのできる人はひとりもいなくなろう。客観的反省というやつがだんだんに一種の雰囲気のようなものを、抽象的な音響を沈澱《ちんでん》させて、これが、人間的な談話を余計なものにしてしまうだろう、機械が労働者を余計なものにしてしまうように。

ドイツには恋する人たちのための手引きさえある。いずれそのうちに、恋人同士が腰をおろして無名で語り合えるようなことになるだろう。なににでも手引きがある。遠からぬうちに、そういういろいろな手引きの教えてくれることを大なり小なりまとめてそれを覚えこんでしまえば、それで一般教養が身についたということになるだろう。こうして人々は、植字工が活字を拾い出すのと同じように、それぞれ自分の能力相応に、きれぎれの知識を拾い出すことに巧みになっていくことだろう。

このように現代は本質的に分別のある時代である。現代は過去のどの世代よりも平均知識水準が高いと言えるだろう。しかし現代には情熱がない。だれもがたくさんのことを知っている。どの道を行くべきか、行ける道がどれだけあるか、われわれはみんな知っている。だが、だれひとり行こうとはしないのだ。もしだれかついに自分自身のなかにある反省に打ちかって行動するにいたる人があったとしたら、その瞬間に、無数の反省が外部からその人間に向かって抵抗することだろう。もっとよく考えてみようではないかという提案だけが、燃えあがる感激をもって迎えられ、行動は無感動をもって遇せられるからである。

行動者たちの感激を、偉そうにひとり得意顔して冷笑する人たちもあるだろう。何をなすべきか、おれたちだってあいつと同じように知っていたのだが、やらないでいたばっかりに、あいつに先を越されてしまったといって、その行動者を妬む人たちもいることだろう。また、とにかく行動を起こしてしまった者がいるという事情を利用して、いろいろと批判的な考察をぶっ放し、もっとずっと分別のある行動ができたはずだといって屁理屈を並べたてるご仁《じん》もあることだろう。さらにまた、どういう結末になるかを推し測って、できることなら、自分の思惑《おもわく》どおりになるよう、少しでもその事業を促進させてやろうと夢中になる人たちもいることだろう。

こういう話がある。二人のイギリスの貴族が馬に乗って進んでいると、どえらい速力で疾走しだした馬から今にも落ちそうになって、困って助けを叫び求めているひとりの騎者に出会った。ひとりの貴族がもうひとりの貴族をちらと見て言った、「百ギニー賭《か》けよう。あいつは落ちるよ」、「よかろう」と、もうひとりは応じた。それから二人は自分たちの競走馬を全速力で疾走させて先回りをし、遮断機を開《あ》けさせ、邪魔物をことごとく取り除かせたというのである。

こんなわけで現代の分別くささは、これほど思いきった百万長者の気まぐれには及ぶべくもないが、ひとりの人物としてあらわしてみると、好奇的で、批評的で、世知にたけていて、情熱はといえば、せいぜいのところ賭け事に注がれるくらいのものといったような人物ということになろう。人生の実存的な課題は現実の関心を失ってしまい、成熟して決断となるべき内面性のこうごうしい成長をはぐくむような幻想などありはしない。人々はお互いに好奇の目を向け合い、みんなが決断できぬままに、かつ、逃げ口上をちゃんと心得て、なにかやる人間が現われるのを待望し——現われたら、そいつを賭けの種《たね》にしようというわけなのだ。

ところで、現代では、実行されるのは実にわずかなのだが、予言とか黙示とか暗示とか未来の見とおしとかいうことになると、異常なまでに多くのことがなされるのだから、わたしもその仲間入りをさせてもらうことにするのがいいのかもしれない。もっともわたしには、多くの人々が予言したり占ったりするものだからつい背負い込んでしまうような重い責任はないわけで、彼らに比べるとわたしには、だれもわたしの言い分など信ずる気になってくれる人はないものと固く信じていられる気安さという有利さがある。だからまたわたしは、だれかに暦へ○印をつけてメモしてもらおうとも思わないし、わたしの予言が実現するかどうかに気を使ったりする迷惑を、だれにもかけようとも思わない。というのは、わたしの予言が実現すれば、その人はわたしというこの偶然な人間のことなんかよりも別のことを考えなければならなくなるだろうし、またもし実現しなければ、そのときこそ、わたしは現代的な意味で予言者になるからである。だって、現代的な意味の予言者というやつは、なにごとかを予言する、ただそれだけの人間なのだから。そしてもちろん、予言者というものは、ある意味ではそれ以上のことはできないものでもある。

昔の予言者たちの予言に実現ということをつけ加えたものは、摂理であった。われわれ現代の予言者は、おそらく摂理がつけ加わるということはないだろうから、タレス[29]とともに、「われわれが予言することは、起こるか起こらないか、どちらかだろう」とつけ加えることができよう。だってわれわれにも神は予言の才能を恵与したもうたからである。

してみると、社会性の理念とか共同体の理念とかが、現代の救いになるだろうなどとは、思いもよらないことである。すなわち、むしろ反対に、それは、個人個人が正しく啓発されることができるために出現せざるをえないスケプシスなのであって、そこで各個人は滅んでゆくか、それとも抽象物にきたえられて宗教的に自分自身を獲得するか、そのどちらかなのである。連合の原理は「これはせいぜい物質的利害関係に関して妥当性をもちうるにすぎない」現代においては肯定的でなくて否定的なもので、一種の逃避であり、気晴らしであり、錯覚であって、その弁証法は「個人個人を強めることによって衰弱させてしまう」というにある。つまり数によって、団結によって強めはするが、しかしこのことこそ倫理的には一種の弱体化なのである。ひとりひとりの個人が、全世界を敵にまわしてもびくともしない倫理的な態度を自分自身のなかに獲得したとき、そのときはじめて真に結合するということが言えるのであって、そうでなくて、ひとりひとりでは弱い人間がいくら結合したところで、子供同士が結婚するのと同じように醜く、かつ有害なものとなるだけのことだろう。

昔は、君主や傑出者や卓越者は、それぞれ意見をもっていたが、その他の人々は、自分たちは意見などもとうとも思わないし、もつ力がないのだという、断固とした覚悟をもっていた。ところが今日では、だれでもが意見をもつことができるのだが、しかし意見をもつためには、彼らは数をそろえなければならない。どんなばかげきったことにでも署名が二十五も集まれば、結構それでひとつの意見なのだ。ところが、このうえなくすぐれた頭脳が徹底的に考え抜いたうえで考え出した意見は、通念に反する奇論なのである。

世論などというものは非有機的なもの、ひとつの抽象物である。しかし、全体の文脈自体が無意味なものになってしまったのでは、どんなに視野をひろげて概観してみたところで、どうにもなりはしない。その場合には、論説のひとつひとつの部分を取り出すのに越したことはない。どもってばかりいるのでは、筋のとおった長い講演をやろうとしてもだめだろう。むしろせめて一語一語だけでもはっきりさせるのに越したことはない——個人個人の関係だって、それと同じことである。

この大きな変化は、してみると次のようなことにもなるだろう。古代における〔世代と個人の間の関係の〕体制にあっては、下士官や将校や隊長や将軍や英雄〔すなわち傑出者、それぞれ異なった位置に応じて卓越している人々、指導者たち〕は目立つ存在であり、各自が〔自分の権能に比例して〕自分の小さな部隊を率いて、みずから全体に支えられ全体を支えながら、見事に、かつ有機的に全体のなかに排列されていたのだが、これからは、傑出した人々や〔それぞれの階級に応じた〕指導者たちは権能というものをもたなくなることだろう。それはつまり、彼らが水平化という悪魔的な原理をすばらしいものと解しているからにほかならない。彼らは、警官が私服でいるときと同じように、目立たない存在となるだろう、そしてそれぞれの高い身分を隠しておこうとするだろう。そして否定的な仕方でしか、つまり拒否的で反感をそそうふうでしか、人々の支えとはなれなくなることだろう。ところが他方、無限に平等な抽象物というやつがひとりひとりの個人を裁き、孤立状態におとしいれて審問しているのである。

このような体制は、予言者たちや士師[30]たちとは弁証法的にまったく対立するものである。予言者たちや士師たちにとっては、彼らの権能がそれ相応に尊敬されることがないということが危険なことであったのだが、目立たない人々にとっては、目立つようになるということが、目立たない人々が権威者たるの名声や重要さを得ようとする誘惑におちいり、それがために人々の最高の発展を阻止するにいたるということが、危険なことなのである。つまり、彼らは目立たない存在、あるいはいわば密偵ではあるが、それは神から内密な指令を受けているからではない。こういう神からの指令こそ予言者や士師たちの関係だったのであるが、そうではなくて、彼らが〔権能がなくて〕目立たないのは、彼ら自身、普遍的なものであるということこそ神の前で平等であるということだと考えたことの結果であり、そしてあらゆる瞬間にそういう普遍的なものであることが自分の責任だと考えていることの結果なのであって、この考えが、こういう人生観の必然的な帰結に反する筋ちがいの形を実現するという罪を、うかつにも犯してしまうことのないようにさせているのである。

この体制は、かつての有機的な体制にたいして、弁証法的な対立をなしている。つまり、かの昔の体制は、傑出者たちにおいて具象化されている世代を個人個人の支えとしていたのであるが、それに反して今日の世代は、目立たない人々によって消極的に支えられているひとつの抽象物であって、個人個人にたいして攻撃的な仕方で立ち向かう――そしてそれが結局、ひとりひとりの個人を別々に宗教的に救うことにもなる、のである。

さらに、この世代は、みずから水平化することを欲し、解放されて革命を起こすことを欲し、権威をくつがえそうと欲して、それがために、社会的連合というスケプシスの掌中におちて、われとわが手で抽象物という手をほどこす術もないような山火事をひき起こしてしまったのだが、そしてまた、この世代は、連合というスケプシスを通じて水平化をおこなって、具体的な個人個人とすべての具体的な有機的機構とを排除してしまって、そのかわりに人類というものを、人間と人間とのあいだの数的な平等性を、手に入れたわけだが、それからまたこの世代は、いかなる卓越者によっても、ほんのわずか卓越した者によってさえも制限されたり妨害されたりすることなく、見渡すかぎりただ「空と海のみ」(31)であるような、あの抽象的な無限性の広大な眺望に、束の間の愉悦をおぼえるのだが、そのときにこそ、仕事が始まる。個人個人が、めいめい別々におのれみずからを助けなければならないからである。なぜなら、昔の時代とは違って、目の前が少しぐるぐる回りだしたとき、個人はすぐ隣にいる傑出者をふり向いて、それで立ち直るというわけには、いまではもうゆかないだろうからである。そういう時代はもう過ぎてしまったのである。個人個人は抽象的な無限性のめまいのなかで滅んでしまうか、それとも、ほんとうの宗教性のなかで無限に救われるか、そのどちらかしかない。多くの人が、多くの人が、おそらく絶望の悲鳴をあげることだろう。だがそれがなんの助けになろう。いまはもう手おくれなのだ。かつてはこの世で権能や権力が濫用《らんよう》され、それがみずからの頭上に革命という復讐神《ふくしゅうしん》を招いたのであったが、それは無力者や弱者が自分自身の足で立てもしないのに立とうと欲したため、いまその復讐神をわが身の上に招いているまでなのだ。

目立たない人々のだれひとり、あえて直接的に助けたり、直接的に意見をのべたり、直接的に教えたり、〔否定的な仕方で支えとなりながら、個人個人を救い出して、自分自身の現にいだいている決断へと誘い込むかわりに〕群集の先頭に立って決断したりすることを許される者はない。そんなことをすれば彼は罷免されるだけのことだろう。なぜなら、神の、怒りはしたもうけれどもまことに恵み深い神の、命令に服従するかわりに、人間的な同情という近視眼的な才覚に酔いしれることになるだろうからである。思うに、今日にいたるまでの発展は、ともかくも、ひとつの進歩なのである。このようにして神に救われる個人個人はすべて、直接、神の御手《みて》から、宗教性という格別の重みを受け取り、宗教性の真髄を授かるのだからである。だからこう言えるだろう、「見よ、準備はすべてととのった（ルカ一四・一七）。見よ、残酷な抽象物は有限性そのものが迷妄であることを暴露している。見よ、無限なものの深淵《しんえん》が口を開いている。見よ、水平化の鋭い鎌が、すべての人々を、ひとりひとり別々に、刃《やいば》にかけて殺してゆく。――見よ、神は待っておられるのだ！　さあ、神の御腕《みうで》のなかへ飛び込まれよ」と。

しかしたとえそれが、目立たない人々のうち最も神の信任の厚い人であろうと、また、たとえそれが自分を胎内に宿してくれた女性であろうと、また、自分が喜んで生命を捧げた娘であろうと、彼はそれらの人々を助けることを許されないであろうし、また助けることもできないであろう。彼らはみずから飛躍をしなければならないのだ。神の無限の愛にたいする彼らの関係を、間接的なものにしてはならないのだ。けれども、目立たない人々は〔それぞれ相応の程度に応じて〕、旧体制における〔同じ階級の〕傑出者たちに比べてみると、二倍の仕事をもつことになるであろう。なぜなら、目立たない人々は絶え間なく働かなければならないし――同時にまた、それを隠すためにも働かなければならないからである。

しかしながら、水平化というこのどうしようもない抽象物は、その召使いたちによってたえず継続されて、ふたたび旧体制の出現という結果に終わることなどないようにされることであろう。水平化のこの召使いたちは悪の力の召使いたちなのだ。水平化そのものが神から出たものではないからである。善良な人ならだれでも水平化の暗澹《あんたん》たるありさまに泣きだしたくなる瞬間をもつことであろう。しかし、神は水平化のおこなわれるのを許されて、個人個人を、すなわちひとりひとりを別々に、至高なるものへ連れて行こうとされるのである。

水平化の召使いたちは目立たない人々には知られている。しかしこれらの召使いたちにたいして権力や権能を行使することは、目立たない人々には許されていない。なぜなら、それを行使でもしたら、発展は逆行するからである。つまり、その瞬間に、その目立たない者が権威であったことが第三者に明らかになり、そうなると、この第三者が最高のものにいたることを妨げられることになるだろうからである。

ただ受難の行動によってのみ、目立たない者は水平化の推進を援助することが許されるのであろう。そして同じその受難の行動によって、この手先を裁くことが許されるのであろう。彼はこの水平化を真正面から打ち負かすわけにはゆかない。そんなことをすれば、お払い箱になるだけのことであろう。それでは権威を目ざして行動することになるからである。そうではなく、目立たない者は受難によって水平化に打ち勝つのであろう。そしてそれによってまた、彼の実存の法則をも表現することとなるであろう。すなわち、その法則は支配するのでも、操縦するのでも、指導するのでもなく、受難によって奉仕することである。間接的に助力することなのだ。

　飛躍をおこなわなかった人々は、目立たない人のこの受難の行動をその人の敗北だと解することだろう。そして飛躍をなした人々は、それが彼の勝利なのだと想像することであろう。しかしその確信がもてるわけではないだろう。なぜなら、この確信には、人々は目立たない人をとおしてしか達することができないからである。そしてもしその目立たない人がたった一人の人間にでも、その確信を直接に与えるなら、それは、彼の罷免を意味することとなる。彼は神にたいして不実となり、権威者の役を演じようとするものだからである。神に服従しつつ、己れ自身を制して人々を無限に愛することを学んだものではなくなっているからである。よしんば人々がどう懇願しようとも、支配し強制することによって人々を欺瞞《ぎまん》的に愛してはならないことを学んだものではなくなっているからである。

だが、わたしはこれで打ち切ることにしよう。ここに言われたことは、もちろん、ただばかふざけとしてしか興味をひかないかもしれない。というのは、人間はめいめいが自分自身の救いに努めるべきだというのが事実なら、世界の未来についてどんな予言をしてみたところで、すべて、せいぜい、気分転換の一手段として、九柱戯をやったり猫を大樽《おおだる》からたたき出したりする戯れ(32)と同じような戯事《ざれごと》として、がまんしてもらい、許してもらえるのが関の山であろうから。

〔1〕幸いなことに、わたしは作家として公衆を求めたこともなければ、もったこともない。むしろわたしは喜んで「あのただひとりの人」(33)をもつだけで満足しているのだ。わたしがわたしの読者をこのひとりに限ったばっかりに、わたしはこのことばで人の口の端《は》にのぼることになってしまったわけだ。

〔2〕ちょうどこの例になることが小説のなかで述べてある。その箇所で、語り合っているひとりが、このような態度のことを、僕のものと君のものとの取り違えだと称している。

(1) 十字軍に加わる契約をした人たちに、そのしるしとして与えられた一種の胴着。

(2) 小説というのはもちろん、この評論の対象となっている『二つの時代』のこと。この小説は二部から成り、第一部は「革命時代」、第二部は「現代」として、それぞれの時代がどうあり、その時代における人間の生き方がどうあったかを対比的に描いたものである。第一部は、十八世紀末における、コペンハーゲン駐在のフランス共和国の公使官団の一員、ルサールという青年武官と、伯父にあたる大商人ヴァルレルの邸宅に引きとられている孤児クラウディネとの恋の物語が中心で、二人は周囲の人々の同情に助けられて将来を誓い合う仲になっていたが、突如、ルサールは本国の軍隊へ呼びもどされる。すでにルサールの子を宿していたクラウディネは、その後さまざまな苦難に堪え、貧窮と戦いながら子供を育てあげるが、のちにルサールと再会、二人はめでたく結ばれる。第二部は、それから約五十年後の一八四四年で、ルサールとクラウディネはすでに死に、その息子シャルル・ルサールも四十歳を過ぎていて、彼は世界漫遊の旅から帰ってきて、親からゆずり受けた遺産の相続人をさがしている。そのためにフェルディナン・ベルグランをさがすが見あたらず、そこで昔のヴァルレル家の住人、商業顧問官一家に近づき、その娘マリアンヌと彼女の選ぶ男とに遺産をつがせようと決心する。と、そのやさき、偶然、さがし求めていたフェルディナン・ベルグランに出会い、かつ彼がマリアンヌの恋人でもあることがわかって、シャルルは幸運にも目的を達することになる。この二人が結ばれるまでのフェルディナン・ベルグランの態度がいかにもなまぬるく現代的なのを、ここで評しているわけである。

（3）「のみで彫る」という意味のギリシア語が付記されている。性格とか品性とかを意味するキャラクターが、この意味のギリシア語からつくられた「彫りこまれたもの」という語からきているからである。品性の語には、こういう「人の心に彫りこまれて内面的な力になっているもの」というほどの含意がある。

（4）「選言的」というのは「あれか、これか」のどちらか一方を選ぶということで、善と悪とは相容《い》れない矛盾としてどこまでも対立しているはずであるが、それがヘーゲルのやったように、「媒介」あるいは「止揚」されて統一されてしまうのは「蝕む反省」のしわざだとして、ヘーゲル流の、倫理のない思想を暗に諷している。

（5）論理学上の間接推理（三段論法）のひとつで「AはBであり、BはCであり、CはDであり、DはEである。ゆえにAはEである」という形式の推論式。キルケゴールは「似て非なる」推論式として、非難の意味を含めてしばしばこの語を用いている。

（6）ソクラテスをさしている。

（7）古代ギリシアのアテナイにおいておこなわれた裁判の方法。危険とみられる人物を、法廷の裁判によらずに、瀬戸物のかけらや、瓦《かわら》や、貝殻などを用いて一般の公衆に投票させて、その結果によって国外に追放したのでこの名がある。

（8）以下に言われていることは、日記のなかでいっそう簡明に次のように書かれている。「もしそうでなければ、アリストパネスが『騎士』のなかで、腸詰商人を貝殻追放で国外に追放させているのはどうしてなのか、私にはわからなくなる。貝殻追放がすぐれた人物だけに、いや、危険だという意味ですぐれた人物だけに加えられた、傑出のしるしであったという点に、明らかにアイロニカルなものがあるのだ。したがって、腸詰商人なんかをこの傑出のしるしをもって遇するというのも、アイロニーとしてみると正しいわけだ」

（9）チベットの宗教と政治の実権を握っていた最高首長の称号。つまりラマ教の法王である。

（10）プルタルコス『英雄伝』アリステイデス篇七章。

（11）アウグスティヌスらが「不信仰な人のもつ徳」をさして呼んだもの。

（12）「懐疑」を意味する語 Skepsis が、個人個人の個性を否定して万人を均一化しようとする傾向ないし力というほどの意で使われている。

(13) ここで青年について述べられていることは、キルケゴール自身のことを言っているのである。

(14) デンマーク民間伝説の巨人の名前で、国が危難にのぞむと、救国者として出現すると言われる英雄。

(15) 「公衆」と訳した原語は Publikum で、冠詞を付せず固有名詞のように用いられている。一種独特な「怪物」と考えられているわけである。この語は、だれでもでありながらだれでもない「世間」や「世論」、劇や映画の「観客」、音楽や講演などの「聴衆」、新聞や雑誌の「読者」など、いろいろな意味に用いられる。すべて責任を負わない「傍観者」である。

(16) 原語は Presse で、一般に定期刊行物を、特に「新聞」のことを言うので、そう訳したが、新聞と限らず広く「ジャーナリズム」のことである。

(17) 傍観者でなく、自分もそれに参加していること。

(18) 「絶対的」というのは「他のものから切り離されてひとりぼっちになっている」ということ、つまり「孤立無援」の状態の意。

(19) デンマークの作家ヘンリク・ヘルツの戯曲の題名で、そこに登場する水夫のことを言っているのである。

(20) 「雑誌」と訳した原語は Blad、「定期刊行物」と訳したのは Avis で、どちらも「新聞」のことを言う場合が多く、ここでもそうなのだが、さきに Presse を「新聞」としたので訳し分けてみたのである。詳しく言えば、Blad は数十ページのもので、さしずめ週刊誌のようなもの、Avis は普通十数ページのもので、定期的に発行され、国の内外の消息を報ずる報道紙である。

(21) 『コルサル』(海賊の意)という週刊新聞を諷《ふう》している。

(22) 人間の現実の生活は、「あれか、これか」の矛盾の対立ないし緊張(つまり矛盾律)のうちにいとなまれているものだとみるキルケゴールは、矛盾を止揚して「あれも、これも」を総合したヘーゲルを矛盾律を排除したとして、たえず非難している。

(23) プラトン『パイドン』一〇四c参照。

(24) ここの叙述はキルケゴール自身の著作の秘密を語っているものと思われる。

(25) ハイベルグの戯曲『否』のなかにある話。

(26) 現代風の有閑夫人と同席させてあるところから推して、同じ上流社会の現代的な令嬢と仮定されている架空の人物名と思われる。

(27) 本論の「革命時代」の冒頭で、「革命時代は本質的に情熱的な時代で、それだから本質的な『形』をもっている。本質的な情熱の最もはげしい表現でさえ、それ自体『形』をもっている」と書かれている。

(28) 十八世紀のドイツの詩人マティアス・クラウディウスがクロップシュトックの『ドイツの学者共和国』を評した文の自由な引用。

(29) タレス(前六四〇ころ〜五四六ころ)はギリシア最初の哲学者であるが、ここでタレスとあるのは、キルケゴールの思い違いで、テレシアスの誤り。引用の文章はホラティウス『諷刺詩』第二巻第五章五九節から。

(30) 「判士」とも訳され、ヨシュアの死後からサウルが王位につく前までのあいだに、こもごも立ってイスラエルの国難を救った人たち。「つかさびと」とも言われるが、政治をおこなう君主でも、民の訴えをきく司法官でもなく、敵を破り民の苦しみを救った武将である。

(31) エーレンシュレーガー『アラディン』からの引用。

（32）デンマークで懺悔節《ざんげせつ》（南部では謝肉祭という）におこなわれる遊びの一種。

（33）一八四三年の『二つの教化的講話』の序文においてはじめて用いられたことばで、はじめはレギーネをさしたものであったが、これが後の講話でもたえず繰り返され、後、キルケゴールの思想の根本概念である「単独者」となった。

年譜

一八一三年 文化十年

五月五日、セーレン・オービュエ・キルケゴール Søren Aabye Kierkegaard は、コペンハーゲンに、七人兄弟の末子として生まれる。父はミカエル・ペーダーセン・キルケゴール（一七五六～一八三八）、母はアンネ・セーレンスダッター・ルン（一七六八～一八三四）。六月三日、ヘリ・ガイスト教会で洗礼を受ける。

一八一九年 文政二年　六歳

九月十四日、兄セーレン・ミカエル、十二歳で死去。

一八二一年 文政四年　八歳

ボーガーデューズ校に入学。

一八二二年 文政五年　九歳

三月十五日、姉マーレン・キアスティーネ、二十四歳で死去。

一八二三年 文政六年　十歳

一月二十三日、レギーネ・オルセン、コペンハーゲンに生まれる。二月十五日、レギーネ・オルセン、フルーエ教会で洗礼を受ける。

一八二四年 文政七年　十一歳

九月二十四日、姉ニコリーネ・クリスティーネ（一七九九～一八三二）、コペンハーゲンの衣料商ヨハン・

クリスチャン・ルン（一七九九～一八七五）と結婚。

一八二八年　文政十一年　十五歳

四月二十日、フルーエ教会でJ・P・ミュンスター（一七七五～一八五四）司祭によって堅信礼を受ける。十月十一日、姉ペトレア・セヴェリーネ（一八〇一～三四）、前記ヨハン・クリスチャン・ルンの弟、国立銀行員ヘンリク・フェアディナン・ルン（一八〇三～七五）と結婚。

一八三〇年　天保元年　十七歳

十月三十日、コペンハーゲン大学に入学する。十一月一日、親衛隊に入隊。同月四日、兵役に適さないとして除隊される。

一八三二年　天保三年　十九歳

九月十日、姉ニコリーネ・クリスティーネ、死産の後、病死。

一八三三年　天保四年　二十歳

九月二十一日、兄ニールス・アンドレアス、北アメリカのパターソンで病死。二十四歳。

一八三四年　天保五年　二十一歳

四月十五日、日記をつけ始める。七月二十六日、ギレライエ旅行に出発する。同三十一日、ギレライエより帰る。この日母アンネ病死し、八月四日、アシステンス墓地に葬られる。この年の秋、H・L・マルテンセン（一八〇八～八四）についてシュライエルマッハーの教義学に関し個人的指導を受ける。十二月十七日、『コペンハーゲン・フリューヴェネ・ポスト』臨時号第三四号にAという署名で、『これもまた女性の優秀なる素質の弁護』を寄稿。同二十九日、姉ペトレア・セヴェリーネ病死。

一八三五年　天保六年　二十二歳

七〜八月、北シェランの各地を旅行し、さらにスウェーデンに渡る。十一月二十八日、学生クラブで『わが国のジャーナリズム文学』と題して講演。
言論、出版の自由のための運動活発化。この年の前後から政治新聞の創刊がつづく。

一八三六年　天保七年　二十三歳

二月十八日、『コペンハーゲン・フリューヴェネ・ポスト』臨時号第七六号にBという署名で『コペンハーゲン・ポストの朝の瞑想《めいそう》』を発表。三月十二日および十五日、『コペンハーゲン・フリューヴェネ・ポスト』臨時号第八二号および八三号にBという署名で『《祖国》紙上の攻撃について』を発表。四月十日、『コペンハーゲン・フリューヴェネ・ポスト』臨時号第八七号に本名で『オルラ・レーマン氏に』を発表。各学期、ポウル・マルティン・メラー（一七九四〜一八三八）の形而上学の一般概念に関する講義をきく。十一月二十二日、学生クラブの主事からクラブ費を四ヵ月滞納しているので、きたる十二月五日までに納入しない場合には、クラブに立ち入ることを禁ずる旨の通知を受ける。

一八三七年　天保八年　二十四歳

五月、八日から十五日までのある日、フレデリクスベルグにあるレーアダム家を訪問し、初めてレギーネ・オルセン（一八二三〜一九〇四）に会う。十一月より母校ボーガーデューズ校でラテン語を教える。マルテンセンの講義「思弁的教義学序説」をきく。
このころから学生を中心とした北欧主義運動活発化。

一八三八年　天保九年　二十五歳

一月十四日、製本師・喫茶店・たばこ屋・書店・洋服店などにたいする借金合計一、二六二ダーラーを父から支払ってもらい、その最後の二〇ダーラーを受け取った旨、父の会計簿に記入する。三月十三日、恩師ポウル・マルティン・メラー死す。四月二十二日、レギーネ・オルセン、ホルメン教会で堅信礼を受ける。五月十九日、白昼十時半、「言いしれぬ喜び」を体験する。八月九日、午前二時、父ミカエル・ペーダーセン死去。八月十四日、アシステンス墓地に父を葬る。九月七日、『いまなお生ける者の手記から　筆者の意に背いてS・キルケゴール刊行』を出版。

一八三九年　天保十年　二十六歳

二月二日、レギーネ・オルセンに愛を告白する。八月二十九日、父から譲られた資産を計算した結果一六、七九七ダーラーに評価。十二月二十一日～四〇年七月三日、この間日記はほとんど空白。

十二月、フレデリク六世死去し、クリスチャン八世が即位。オルラ・レーマンをはじめとする自由主義運動盛ん。自由憲法施行を要求。

一八四〇年　天保十一年　二十七歳

四月、ノアゲーゼ街に転居。六月二日、国家試験の受験願書を神学部に提出。七月三日、神学の国家試験を終える。同十九日、シェラン西岸カルンボーからユトランドの東岸オーフースまで舟行し、さらに翌月六日にオーフースからカルンボーに着く。九月八日、レギーネに結婚を申し込む。九月十日、承諾の返事を得る。

十月八日、『コルサル』紙第一号がゴルシュミットにより創刊。十一月十七日、王立伝道学校に入学。

一八四一年　天保十二年　二十八歳

一月十二日、ホルメン教会でピリピ書第一章一九～二五について説教をする。七月十六日、論文『アイロニーの概念について――たえずソクラテスを顧みつつ』が哲学部よりマギステルの学位に値するものと認定される。八月十一日ころ、レギーネに婚約の指輪を送り返す。九月十六日、学位論文の印刷終わる。同二十九日、学位論文の公開討論が開かれる。十月十一日、レギーネとの関係を最後的に断ち切る。同二十五日、汽船でベルリンへ向かう。十一月、十五日から二十二日の間にベルリン大学でシェリングの第二講をきく。十二月七日ころ、『人格の完成における美的なものと倫理的なものとの均衡』を脱稿。

一八四二年　天保十三年　二十九歳

一月三十日、『現代悲劇における古典悲劇の反映』を脱稿。三月六日、ベルリンからキールを経てコペンハーゲンに帰る。四月十四日、『誘惑者の日記』を脱稿。六月十二日、『祖国』に『公けの告白』および学位論文にたいするA・F・ベック（一八一六〜六一）の批評に答えた『あとがき』を公けにする。同十三日、『直接的にエロス的なものの諸段階、または音楽的エロス的なもの』を脱稿。七月二十五日、『影絵』を脱稿。十一月、『あれか＝これか』の編集者の序文を脱稿。『ヨハンネス・クリマクス　あるいは一切のものが疑われねばならぬ』（未定稿）を執筆。

一八四三年　天保十四年　三十歳

二月四日、『祖国』に無題、無署名で短文を公けにする。同五日、『ベアリンスケ・ティゼネ』第三三号に無署名で『手紙』を、同七日の同紙第三五号に『いま一つの手紙』を発表（ただし、以上二つの文章の筆者がキルケゴールかどうかは確定的ではない）。同八日、『祖国』に前記『手紙』に関連する無題の短文を「手紙の筆者」という署名で発表（同前）。同十二日、『ニュー・ポルトフィユ』第一巻第七号に無署名で『文学的漫歩、または高等狂気試論、ならびにルキダ・インテルワルラ』を発表（筆者がキルケゴールであるか否かは確定していない）。同十五日、『あれか＝これか――人生の一断片　ヴィクトル・エレミタ刊行』第一部および第二部印刷完了、同二十日出版。同二十七日、『祖国』にA・Fの署名で『《あれか＝これか》の著者はだれか』を発表。三月五日、『祖国』にヴィクトル・エレミタの署名で『ハイベルグ教授にたいする感謝の言葉』を発表。四月十六日、復活祭第一日、フルーエ教会でレギーネ、キルケゴールに会釈する。五月八日、コペンハーゲン発、ベルリンに旅立つ。同十六日、『二つの教化的講話』出版。同日、『祖国』に『ささやかな声明』を発表。十月十六日、『おそれとおののき――弁証法的叙情詩　沈黙のヨハンネス著』『反復――実験心理学の試み　コンスタンティン・コンスタンティウス著』『三つの教化的講話』の三冊、同時に出版。十二月六日、『四つの教化的講話』出版。

一八四四年　弘化元年　三十一歳

三月五日、『二つの教化的講話』出版。六月八日、『三つの教化的講話』出版。同十三日、『哲学的断片――または断片の哲学　ヨハンネス・クリマクス著　S・キルケゴール刊行』Philosophiske Smuler eller En Smule Philosophie. Af Johannes Climacus. 出版。同十七日、『不安の概念――原罪についての教義学的な問題に関し、心理学的に示唆をあたえるための単純な一考察　ウィギリウス・ハウフニエンシス著』Begrebet Angest. En simpel psychologiskpaapegende Overveielse i Retning af det dogmatiske Problem om Arvesynden af Vigilius Haufniensis. 出版。同日『序言――時と場合に応じたさまざまな読者層向きの娯楽的な読み物　ニコラウス・ノタベネ著』出版。八月三十一日、『四つの教化的講話』出版。十月十六日、ノアゲーゼ街からニュトーの自宅に移る。

一八四五年　弘化二年　三十二歳

四月二十九日、『想定された機会における三つの講話』出版。同三十日、『人生行路の諸段階――さまざまな筆者による研究　製本屋ヒラリウスにより収集・印刷・出版』出版。五月九日、『祖国』に『説明と信頼』を発表。同十三日、海路シュテッティンを経てベルリンに向かい、同月二十四日、同じ経路をたどってコペンハーゲンに帰る。同十九～二十日、『祖国』に、Aという署名で、『ドン・ファンのある一点についての瞥《べっ》見《けん》』を発表。同二十九日、一八四三年以後の講話を集めた『十八の教化的講話』出版。十二月二十五日、

『コルサル』の陰の協力者であるP・L・メラー（一八一四〜六五）より美学年報『ゲア』に寄稿を求められたがことわる。同二十七日、『祖国』に『遍歴唯美主義者の活動――どうして彼が酒宴の支払いをすることになったか』の一文をフラーテル・タキトゥルヌスの名で発表、その中で次のごとく書いた。「一刻も早く『コルサル』の俎上《そじょう》にのせてほしいものだ。デンマークの文筆界において『コルサル』にやっつけられないほど優遇されているのは自分一人かと思うと、このあわれな著作者はまことに肩身のせまい思いがする」。同二十九日、『祖国』でメラーは『《人生行路の諸段階》第三部の立役者フラーテル・タキトゥルヌス氏に』を発表。

一八四六年　弘化三年　　三十三歳

一月二日、『コルサル』第二七六号に、キルケゴールを嘲笑《ちょうしょう》した『遍歴哲学者は《コルサル》の真の遍歴編集者をどうして見つけたか』が漫画入りで掲載。同九日、『コルサル』第二七七号に『新しい惑星』と題した記事とともに、長さのちぐはぐなズボンをはいたキルケゴールの漫画が掲載される。同十日、『祖国』にフラーテル・タキトゥルヌスの名で『文学的警察行動の弁証法的結果』を発表。同十六日、『コルサル』第二七八号に『博労《ばくろう》M・L・ナタンソンへの手紙』『フラーテル・タキトゥルヌスへの手紙』『フラーテル・タキトゥルヌスの弁証法的特許実験台の広告』の三記事、キルケゴールの漫画とともに掲載される。同二十三日、『コルサル』第二七九号に『フラーテル・タキトゥルヌス片隅において武装せる敗残部隊を閲兵する』が漫画入りで掲載される。同三十日、『コルサル』第二八〇号にキルケゴールの漫画とともに嘲笑文が掲載される。同二十七日、『哲学的断片への完結的非学問的あとがき――演技的、情熱的、弁証法的雑集、実存的陳述　ヨハンネス・クリマクス著　S・キルケゴール刊行』出版。三月六日、『コルサル』第二八五号に『偉大なる哲学者』およびキルケゴールの漫画掲載される。同三十日、『J・L・ハイベルグ刊行《日常物語》の作者の小説《二つの時代》にたいする文学評論』En literair Anmeldelse af S. Kierkegaard. 出版。四月三日、『コルサル』第二八九号にキルケゴールを嘲笑した記事『アフテンブラーズと非学問的なあとがき』掲載される。五月二日〜三日、コペンハーゲンを出発し、シュテッティンを経てベルリンに向かい、同十六日、同じ道順を経てコペンハーゲンに帰る。同二十九日、『コルサル』第二九七号にキルケゴールのズボンに関する記事が掲載される。七月十七日、『コルサル』第三〇四号にキルケゴールに関する記事『ヘルクレス』が掲載される。十月二日、ゴルシュミット、第三一五号をもって『コルサル』をしりぞく。『献呈辞〈かの単独者〉について』を執筆。『アズラーの書』(未定稿) を執筆。

一八四七年　弘化四年　　三十四歳

『わたくしの著作活動と〈単独者〉との関係について一言』『倫理的伝達と倫理的・宗教的伝達との弁証法』(未定稿) を執筆。三月十三日、『さまざまの精神における教化的講話』第一部「時に応じての講話」(第二部「野の百合《ゆり》と空の鳥から何を学ぶか」第三部「苦難の福音——キリスト教的講話」) 出版。四月二十九日、「あれか＝これか」の初版が売り切れとなった旨の通知を受ける。八月二日、『愛のわざ』最終稿を脱稿。同二十七日、フルーエ教会において金曜日の聖餐《せいさん》式に説教をする。九月二十九日、『愛のわざ——講話の形式による若干のキリスト教的考察』出版。十一月三日、レギーネ・オルセン、フリッツ・シュレーゲルと結婚。十二月一日、『アズラーの書』(未定稿) 第三稿を脱稿。同二十四日、翌年の復活祭まで居住することを条件に、ニュトーの住宅を二二、〇〇〇ダーラーで売却。

一八四八年　嘉永元年　　三十五歳

三月六日、『キリスト教講話』の原稿を印刷所に渡す。同二十六日、『キリスト教講話』出版。この日ニュトーからローセンボー街に転居。五月、新しい偽名「アンチ・クリマクス」を思いつく。七月二十四〜二十七日、『祖国』に「インテル・エト・インテル」の偽名で『危機とある女優の生涯の危機』を発表。同二十六日、フレゼンスボーグに馬車を駆って、偶然レギーネの父オルセン顧問官に会い、キルケゴールから話しかけたが、オルセンはそれを避けて立ち去る。九月一日、フルーエ教会で金曜日の聖餐式に説教する。十月下旬、『わたくしの著作活動の視点』(没後兄ペーターにより刊行)脱稿。

一月、クリスチャン八世死去し、フレデリク七世が即位。

一八四九年　嘉永二年　　三十六歳

『武装せる中立――または〈キリスト教界〉におけるキリスト教的著作者としてのわたくしの位置』(未定稿)を執筆。五月十四日、『あれか＝これか』再版。『野の百合、空の鳥――三つの敬虔《けいけん》な講話』出版。同十九日、『二つの倫理的・宗教的小論――H・H著』出版。六月二十五日夜、レギーネの父、顧問官テルキル・オルセン死去。キルケゴールは二十七日にそれを知ったらしい。七月三十日、『死にいたる病――教化と覚《かく》醒《せい》のためのキリスト教的・心理学的論述　アンチ・クリマクス著　S・キルケゴール刊行』**Sygdommen til Døden. En christelig psychologisk Udvikling til Opbyggele og Opvækkelse. Af Anti-climacus. Udgivet af S. Kierkegaard.** 出版。八月、マルテンセンの『キリスト教教義学』を読みはじめる。同月二十四日、『〈彼女に〉たいするわたくしの関係――やや詩的に』の原稿日付。十月十五日、ラスムス・ニールセン(一八〇九～八四)『マギステル・セーレン・キルケゴールの《ヨハンネス・クリマクス》とドクトル・H・マルテンセンの《キリスト教教義学》』なる批評文を発表。同三十日、兄ペーター、ロスキレにおける牧師会議で、マルテンセンと『二つの倫理的・宗教的小論集』の著者H・Hとを対比し、前者を理知的、後者を神がかり的と評す。十一月十三日、『〈大祭司〉―〈取税人〉―〈罪ある女〉―金曜日の聖餐式における三つの講話』出版。同十九日、レギーネと和解するために彼女あての手紙を同封して夫シュレーゲルに手紙を書く。同二十一日、レギーネあての手紙を未開封のまま同封した返書を、シュレーゲルから受け取る。
三月、国民自由主義運動は、絶対王制政府の廃止にいたらしめる。六月、自由憲法の施行。信教の自由が認められて、「国家教会」Statskirke は、「国民教会」Folkekirke となり、政治から独立。

一八五〇年 嘉永三年 三十七歳

四月、「よろこんで官職につきたいとは思う——しかし、わたしの憂鬱《ゆううつ》があらわれて、めんどうなことになる」（日記）。この月、ローセンボー街よりネレ街に転居。同三十日、ニールセンに会い、「僕はお互いの関係をもっと自由にすることを望んでいると、彼に言った」（日記）。九月二十七日、『キリスト教の修練——アンチ・クリマクス著 S・キルケゴール刊行』出版。

一八五一年 嘉永四年 三十八歳

『マギステル・キルケゴールの著作活動——田舎牧師の考察』（未定稿）を執筆。一月三十一日、『祖国』に『わたくしに関するドクトル・ルーデルバックの言葉に寄せて』を発表。四月、ネレ街よりエスターブローに転居する。五月十八日、シタデル教会でヤコブ書第一章について説教する。のちに『神の不変性』と題して出版。八月七日、『わたくしの著作活動について』『金曜日の聖餐式における二つの講話——いつかはその名を明かさるべき人に捧《ささ》ぐ』出版。九月十日、『自己試練のために』出版。『みずからを裁け』（一八七六年、兄ペーターによって刊行）を執筆。

一八五四年 安政元年 四十一歳

一月三十日、ミュンスター監督死去。二月五日、マルテンセン、ミュンスターの追悼演説をおこない、ミュンスターを「使徒の日より連綿としてつながる聖なる鎖の一環」「真理の証人」とたたえる。四月十五日、マルテンセン、シェランの監督に任命され、六月五日就任。十二月十八日、『祖国』に『ミュンスター監督は〈真理の証人〉であり、ほんとうの真理の証人の一人であったか——それは真理か』を発表。同二十八日、マルテンセン『ベアリンスケ・ティゼネ』第三〇二号にキルケゴールの攻撃にたいする回答文を寄せる。同三十日、『祖国』に『そこに問題がある』を発表。

一八五五年　安政二年　　四十二歳

一月十二日、『祖国』に『パルーダン・ミュラー牧師よりわたくしに宛《あ》てての挑戦』を発表。同二十九日、『祖国』に『マルテンセン監督との論争点』『二人の新しい真理の証人』を発表。三月十七日、フリッツ・シュレーゲル、デンマーク領西インド諸島の総督に任命され、レギーネ夫人とともにコペンハーゲンを去る。同二十日、『祖国』に『ミュンスター監督の死に際して』を発表。同二十一日、『祖国』に『それはキリスト教の礼拝か、それとも、神を愚弄《ぐろう》するものか』を発表。同二十二日、『祖国』に『なさるべきこと』を発表。同二十六日、『祖国』に『宗教の現状』を発表。同二十八日、『祖国』に『〈塩がきいている〉なぜなら〈キリスト教界〉はキリスト教の腐敗であり、〈キリスト教世界〉はキリスト教からの背反だから』を発表。同三十一日、『祖国』に『わたくしは何を望んでいるか』を発表。四月三日、『祖国』に『ドクトル・S・キルケゴール氏への提案』という、無名氏の一文が掲載される。同七日、『祖国』に『本紙第七九号に掲載されたのをやめる〉ことははたして正しいか』『公認キリスト教と非公認キリスト教』を発表。同十一日、『祖国』に『いま〈警鐘を打ち鳴らすた、わたくしにたいする無名氏の提案に寄せて』を発表。同二十七日、『祖国』に『なんという残酷な刑罰！』を発表。五月十日、『祖国』に『一つの結果』および『ある独白』を発表。同十五日、『祖国』に『わたくしと、わたくしの公けにしたキリスト教の解釈とに反対する愚かしいばか騒ぎについて』を発表。同十六日、『祖国』に『《キリスト教の修練》の新版のために』を発表。同日、『いわねばならぬゆえいわせてもらう　S・キルケゴール著』出版。同二十六日、『祖国』に『マルテンセン監督の沈黙は、(1)キリスト教的にみて無責任であり、(2)笑うべきことであり、(3)小ざかしいことであり、(4)多くの点で軽蔑《けいべつ》すべきことである』を発表。同二十四日、『瞬間』第一号発行。六月四日『瞬間』第二号発行。同十六日、『キリストは公認キリスト教をいかに審《さば》きたもうか』出版。同二十七日、『瞬間』第三号発行。七月七日、『瞬間』第四号発行。同二十七日、『瞬間』第五号発行。八月二十三日、『瞬間』第六号発行。同三十日、『瞬間』第七号発行。九月三日、『神の不変性——一つの講話　S・キルケゴール著』出版。同十一日、『瞬間』第八号発行。同二十四日、『瞬間』第九号発行。なお、『瞬間』第十号は、死後机の中に発見された。日記の記述はこの日を最後に終わっている。十月二日、街路上に昏倒《こんとう》し、フレデリク病院にかつぎ込まれる。同十四日ころ、親友エミール・ベーセン初めて病床に見舞い、その後しばしば訪れる。同十九日、兄ペーターが見舞ったが、会おうとしなかった。十一月十一日、午後九時永眠。

中公
クラシックス
W31

死《し》にいたる病《やまい》
現代《げんだい》の批判《ひはん》
キルケゴール

2003年6月10日初版
2021年12月20日7版

訳者紹介

桝田啓三郎（ますだ・けいざぶろう）
1904年（明治37年）愛媛県大洲市生まれ。法政大学卒。東京都立大学名誉教授。著書に『回想の三木清』、訳書にキルケゴール『反復』『誘惑者の日記』、ウィリアム・ジェイムズ『プラグマティズム』などがある。1990年（平成2年）逝去。

訳　者　　桝田啓三郎

発行者　　松 田 陽 三

印刷　凸版印刷
製本　凸版印刷

発行所　中央公論新社
〒100-8152
東京都千代田区大手町1-7-1
電話　販売 03-5299-1730
　　　編集 03-5299-1740
URL http://www.chuko.co.jp/

Published by CHUOKORON-SHINSHA, INC.
Printed in Japan　ISBN978-4-12-160054-7　C1210

■「終焉」からの始まり
――『中公クラシックス』刊行にあたって

二十一世紀は、いくつかのめざましい「終焉」とともに始まった。工業化が国家の最大の標語であった時代が終わり、イデオロギーの対立が人びとの考えかたを枠づけていた世紀が去った。歴史の「進歩」を謳歌し、「近代」を人類史のなかで特権的な地位に置いてきた思想風潮が、過去のものとなった。

人びとの思考は百年の呪縛から解放されたが、そのあとに得たものは必ずしも自由ではなかった。固定観念の崩壊のあとには価値観の動揺が広がり、ものごとの意味を考えようとする気力に衰えがめだつ。おりから社会は爆発的な情報の氾濫に洗われ、人びとは視野を拡散させ、その日暮らしの狂騒に追われている。株価から醜聞の報道まで、刺戟的だが移ろいやすい「情報」に埋没している。応接に疲れた現代人はそれらを脈絡づけ、体系化をめざす「知識」の作業を怠りがちになろうとしている。

だが皮肉なことに、ものごとの意味づけと新しい価値観の構築が、今ほど強く人類に迫られている時代も稀だといえる。自由と平等の関係、愛と家族の姿、教育や職業の理想、科学技術のひき起こす倫理の問題など、文明の森羅万象が歴史的な考えなおしを要求している。今をどう生きるかを知るために、あらためて問題を脈絡づけ、思考の透視図を手づくりにすることが焦眉の急なのである。

ふり返ればすべての古典は混迷の時代に、それぞれの時代の価値観の考えなおしとして創造された。それは現代人に思索の模範を授けるだけでなく、かつて同様の混迷に苦しみ、それに耐えた強靭な心の先例として勇気を与えるだろう。そして幸い進歩思想の傲慢さを捨てた現代人は、すべての古典に寛く開かれた感受性を用意しているはずなのである。

（二〇〇一年四月）